일본어가 보이는
판타스틱
일본백서

일본어가 보이는 **판타스틱 일본백서**

초판 1쇄 발행	2010년 02월 23일
초판 3쇄 발행	2010년 12월 21일

지은이	임승진, 모토야마 다카코
펴낸이	김경자
편집	홍성은
마케팅	손정선, 손지훈
경영지원	마하선
디자인	이명애
인쇄	보광문화사
펴낸곳	와이즈

서울특별시 관악구 대학동 1514번지
TEL (02) 887-8416
FAX (02) 887-8591
http://www.screenplay.co.kr

등록일자 1997년 7월 9일
등록번호 제16-1495
ISBN 978-89-93441-11-6 13730

판타스틱 일본백서

임승진, 모토야마 다카코 **지음**

최근에 가장 인상 깊게 본 광고 중에 '미국, 어디까지 가 봤니?'라고 묻는 광고가 있었어요. 그 광고를 볼 때마다 저는 늘 '일본, 어디까지 가 봤니?'라고 혼잣말로 따라 하곤 했지요. 남들보다 일본에 대해 조금 더 많은 것을 보고 듣고 경험했지만 여전히 가고 싶은 곳도 알고 싶은 곳도 많은 매력적인 나라 일본. 그 일본이라는 나라에 대해 수다쟁이 저자 둘이 조심스럽게 이야기보따리를 풀어놓으려고 합니다.

일본에 관심이 있는 분들이라면 누구나 한 번쯤은 일본여행을 꿈꾸거나 이미 다녀온 경험이 있으실 거예요. 그래서인지 서점에 가보면 일본여행에 필요한 수많은 책이 나와 있더라고요. 하라주쿠 뒷골목에 있는 예쁜 액세서리 가게도 가르쳐 주고, 어디를 가면 최고로 맛있는 아삭아삭 일본식 돈까스를 먹을 수 있는지도 너무나 친절하고 알기 쉽게 가르쳐 주지요.

하지만 그것만으로는 늘 2% 부족하다고 해야 할까…… 아무튼 허전한 느낌이 들었어요. 일본에 대해 정말 관심이 있는 사람이라면 쇼핑이나 맛집 정보뿐만 아니라 일본 친구들도 나이트클럽에 가서 부킹을 하는지, 우리처럼 미니홈피를 통해 친구들과의 우정을 돈독히 쌓아 가는지, 일본 샐러리맨들의 연봉은 과연 얼마나 되는지 같은 실제 일본 사람들이 하루하루 살아가는 이야기를 궁금해할 것 같다는 생각을 했어요.

그래서 제가 일본에서 겪은 웃지 못할 해프닝과 조금은(?) 서러웠던 기억들, 그리고 새로 알게 되어 너무나 신선했던 일본 사정들을 모아모아 여러분께 들려주고 싶었어요. 공동저자인 모토야마 다카코씨 또한 한국사람들이 오해하고 있는 사실들, 혹은 모르는 일본 이야기를 들려주고 싶다고 해서 이렇게 책으로 엮게 되었답니다.

책의 내용은 크게 3가지 파트입니다. 일본 학생들은 어떤 시험을 보고 대학에 가는지, 일본 여고생들은 왜 똑같은 책가방을 메고 다니는지 같은 평소 잘 몰랐던 일본 학생들의 이야기! 일본 온천에 혼탕이 있는지 없는지도 알아보고, 불황 없이 뜨거운 일본의 러브호텔도 살짝 들여다보는 다양한 일본 문화 이야기! 일본에서 운전면허를 따는 방법이라든지, 초식남, 건어물녀 같은 다양한 종족들이 함께 살고 있는 일본 사회 이야기! 로 구성되어 있어요.

또한 일본에 관심이 있는 분들 중에는 현재 일본어를 공부하고 있거나 예전에 일본어를 배운 분들도 상당히 많을 것으로 생각해, 이야기도 읽고 일본어도 공부할 수 있게 만들었습니다. 잘 아시겠지만 원래 단어나 표현은 그냥 무작정 외운다고 해서 잘 외워지는 것이 아니거든요! 그래서 재미있게 에세이를 읽는 동안 관련 어휘와 실생활에서 자주 쓰이는 톡톡 살아있는 표현들을 자연스럽게 익힐 수 있게 만들었습니다. 일본에 관한 다양한 상식도 접하고 어휘와 표현도 공부하고, 꿩 먹고 알 먹고, 도랑 치고 가재 잡고 일석이조의 알찬 책이라고 자신 있게 말씀드려요. 후훗~

끝으로 저희만 알고 있기에는 살짝 아까웠던 이런 일본 이야기들이 이렇게 책으로 나와 여러분과 공유할 수 있게 되어 무척 설레고 기쁩니다. 하지만 저희가 일본의 모든 분야의 전문가는 아니기에 여러분이 기대한 만큼 거창한 지식이나 정보를 많이 전해드리지 못했을지도 몰라요. 그렇지만 알짜배기 상식들은 최대한 알려 드리려고 노력했답니다. 그리고 최대한 객관성을 유지하려고 노력했지만 에세이 형식이라 주관적인 감정이 조금씩 들어가 있을 수도 있어요. 이 점은 너그럽게 양해해 주시길 바랄게요.^^

부디 이 책을 읽은 분들이 일본의 각 방면에 대해 다양한 상식을 얻어서 주변 사람들에게 '우와 일본통이네!'라는 평가를 받길 바랍니다. 또한 일본어를 전혀 몰랐던 분들은 '일본이란 나라 참 재밌네! 이참에 일본어나 한번 배워 볼까?'라는 생각이 들고, 문법과 한자에 치여 일본어 공부에 지친 분들에게는 가볍게 머리를 식힐 수 있는 휴식 같은 책이 되었으면 좋겠습니다.

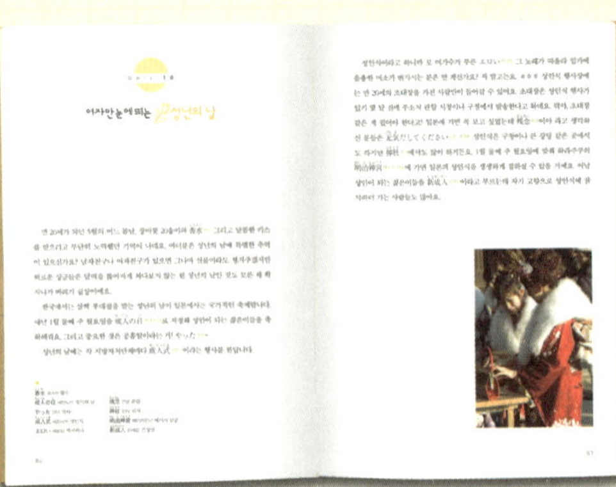

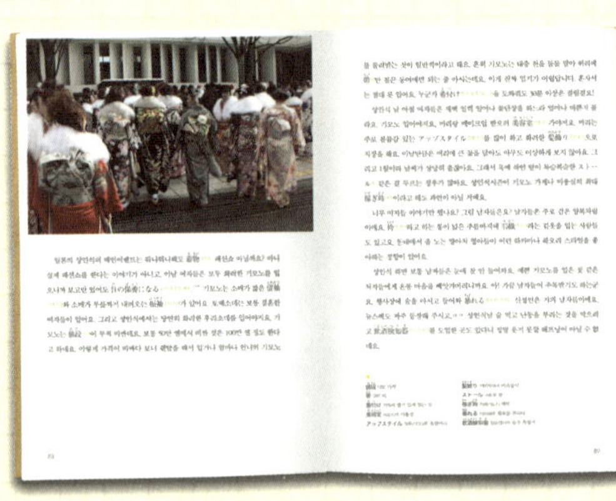

주제별 일본 이야기

일본의 교육, 문화, 등 일본사회 전반에 걸쳐 다양한 주제의 일본 이야기를 재미있게 읽으면서 자연스럽게 관련 일본어 어휘와 회화표현까지 습득한다. 일본어 왕초보를 위해 본문 아래에 일본어 발음까지 친절하게 한글로 정리했다.

※일본어 발음은 실제 일본인의 발음에 가장 가깝게 표기하였습니다.

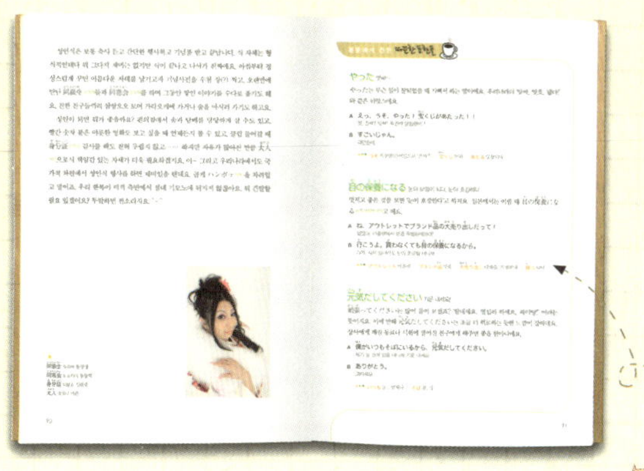

본문에 나왔던 일본어 회화표현들에 관해 좀 더 자세히 알아본다. 생생한 대화 예문을 통해 일본어 표현들을 확실하게 이해하고 나의 것으로 만들 수 있다.

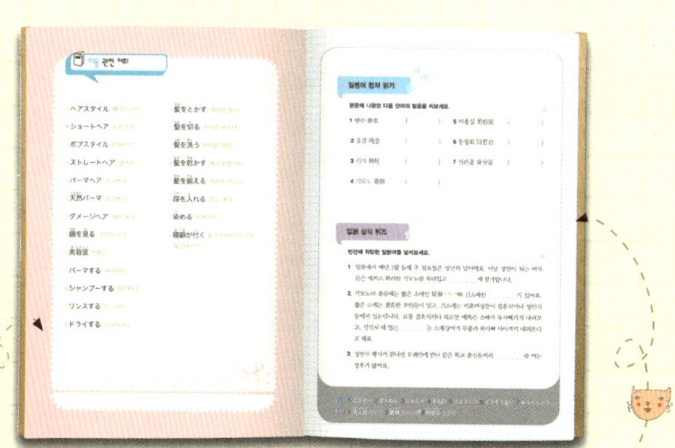

본문의 내용과 관련된 해당 주제별 일본어 어휘들을 추가로 소개한다.

본문에 나왔던 일본어 단어의 읽는 법을 확인하고, 퀴즈를 통해 본문 내용을 복습한다.

차 례

PART 3 사회편

Part 1
교육편

일본의 고등학교는 등급으로 매겨진다?

"지금 잠을 자면 夢(ゆめ)꿈을 꾸지만 지금 공부하면 夢(ゆめ)がかなう 꿈이 이루어진다."

"오늘 걷지 않으면 내일은 뛰어야 하고, 오늘 汗(あせ)땀을 흘리지 않으면 내일은 涙(なみだ)눈물을 흘려야 한다."

귀차니즘의 늪에 빠져 오늘도 공부를 소홀히 하시며 パソコン컴퓨터와 신나게 연애질(?)이신 학생 여러분 가슴이 덜컹 내려앉으시죠! 이게 웬 가슴을 뜨끔하게 하는 문장이냐고요? 요건 바로 하버드 도서관에 쓰여 있는 학생들의 落書(らくが)き낙서랍니다. 열공에 대한 강한 집념이 팍팍 느껴지지 않나요? 어느 나라이건 成功(せいこう)성공을 위한 학구열은 정말 すごい대단해요! 그럼 과연 일본은 어떨까요. 예전에는 일본도 우리나라처럼 학벌 중시 풍조가 만연하고 주입식 教育(きょういく)교육에 열을 올렸었는데요, 너

夢(ゆめ) 유메 꿈
汗(あせ) 아세 땀
涙(なみだ) 나미다 눈물
パソコン 파소콘 컴퓨터

落書(らくが)き 라크가키 낙서
成功(せいこう) 세―코 성공
すごい 스고이 대단하다
教育(きょういく) 쿄이쿠 교육

무 그렇게 아이들에게 압력을 가하니까 청소년비행이나 학력비관자살 같은 끔찍

한 社会問題_{사회문제}가 발생하는 거예요. 그래서 일본에서는 2002년부터 '유도리 교

육'을 실시했어요. 오잉? 유도리? 유두리? 어디서 많이 듣던 말인데. 빙고! 우리가

흔히 융통성 없는 사람한테 '야, 넌 왜 그렇게 유도리가 없느냐?' 이렇게 말하잖아

요. ゆとり_{유토리}는 '여유'라는 일본어로 한국에서도 많은 이들에게 사랑받는(?) 코

페니즈(Korean+Japanese)지요. 이 유도리 교육은 교과내용 30% 축소, 주 5일제

授業_{수업} 등으로 학생들에게 여유와 창의성을 주자는 좋은 취지였으나 결국에 失敗

_{실패}한 교육정책으로 낙인 찍혀버렸답니다.

社会問題 샤카이 몬다이 사회문제
授業 쥬교 수업
失敗 싯파이 실패

なんで^{왜?} 아이들이 어려운 漢字^{한자}를 몰라 新聞^{신문}을 못 읽고, 하긴 우리나라 학생들도 한자를 잘 모르긴 마찬가지지만 일본어는 한자가 기본인데 한자를 몰라서야 에구구 조금 問題^{문제}가 될 듯해요. 그리고 뭐 복잡한 계산은 자꾸만 계산기에 의존하려 하고 기본 常識^{상식}도 잘 모르는 심각한 학력저하 현상이 초래되었기 때문이지요. 그래서 이에 びっくりする^{화들짝 놀란} 어른들이 요즘은 다시 교육시간과 학업 난이도를 조금씩 올리는 정책으로 선회하고 있답니다.

なんで? 난데 왜?
漢字 칸지 한자
新聞 신붕 신문
問題 몬다이 문제
常識 죠시키 상식

우리나라만큼 그렇게 치열하진 않다고 하더라도 일본에서도 受驗입시는 학생들에게 넘어야 할 큰 산이지요. 보통 고등학교 들어갈 때부터 입시와의 戰爭전쟁이 시작되는 데요, 일본에는 偏差値편차치라는 게 있어요. 1년에 4번 정도 시험을 쳐서 그 평균을 내는 데 그걸 편차치라고 해요.

学校학교에 따라 등급이 달라 자기가 가고 싶은 학교에 가려면 이를 악물고 편차치를 높여야 한답니다. 별로 공부에 興味がない흥미가 없는 학생들은 制服교복이 예쁜 학교, 規則규칙이 엄하지 않은 학교를 선택하기도 하지만요. 편차치는 평균을 50이라고 했을 때 보통 30~80까지로 나뉘어요. 80에 가까우면 가까울수록 名門校명문고, 30에 가까우면 머리 나쁜 애들이 가는 일명 후진학교로 분류돼요. 일본에서 가장 편차치가 높은 고등학교는 바로바로 78! 후유~ 어떻게 하면 이런 점수를 받을 수 있는 거죠? 늘 試驗시험 전날이 돼서야 一夜漬け벼락치기 공부를 하던 저로서는 아주 이해불가입니다요. ㅋㅋ

시험과목은 だいたい대체로 국어, 수학, 이과, 사회, 영어 이렇게 5과목이고요, 전문학과가 있는 학교에서는 전문 과제를 테스트하기도 해요. たとえば예를 들어 음악과라면 피아노 연주라든가 미술과라면 미술 실기테스트를 보기도 하지요.

수험생들이 있는 가정에서는 가족들 모두 1년내내 ピリピリムード바짝 긴장 무드에요. 가정 내 모든 편의가 수험생을 중심으로 돌아가는 거지요. 공부에 邪魔방해될까봐 TV도 안 본다든가, 비싼 수업료를 내고 유명 塾학원에 보낸다든가, 家庭教師과외를 시킨다든가, 뭐 이런 건 한국이나 마찬가지네요. 어느 부모나 자식을 위하는 마음은 똑같나 봐요. 입시는 당사자인 학생만이 아니라 家族가족들에게도 참 힘든

受驗 쥬켄 입시

戰爭 센소 전쟁　　　　名門校 메몬코 명문고　　　　ピリピリムード 삐리삐리 무─도 긴장 무드

偏差値 헨사치 편차치　　試驗 시켄 시험　　　　邪魔 쟈마 방해

学校 각코 학교　　　　一夜漬け 이치야즈케 벼락치기 공부　　塾 쥬크 학원

制服 세후크 교복　　　　だいたい 다이타이 대체로　　家庭教師 카테쿄시 과외

規則 키소크 규칙　　　　たとえば 타토에바 예를 들면　　家族 가조크 가족

일이 아닐 수 없어요. 하지만 힘든 일은 힘들다 힘들다 하면 더 힘이 빠지는 것 같아요. 그렇지 않나요? 가족들이 일치단결할 수 있는 이벤트라고 긍정적으로 생각해 보는 것은 어떨까요? 너무 プラス思考^{しこう} ^{긍정적 사고}인가요? 하하하! 아무튼 일본과 한국에서 지금 고군분투 중인 모든 수험생 여러분 '10분 더 공부하면 配偶者^{はいぐうしゃ} ^{배우자}의 職業^{しょくぎょう} ^{직업}이 바뀐다'고 합니다. がんばれ ^{힘내요}! 아자아자!!

■
プラス思考^{しこう} 푸라스 시코 긍정적 사고(플러스 사고)
配偶者^{はいぐうしゃ} 하이그샤 배우자
職業^{しょくぎょう} 쇼크교 직업
がんばれ 간바레 힘내

すごい 굉장해

すごい는 '굉장하다, 대단하다'는 뜻이에요. 일본애들은 뭐 그다지 대단한 일이 아닌데도 우와! すごい굉장한걸이라며 호들갑을 떠는 경우가 많으니 여러분도 꼭 외워두세요. 남자들은 すっげ라고 살짝 터프하게 발음하기도 해요.

A バイト代全部貯金した。
아르바이트비 다 저금했어.

B うわ～すごい！
우와～ 굉장한걸.

●●● バイト代 아르바이트비 ｜ 全部 전부 ｜ 貯金する 저금하다

興味がない 흥미가 없다. 관심이 없다

보통 어떤 일에 관심이 없을 때 興味がない 라고 해요. 関心관심보다는 興味흥미라는 단어를 더 많이 씁니다.

A 彼女、紹介してやろうか。
여자친구 소개해줄까?

B いい。 興味ない。
괜찮아. 관심 없어.

●●● 彼女 여자친구, 그녀 ｜ 紹介する 소개하다

一夜漬け 벼락치기

학창시절 시험전날 벼락치기 공부를 안 해본 사람은 없을 거예요. 일본에서는 이런 벼락치기를 一夜漬け라고 해요. 장아찌를 一夜하룻밤에 漬ける담근다라는 말에서 유래했어요.

A 一夜漬けでいい成績は無理かな。
벼락치기로 좋은 성적은 무리일까?

B うーん、ちょっと無理かもね。
음…… 좀 힘들지도.

●●● いい 좋다 ｜ 成績 성적 ｜ 無理 무리

□ 学校 학교

□ 小学校 초등학교

□ 中学校 중학교

□ 高校 고등학교

□ 大学 대학교

□ 大学院 대학원

□ 塾 학원

□ 予備校 입시학원

□ 学生 학생

□ 小学生 초등학생

□ 中学生 중학생

□ 高校生 고등학생

□ 大学生 대학생

□ 大学院生 대학원생

□ 先生 선생님

□ 教師 교사

□ 教授 교수

□ 入学する 입학하다

□ 卒業する 졸업하다

□ 浪人する 재수하다

□ 同級生 동창생

□ 同窓会 동창회

□ 夏休み 여름 방학

□ 冬休み 겨울 방학

본문에 나왔던 다음 단어의 발음을 써보세요.

1 꿈 夢　　　　　　（　　　　　）　　5 실패 失敗　　　　（　　　　　）

2 낙서 落書き　　　（　　　　　）　　6 가족 家族　　　　（　　　　　）

3 사회문제 社会問題（　　　　　）　　7 직업 職業　　　　（　　　　　）

4 교육 教育　　　　（　　　　　）

빈칸에 적당한 일본어를 넣어보세요.

1 일본에서 좋은 고등학교에 가려면 __________가 높아야 해요. 이게 75 정도면 명문 고등학교에 들어갈 수 있을걸요.

2 밝고 긍정적으로 생각하는 것을 __________사고라고 한답니다. 힌트! 마이너스의 반대말.

3 일본에서는 과외를 __________라고 해요. 우리나라에서는 예전에 과외선생님을 이렇게 불렀었지요.

정답 1 ゆめ 2 らくがき 3 しゃかいもんだい 4 きょういく 5 しっぱい 6 かぞく 7 しょくぎょう
정답 1 偏差値 편사치 2 プラス 플러스 3 家庭教師 과외

전철에서 화장하는 일본 여고생

언제인가 일본 經済경제를 갸루가 구한다는 記事기사를 본 적이 있어요. 수출증대, 고용안정 뭐 이런 게 아니라 갸루들이 일본경제를 구한다니요. まじで진짜로? 유행에 민감하고 不況불황에도 위축되지 않는 그녀들의 소비패턴이 일본 경제의 유일한 출구라나 뭐라나. 대단한걸요!! 그런데 갸루가 뭐냐고요? 갸루는 영어 girl(ギャル)의 일본식 발음으로 10대에서 20대 초반까지 자신만의 독특한 트렌드를 가진 若い젊은 여성들을 말해요.

대표적 특징은 심하게 컬을 넣어 부풀린 머리, 가방 안에 휴대용 가스고데기를 넣고 다니며 언제 어디서나 머리를 탱탱하게 말아주는 것이 일반적인 센스랍니다. 化粧화장은 데카메, デカ目데카메는 でかい크다+目눈 즉, 굵고 진한 아이라인과 인조 속눈썹으로 무장한 판다처럼 커다란 눈을 말해요. 그리고 아슬아슬 초미니에 블링블링한 액세서리. 음…… 이해하기 쉽게 예를 들자면 일본대표 여가수인 하마사키 아유미나 코다 쿠미 같은 스타일이라고 하면 이해가 되실 거예요. 아니면 本屋서점에 일본 雜誌잡지를 파는 코너에 가서 팝틴(Popteen), 아게하(ageha), 에그(egg) 같은 갸루계 잡지를 휙 펼쳐보면 나오는 화려한 화장과 カラーリング염색을 한 모델언니들의 스타일, 네 바로 그 스타일이 일명 니뽄필(?) 젊은 갸루들의 패션스타일입니다. 혹시나 일본스타일에 관심은 많은데 너무 과한 스타일이 부담된다면 비비(ViVi), 제이제이(JJ), 칸캄(CanCam)같은 잡지나, 학생이라면 세븐틴(Seventeen)을 참고하시면 좋을 듯해요.

流行り유행에 가장 민감한 시기인 일본의 여고생들 역시 자신을 꾸미는 데에 온갖 정성을 쏟고 있는데요, 위에서 말한 갸루계 패션잡지를 정독하고 研究연구에 연

経済 케자이 경제
記事 키지 기사
まじで? 마지데 진짜로?
不況 후쿄 불황
若い 와카이 젊다

化粧 케쇼 화장
でかい 데카이 크다
目 메 눈
本屋 혼야 서점
雜誌 잣시 잡지

カラーリング 카라링그 염색
流行り 하야리 유행
研究 겐큐 연구

구를 거듭해 자신을 돋보이게 하는 화장법과 패션센스를 익힌답니다. 정말 芸能人
연예인 화장처럼 완벽한 화장을 한 여학생들도 있는 반면 가끔은 え、それちがく
ない 뭐야, 그건 조금 아니잖아 라는 말이 울컥 올라오게 하는 아이들도 있답니다. 그럼 일본
의 여학생들은 화장하고 다녀도 되나요? 라는 의문이 드실 텐데요, 물론 명문고나
규칙이 아주 엄한 학교의 여학생들은 하지 않거나 눈에 띄지 않는 내추럴 메이크
업 정도만 해요. 그래도 학교에 가지 않는 날에는 모두 할 거에요.

　원래 화장이라는 것이 남들이 보는 데서 하지 않는 게 예의지만, 요즘 일본여학
생들은 사람들 앞에서 당당하게 화장하는 것이 트렌드라면 트렌드에요. 電車 전철
안에서 화장하는 여학생을 보는 것이 너무나 일상적인 일이 되어버렸을 정도라니
깐요. 아침 통학시간에 전철을 유심히 관찰하면 참 おもしろい 재미있어요. 갑자기 가
방에서 ポーチ 파우치를 꺼내 아이라인을 그리기 시작해요. 앞에서도 말했지만 갸루
화장은 눈을 커 보이게 強調 강조 하잖아요. 그래서 눈이 두 배가 될 때까지 굵고 진
하게 그린 후 뷰러를 꺼내 まつげ 속눈썹을 집어 힘을 꾹 줘서 확실히 올려줘요. 그리
고 뭐니뭐니해도 눈 크기 두 배 만들기 프로젝트의 일등공신은 마스카라. 적어도
서너 번은 덧발라야 해요. 그래도 시간이 남았으면 人形 인형 눈썹 같은 인조 속눈썹
으로 마무리. 目もとくっきりナチュラルメイク 뚜렷한 눈매 내추럴 메이크업 완성! 짝짝짝,
훌륭해요. 앗, 唇 입술은? 학교에 가야 하잖아요? 그래도 학생인데. 학교에서 화장은
일반적으로 금지랍니다. 그래서 입술은 강조하지 않고 반짝이는 립크림을 살짝만
발라줘요. 이렇게 화장을 하는 데 걸리는 시간은 대체로 10분 내외. 오호 정말 대
단한 테크닉 아닌가요? ^-^

制服(교복)은 여전히 미니가 초강세에요. 지하철 계단에서 뭇 남성들의 시선을 바쁘게 만들 정도의 완전 짧은 초미니가 인기에요. 우리나라에선 어느 정도 S라인에 쭉쭉빵빵 다리가 날씬하고 예뻐야 초미니를 입잖아요, 일본여학생들은 통통족들도 초미니에 과감히 도전한답니다. 제 주변을 보면 우리나라 남자들은 뚱뚱한 여성들이 미니스커트를 입는 것을 극구 말리는 雰囲気(분위기)지만 일본남자들은 어떤지 모르겠네요. 하하하!

어쨌든 학교에서는 선생님들이 교복을 미니로 입는 것에 대해 주의를 줘도 말을 잘 안 듣는다고 해요. 몰래 はさみ가위로 잘라서 입고 다니고 막 그런 다네요. 우리나라 여학생들이 상의교복을 몸에 꼭 맞도록 타이트하게 줄여 입는 거랑 마찬가지네요.

선생님들과 일본학생들의 쫓고 쫓기는 숨 막히는 전쟁은 계속되지만 相変わらず여전히 학교생활은 즐겁다고 하네요. '지금 학교생활을 한 글자 漢字한자로 표현하라면？'이라는 게시글을 본 적이 있는데, 7위는 鬱(답답할 울)로 학교가면 憂鬱우울하니까, 6위는 学(배울 학)으로 계속 勉強공부해야 하니까, 5위는 眠(잘 면)으로 자도 자도 늘 眠い졸려서, 4위는 疲(피곤할 피)로 매일 疲れる피곤해서, 3위는 忙(바쁠 망)으로 공부하랴 학교 서클 활동하랴 忙しい바빠서, 2위는 苦(괴로울 고)로 공부도 힘들고 이래저래 苦しい힘들어서, 드디어 대망의 1위는 바로 楽(즐거울 락)으로 학교생활은 전부 楽しい즐거워서 랍니다. 한국의 학생들에게 같은 앙케트를 하면 과연 어떤 결과가 나올지 많이 궁금해지네요. 우리나라 학생들도 행복지수가 높아야 할텐데. 호호호!

はさみ 하사미 가위
相変わらず 아이카와라즈 여전히
憂鬱 유우쯔 우울
勉強 벤쿄 공부
眠い 네무이 졸리다
疲れる 츠카레루 피곤해지다
忙しい 이소가시이 바쁘다
苦しい 쿠루시이 힘들다
楽しい 타노시이 즐겁다

まじで 진짜로, 정말로

まじ는 まじめ^{진심, 진지함}이라는 말에서 온 말로 젊은 층에서 자주 쓰는 은어에요. まじで는 本当に^{정말로}와 같은 쓰임으로 쓰시면 돼요. まじでおいしい^{정말로 맛있다}, まじでかっこいい^{정말로 잘생겼다} 처럼요.

A 彼女にふられた。
여자친구에게 차였어.

B え、まじで。
어, 진짜로?

●●● 彼女 여자친구 ｜ ふられる 차이다

でかい 크다

でかい는 大きい^{크다}의 구어체입니다. 주로 남자들이 많이 쓰고, でっかい라고 강하게 발음하기도 합니다.

A おれ、ちょっと顔でかい。
나 얼굴 큰 편이야?

B うん、知らなかったの。
응, 몰랐어?

●●● おれ 나(남자) ｜ 顔 얼굴 ｜ うん 응 ｜ 知る 알다

ゆううつ 우울해

憂鬱는 우울이라는 단어로 보통 기분이 '우울해, 울적해'라고 표현할 때 많이 쓴답니다. 조금 울적하면 ちょっとゆううつ^{조금 우울해}, 완전 우울하면 정도가 심하다는 뜻의 めっちゃ를 써서 めっちゃゆううつ^{완전 우울해}라고 말하면 오케이!

A あー、ちょっとゆううつ。
아~ 조금 우울해.

B どうしたの、何かあった？
왜 그래? 무슨 일 있어?

●●● ちょっと 조금 ｜ 何か 무엇인가 ｜ ある 있다

□ 化粧 화장

□ 洗顔フォーム 클렌징폼

□ メイク落とし 클렌징

□ 化粧水 스킨

□ 美容液 에센스

□ 乳液 로션

□ クリーム 크림

□ パック 팩

□ シート・マスク 마스크 시트

□ 化粧下地 메이크업 베이스

□ ファンデーション 파운데이션

□ コンシーラー 컨실러

□ リップスティック 립스틱

□ リップグロス 립글로스

□ アイシャドウ 아이섀도

□ アイライナー 아이라이너

□ マスカラ 마스카라

□ チーク 볼터치

□ 日焼け止め 자외선 차단제

□ ビューラー 뷰러

본문에 나왔던 다음 단어의 발음을 써보세요.

1 젊다 若い   (   )   5 인형 人形   (   )

2 잡지 雑誌   (   )   6 공부 勉強   (   )

3 서점 本屋   (   )   7 피곤하다 疲れる   (   )

4 전철 電車   (   )

빈칸에 적당한 일본어를 넣어보세요.

1 일본에서는 눈화장을 강조하는 '커다란 눈'이라는 __________ 화장법이 유행입니다.

2 우리나라에서는 연예인, 일본에서는 __________. 연예인들이 예능 프로에 많이 나오기는 하지요.

3 girl의 일본식 발음인 __________는 일본의 패션 아이콘 중 하나라고 할 수 있죠.

다양한 클럽활동 부카츠

　　일본 학교에는 다양한 クラブ클럽이 있어요. '클럽'이라고 하니까 강남의 물 좋은 클럽이나, 젊음의 상징 홍대 앞 클럽을 생각하고 잠깐 흥분하신 분도 분명히 몇 분 계실 거예요. ^^; 물론 일본에서도 춤을 추러 가는 곳을 クラブ라고 하지만 학교에 있는 클럽은 그런 클럽이 아니에요. 우리식으로 말하면 동아리나 클럽활동부를 바로 クラブ라고 해요. 그리고 이런 모임의 활동을 하는 것을 クラブ活動클럽활동! 확 줄여서 그냥 部活부카츠라고 부른답니다. 야간자율학습이다, 학원이다, 언제나 열공모드로 달리는 우리나라 학생들과는 달리 일본학생들은 부카츠를 할 수 있는 여유가 있는 듯해서 우와! 조금 うらやましい부러워요. ^^

　　중학생 때는 보통 전원이 부카츠에 참여한다고 해도 過言ではない과언이 아닐 거예요.

クラブ 크라부 클럽
クラブ活動 크라부 카츠도 클럽활동
うらやましい 우라야마시이 부럽다

컴온!

고등학생 때는 중학교 만큼은 아니지만 그래도 많은 학생들이 클럽활동을 한답니다. 일본 漫画(만화)나 アニメ(애니메이션)을 즐겨 보시는 분들이라면 다들 공감하실 텐데요, 학교생활을 배경으로 하는 학원물에서 학생들이 부카츠를 아주 즐겁게 하는 모습이 많이 보이잖아요. 왜 일본 애니메이션의 고전인 슬램덩크에서도 사쿠라기(강백호)가 좋아하는 여자애에게 잘 보이려고 농구부에 들어가잖아요.

보통 부카츠는 야구부, 테니스부, 농구부, 유도부 같은 운동부가 많고 그 밖에도 방송부, 합주부, 문예부, 연극부 같은 다양한 클럽이 있어요. 趣味(취미)삼아 하는 학생들도 있지만 정말 진지하게 열심히 하는 학생들도 꽤 많아요. 맹연습을 해서 각종 大会(대회)에 출전하기도 하고요. 대회에서 좋은 성적을 거둔 학생들은 대학 진학에 유리한 혜택을 받기도 해요. 그리고 부카츠는 3년 내내 하는 것이 아니라 일반적으로 夏休み(여름방학) 전에 있는 큰 대회를 위해 열심히 연습하고 대회출전이 끝나면 3학년들은 여름방학 전에 引退(은퇴)하는 경우가 많아요.

학창시절을 부카츠에 올인하는 학생들도 많아요. 바빠서 恋人(애인) 만들 시간도 없다며 部活が青春(부카츠가 청춘)이라고 冗談(농담)처럼 말하고 다니는 아이들도 있고, 요즘은 유니폼에 気合いを入れて、走っていけ(기합을 넣고 달려가) 같은 자기 클럽만의 구호를 새겨 입고 다니기도 해요. 역시 결속을 다지는 데는 이런 구호가 一番(제일)인 것 같아요. 우리나라에도 소위 '반티'나'과티'라고 부르는 단체 티셔츠를 입고 체육대회나 MT를 가잖아요! 보통 이럴 때 티셔츠에 쓰어 있는 구호가 유치하면 유치할수록 결속은 더 돈독해지는 경향이 있지요. なんじゃそりゃ(뭐야 그게)? 정말이라니까요. 구호는 무조건 유치해야 해요!

漫画 망가 만화
アニメ 아니메 애니메이션   引退 잉타이 은퇴
趣味 슈미 취미   恋人 코이비토 애인
大会 타이카이 대회   冗談 죠단 농담
夏休み 나츠야스미 여름방학   一番 이치방 제일

어쨌든 청춘을 좋아하는 친구들과 함께 友情^{우정}을 돈독히 쌓으며 부카츠로 열정을 불태우는 일본의 학생들을 보니 참 흐뭇하네요. 활동이라면 청소년 시절 선생님과 부모님의 핍박을 받으며 연애활동에만 열을 올린 저와는 사뭇 비교가……. 혹시 이 글을 읽고 계신 여러분은 학창시절 어떤 일에 情熱^{열정}을 쏟으셨나요? 그리고 열정을 쏟을 그 무언가를 지금도 가지고 계신가요? ^^

友情 유죠 우정
情熱 죠네쯔 열정

うらやましい 부러워

말 그대로 '부럽다'입니다. 사촌이 땅을 사면 배가 아프면서도 うらやましい, 성형하고 예뻐진 연예인을 보고 겉으로는 성형한 티 팍팍 난다며 험담하지만 속으론 うらやましい!

A これ、かわいいでしょ。彼氏に買ってもらったの。
이것 예쁘지? 남자친구가 사 줬어.

B いいな〜うらやましいよ。
좋겠다. 부러워.

● ● ● かわいい 귀엽다, 예쁘다 ｜ 彼氏 남자친구 ｜ 買う 사다 ｜ もらう 받다

過言ではない 과언이 아니다

보통 ~と言っても過言ではない ~라고 해도 과언이 아니다라는 형태로 주로 쓰여요.

A 木村さんって、ハゲだし、太ってるし、まじエロいかも！
기무라씨 대머리에다 뚱뚱하고 진짜 변태일지도 몰라!

B うん、過言ではないね。
응, 과언이 아냐.

● ● ● はげ 대머리 ｜ 太る 살찌다 ｜ まじ 정말 ｜ エロい 야하다

なんじゃそりゃ 뭐야 그게

상대방이 엉뚱한 소리를 하거나 상대방의 행동이 어이가 없을 때 '뭐야 그게'라고 말하잖아요. 이럴 때 던지는 한마디가 바로 なんじゃそりゃ입니다. なんじゃそれ라고 해도 오케이 ^^

A はじめてのデートだから化粧してみたの！どう？
첫 데이트라서 화장해 봤어! 어때?

B なんじゃそりゃ！
뭐야 그게!

● ● ● はじめて 처음 ｜ デート 데이트 ｜ 化粧する 화장하다

□ 運動 운동

□ 野球 야구

□ サッカー 축구

□ バスケットボール 농구

□ バレーボール 배구

□ ゴルフ 골프

□ テニス 테니스

□ バドミントン 배드민턴

□ ピンポン 탁구

□ ボーリング 볼링

□ 水泳 수영

□ スキー 스키

□ ビリヤード 당구

□ 柔道 유도

□ 剣道 검도

□ 相撲 스모

□ マラソン 마라톤

□ 陸上 육상

□ 縄跳び 줄넘기

□ 腕立て 팔굽혀펴기

□ ふっきん 윗몸일으키기

본문에 나왔던 다음 단어의 발음을 써보세요.

1 활동 活動 　　　　（　　　　　）　　5 청춘 青春 　　　　（　　　　　）

2 은퇴 引退 　　　　（　　　　　）　　6 열정 情熱 　　　　（　　　　　）

3 대회 大会 　　　　（　　　　　）　　7 우정 友情 　　　　（　　　　　）

4 취미 趣味 　　　　（　　　　　）

빈칸에 적당한 일본어를 넣어보세요.

1 일본 학생들이 하는 동아리 활동을 部活(ぶかつ)라고 하는데 이 말은 __________ 의 줄임말이랍니다.

2 흔히 우스갯소리라고도 하는 __________은 적절히 사용하면 유머 있는 사람이라는 좋은 평판을 받지만 심하면 주변 사람들이 하나 둘씩 떠나게 되지요. ㅋㅋ

3 일본에서는 보통 책으로 읽는 만화를 __________라고 하고 영상물로 된 애니메이션은 __________라고 합니다.

Unit 04

일본 학생들의 축제 분카사이

일본 학생들의 최대 이벤트는 바로 文化祭^{문화제}가 아닐까 해요. 文化祭는 직역하면 문화제, 즉 학교축제를 말한답니다. 보통 9월, 10월에 많이 여는데 규모면이나 학생들의 열의 면에서나 半端じゃない^{장난이 아니에요}. 한국에서도 꽤 흥행한 일본 영화 '워터보이스'를 보면 비실비실한 수영부 남학생들이 문화제에서 수중발레쇼를 보여주기 위해 고군분투하는 것을 볼 수 있지요. 보통 문화제는 이벤트 자체도 설레고 신나는 일이지만 학생들에게는 또 다른 의미의 설레는 이벤트가 있답니다. 뭐냐고요? 그건 바로 좋아하는 사람에게 告白^{고백}을 하는 건데요, 주로 가슴앓이를 하는 여학생들이 좋아하는 남학생에게 고백하는 경우가 많아요. 그래서 문화제 기간 중에 남학생들은 여학생의 고백을 은근히 기다리기도 한답니다.

중학교 문화제는 음식물을 屋台^{やたい}포장마차에서 파는 것을 禁止^{きんし}금지하는 경우가 많아요. 우선 위생 면에서 보건소의 허가를 받아야 하고, 그리고 어린 학생들이 火傷^{やけど}화상을 입을 우려도 있으니까요. 음식물 판매 이외에 어떤 이벤트를 할지는 반 회의를 통해 결정해요. 교실을 놀이동산의 お化け屋敷^{ばやしき}귀신의 집처럼 으스스하게 꾸미며 귀신의 집 놀이를 하는 반도 있고, 댄스파티를 하는 반도 있고, 연극을 보여주는 반도 있고, 아주 다양한 이벤트를 준비한답니다.

文化祭 분카사이 문화제
告白 고크하크 고백
屋台 야타이 포장마차
禁止 킨시 금지
火傷 야케도 화상
お化け屋敷 오바케야시키 귀신의 집

고등학교 문화제에서는 음식물 판매도 オッケー^{OK}! 喫茶店^{커피숍}, 焼きそば屋^{철판국수가게}를 열어 음식을 팔기도 하고, 앗 참 그리고 빠질 수 없는 메뉴에는 たこ焼き^{타코야끼}가 있네요. 금방 구운 뜨거운 타코야끼에 소스와 마요네즈를 듬뿍 바르고 가다랑이포를 솔솔 뿌려 먹으면 정말 맛나지요. 아~ 食べたい^{먹고 싶어요}. 먹는 이야기를 하니까 또 よだれ^침이 주르륵~ 아무튼 우리나라에서 문어빵이라고도 하는 타코야끼를 구워 팔기도 해요.

그리고 재미있는 것은 학교마다 조금 다르긴 해도 고백타임이라고 해서 학교방송 마이크를 사용해 "○○さん、ずっと好きでした。付き合ってください^{○○씨 계속 좋아했습니다. 사귀어주세요}!"라고 말하고, 상대가 승낙하면 "방과 후 ○○로 나와주세요."라고 또 방송한답니다. 恥ずかしい、恥ずかしい^{부끄러워}! 이름을 부르는 쪽도 이름이 불리는 쪽도 완전 부끄러울 것 같지만, 뭐 어때요? 勇気^{용기} 있는 자만이 美人^{미인}을 얻을 수 있는 거잖아요. ^-^

대학교 축제는 보통 大学祭^{대학제} 혹은 学園祭^{학원제}라고 불러요. 학원제에서는 고등학교 때처럼 여러 가지 물건을 팔기도 하고, 그동안 열심히 연구한 리포트를 전시하기도 해요. 그리고 빠질 수 없는 것은 학교 제일의 킹카 퀸카를 뽑는 美男^{미남} 美女^{미녀} 콘테스트!! 축제에서 이건 완전 定番^{기본}이에요. 빠지면 섭섭하지요. 또 재미있는 것은 애인이 없는 남녀 10명 정도가 큰 무대에서 같이 合コン^{단체 미팅}을 하는 이벤트도 있답니다.

喫茶店 킷사텐 커피숍
焼きそば屋 야키소바야 철판국수가게
食べたい 타베따이 먹고 싶다
恥ずかしい 하즈카시이 부끄럽다
勇気 유-키 용기
美人 비진 미인

大学祭 다이가크사이 대학제
学園祭 가크엔사이 학원제
美男 비난 미남
美女 비죠 미녀
定番 테-반 기본
合コン 고콘 미팅

정해진 시간 동안 여러 명의 상대랑 이야기한 후 가장 마음에 드는 사람에게 고백하는 거죠. 남학생이 마음에 드는 여학생에게 가서 ○○さん、好きになりました！お願いします ○○씨 좋아하게 되었습니다! 부탁합니다 라고 말해요. 허걱, 그렇게 빠른 시간에 좋아지다니 대단한 기술인데요. ㅋㅋ 혹시 같은 여자를 찜한 남자가 있으면 ちょっと、待った 잠시, 기다려！ 라고 외치며 고백을 해요. 둘 다 뭐 별로 마음에 들지 않을 경우 ごめんなさい 미안합니다 라고 하면 끝. 앗! 근데 이것 어디서 많이 보던 장면인데…… 하하하, 그렇군요! 한 때 '연애편지', '천생연분'이라는 이름으로 한참 人気 인기 를 얻었던 짝짓기 연애 버라이어티와 같은 방식이네요. 축제 때 이런 이벤트를 하면 분위기가 아주 좋아질 것 같아요.

お願いします 오네가이시마스 부탁합니다
ごめんなさい 고멘나사이 미안합니다
人気 닝키 인기

일반적으로 중학교, 고등학교, 대학축제 모두 아무나 와도 かまわない 상관없어요. 그래서 다른 학교에 彼氏 남자친구, 彼女 여자친구가 있는 학생들은 남자친구, 여자친구의 학교축제에 놀러 가는 경우가 많아요. もし 만약 여러분도 일본인 친구가 있다면 친구의 학교축제에 초대해달라고 해보세요. 일본 若者 젊은이들의 문화를 피부로 직접 체험할 좋은 기회가 될 거예요.

かまわない 카마와나이 상관없다
彼氏 카레시 남자친구
彼女 카노조 여자친구
もし 모시 만약
若者 와카모노 젊은이

半端じゃない 장난 아니다, 대단하다

半端는 '어중간함'을 뜻하는 中途半端의 줄임말이에요. 半端じゃない는 어정쩡하지 않다. 즉 '대단하다, 장난 아니다'라는 뜻입니다. 남자들은 조금 터프하게 半端じゃねえ 라고 하기도 해요.

A テストどうだった。
테스트 어땠어?

B 半端じゃねぇ。めちゃ難しかった。
장난 아니야. 엄청 어려웠어.

●●● テスト 테스트 ｜ めちゃ 정도가 지나침, 아주 ｜ 難しい 어렵다

付き合ってください 사귀어주세요

일본어로 付き合う는 '사귀다' 그러니까 付き合ってください는 '사귀어 주세요'. 일본친구들은 고백을 하거나 할 때 꼭 '사귀어 주세요'라고 살짝 비굴모드로 부탁을 한답니다.

A 僕と付き合ってください。
저랑 사귀어주세요.

B ごめんなさい。ほかに好きな人がいるんで・・・。
죄송해요. 다른 좋아하는 사람이 있어요…….

●●● 僕 나 ｜ ほかに 그 밖에 ｜ 好きだ 좋아하다 ｜ 人 사람 ｜ いる 있다

かまわない 상관없다, 괜찮다

かまわない는 '상관없다, 개의치 않다, 괜찮다'는 뜻입니다.

A 私も一緒に行ってもいいの。
나도 같이 가도 돼?

B うん、かまわないよ。
응, 괜찮아.

●●● 一緒に 함께, 같이 ｜ 行く 가다 ｜ うん 응(대답)

- 勉強 공부
- 試験 시험
- 専攻 전공
- 復習する 복습하다
- 予習する 예습하다
- 単位を取る 학점을 따다
- 留年 유급
- 赤点 낙제점(F학점)
- 欠席 결석
- 出席 출석

- サボる 땡땡이치다
- 先輩 선배
- 後輩 후배
- 食堂 식당
- 売店 매점
- 図書館 도서관
- 体育館 체육관
- 運動場 운동장
- 寮 기숙사
- 修学旅行 수학여행

본문에 나왔던 다음 단어의 발음을 써보세요.

1 금지 禁止 　　　（　　　　　）　　5 미남 美男 　　　（　　　　　）

2 화상 火傷 　　　（　　　　　）　　6 미녀 美女 　　　（　　　　　）

3 커피숍 喫茶店 　（　　　　　）　　7 인기 人気 　　　（　　　　　）

4 부끄럽다 恥ずかしい（　　　　　）

빈칸에 적당한 일본어를 넣어보세요.

1 일본 학생들의 학창시절의 로망은 바로 ＿＿＿＿＿＿겠지요. 축제는 지역축제든
　 학교축제든 다 즐거운 것 같아요.

2 좋아하는 이가 생기면 꼭 ＿＿＿＿＿를 해야 해요. 일단 하고 후회하는 것이 하
　 지 않고 속병을 앓는 것 보다 나아요. 지금 좋아하는 사람이 있다면 용기를 가지
　 고 ＿＿＿＿＿하세요.

3 우리나라에서는 문어빵이라고 불리는 ＿＿＿＿＿는 일본의 대표적인 주전부
　 리에요. 오사카에는 이것 박물관도 있지요. 会津屋(あいづや)라는 가게가 원조니까 오사
　 카에 놀러 가면 꼭 한 번 드셔보세요.

프로야구만큼 인기 있는 고교 야구

甲子園고시엔, 한국식으로 읽으면 '갑자원'. 이 단어를 처음 들었던 것은 오래전 TV에서 한일야구경기를 보던 도중 아나운서의 해설을 통해서였어요. 打ちました! ホームラン！ ホームランです 쳤습니다! 홈런! 홈런입니다! 저 선수 고시엔에서도 큰 활약을 보여주더니 역시 또 一発한방 날려주네요! 그때는 野球야구에 별 관심도 없었고, 韓日戦한일전이 아니었다면 십중팔구 채널을 돌렸을 거예요. 그냥 고시엔이 뭐야? 뭐 그러고는 별 관심 없이 지나갔었지요. 그러나 일본에 와서 드디어 고시엔의 매력에 빠져들고야 말았답니다.

'고시엔'은 원래 일본 프로야구 한신 타이거즈의 홈구장인 '한신 고시엔 구장'을 말하는데요, 일본 전국 고등학교 야구선수권대회가 여기서 열린답니다. 보통 전국

ホームラン 호무란 홈런
一発 잇파츠 한방
野球 야큐 야구
韓日戦 칸니치센 한일전

고교야구대회는 3, 4월에 열리는 '선발고교 야구대회'와 7, 8월에 열리는 '전국 고교야구 선수권대회'가 있는데, 봄에 하는 대회를 春の甲子園봄 고시엔 혹은 先発선발이라고 하고, 여름에 열리는 대회를 夏の甲子園여름 고시엔 혹은 그냥 고시엔이라고 해요. 야구를 하는 학생들에게는 고시엔에 출전하는 것은 엄청난 영광이며 꼭 서 보고 싶은 夢の舞台꿈의 무대가 아닐 수 없어요. 그도 그럴 것이 일본에는 4,000개의 고교야구팀이 있고 그 팀들 중 토너먼트를 거쳐 각 도와 현을 대표하는 49개 팀만이 본선에 진출하니까 본선진출만 해도 무려 80대 1의 어마어마한 경쟁률을 뚫어야 한다는 이야기가 됩니다. 그리고 고시엔에서 좋은 활약을 펼치면 프로로 스카우트되는 확률이 높아지므로 다들 이를 악물고 젊음을 불태우는 것이지요.

先発 센빠츠 선발
夢の舞台 유메노 부타이 꿈의 무대

　이렇게 야구에 청춘을 바치는 학생들을 일본에서는 野球少僧야구소승이라고 불러요. 여기서 잠깐! 그런데 왜 少僧소승이라고 부르는 걸까요? 가끔 재발하는 이 몹쓸 호기심. 아마도 그게 젊은 스님이란 뜻이니까 수도승이 수도를 하듯 야구에만 전념한다고 붙인 이름일까요? 아니면 빡빡 깎은 坊主頭까까머리라서 그런 것일까요. まあ、どうでもいいけどね뭐. 아무래도 괜찮지만요.

　고등학교를 졸업할 때까지 일편단심 민들레처럼 오직 야구가 애인이며 야구가 청춘이며 야구가 인생인 열혈 야구소년들! 정말 멋지지 않나요? 새까맣게 그은 얼굴에 까까머리, 외모는 그다지 かっこいい멋지다고 할 수 없지만 소년들에게는 根性근성이 있으니까요. 아, 맞다. 맞다. 우리나라에서는 흔히 성질이 나쁘다라고 할 때 '곤조가 더럽다'라고 하거나 술 마시고 행패를 부리거나 할 때 '곤조 부린다'는 말을 하잖아요. 어, 혹시 이런 말 初耳ですか처음 들어보셨나요? 갑자기 식은땀이…… 아니 잘 쓰진 않더라도 들어는 보셨을 텐데요. 아니 못 들어 보셨다고요? 그러면 축하합니다!!! 여러분은 젊으신 겁니다. 연배가 조금 있으신 분들은 다들 들어보셨을 거예요. 그렇죠? 하하하! 根性는 '근성'이라는 단어로 일본에서 어떤 일을 해내고자 하는 강한 정신력이란 좋은 의미로 사용하는 경우가 많은데, 우리나라에서는 살짝 왜곡되어 '나쁜 성질', 'XX 같은 행동'으로 사용되는 것 같아요.

野球少僧 야큐쇼소 야구소승
少僧 쇼소 소승
坊主頭 보즈아따마 까까머리
かっこいい 각코이 멋지다
根性 콘조 근성

그나저나 이야기가 갑자기 삼천포로 빠졌네요. 고시엔 이야기로 돌아갈게요. 처음에도 말씀드렸듯이 전 처음엔 야구에 별로 관심이 없었답니다. 그러다가 우연히 일본에서 보게 된 고시엔의 매력에 はまっちゃった 빠져버렸어요. 이게 은근 애향심을 자극해요. 유학생에게 무슨 애향심? 웃긴 이야기지만 그래도 살고 있는 지역의 팀을 막 応援 응원하게 되더라니깐요. 후훗! 고시엔의 하이라이트는 역시 決勝戦 결승전 이죠. 5만 명 이상을 수용하는 경기장에 꽉 찬 観客 관객들의 응원과 열기, 손에 땀을 쥐게 하는 거침없는 경기. 그리고 涙 눈물…… 갑자기 웬 눈물? 그게 보고 있으면 눈

■
応援 오엥 응원
決勝戦 켓쇼센 결승전
観客 칸캬크 관객
涙 나미다 눈물

물이 나더라고요. 보통 경기가 끝나면 優勝^{ゆうしょう}우승한 팀은 감격의 눈물을, 진 팀은 애통함의 눈물을 보이는데요, 패한 선수들 가운데는 거의 몸을 가누지 못할 만큼 울먹이는 선수들도 있어요. 그리고는 패한 팀의 선수들은 눈물을 흘리며 경기장의 土흙을 주머니에 담아 退場퇴장하는 것이 전통인데요, 얼마나 비장하며 감동적인지 몰라요. 왜 우리가 스포츠영화 마지막 장면에서 짠하니 가슴 뭉클하며 감동하는 것처럼 그 모습을 지켜보는 관객들도 어린 소년들의 열정에 박수를 보내며 눈시울을 적신답니다. 그 한 줌의 흙속엔 어린 선수들의 꿈과 피땀 어린 노력과 청춘을 바친 추억이 고스란히 들어 있으니까요. 여름이 되면 오사카 고시엔 구장에는 희로애락을 모두 느낄 수 있는 이런 한편의 각본 없는 드라마가 매년 펼쳐진답니다.

優勝 유쇼 우승
土 츠치 흙
退場 타이조 퇴장

まあ、どうでもいいけど 뭐 아무래도 상관없지만

まあ는 '뭐', どうでもいい는 '어떻게 해도 좋다'로 보통 별 관심이 없거나 나랑 별 상관 없는 일에 대해 일본 애들은 まあ、どうでもいいけど라는 표현을 주로 쓴답니다.

A ねえ、ゆみがB君と付き合ってるんだって。

있잖아, 유미가 B군이랑 사귄대.

B A君と付き合ってるんじゃなかった？まあ、どうでもいいけど。

A군과 사귀는 것 아니었어? 뭐 아무래도 상관없지만.

●●● 君 군(나이 어린 남자를 지칭) ｜ 付き合う 사귀다

初耳 처음 듣는 얘기

初耳는 '처음 듣는 이야기, 금시초문'이라는 뜻이에요.

A あいつ、あの顔で二股かけてるんだってさ。

저 녀석 저 얼굴로 양다리 걸치고 있대.

B うっそ〜、初耳。

진짜? 처음 듣는 얘기야.

●●● あいつ 저 녀석 ｜ 顔 얼굴 ｜ 二股をかける 양다리를 걸치다 ｜ うそ 거짓말(반어법으로 '진짜?')

はまっちゃった 푹 빠져버렸다

はまる는 '빠지다'라는 뜻으로 보통 はまっちゃった라고 하면 어떤 것에 '푹 빠져버렸다'는 뜻이 됩니다. 예를 들면 ゲームにはまっちゃった게임에 푹 빠졌다, ワインにはまっちゃった와인에 푹 빠졌다 등으로 써요.

A 最近占にはまっちゃったの。来年金持ちと結婚だって。

요즘 점에 빠졌어. 내년에 부자랑 결혼한대.

B うわ、アホだ。完全にだまされてる。

우와 바보다. 완전히 속고 있어.

●●● 最近 최근 ｜ 占 점 ｜ 来年 내년 ｜ 金持ち 부자 ｜ 結婚 결혼 ｜ あほ 바보 ｜ 完全 완전 ｜ だまされる 속다

□ ピッチャー 투수 □ レフト 좌익수

□ キャッチャー 포수 □ ライト 우익수

□ ファースト 1루수 □ 完封勝利 완봉승

□ セカンド 2루수 □ 逆転勝ち 역전승

□ サード 3루수 □ ホームラン 홈런

□ 一塁 1루 □ 安打 안타

□ 二塁 2루 □ 三振アウト 삼진아웃

□ 三塁 3루 □ バント 번트

□ 満塁 만루 □ 守備 수비

□ バッター 타자 □ 攻撃 공격

□ ショート 유격수 □ ～回の表 ~회 초

□ センター 중견수 □ ～回の裏 ~회 말

본문에 나왔던 다음 단어의 발음을 써보세요.

1 야구 野球　　　　（　　　　　）　　**5** 결승전 決勝戰　　（　　　　　）

2 여름 夏　　　　　（　　　　　）　　**6** 관객 觀客　　　　（　　　　　）

3 무대 舞台　　　　（　　　　　）　　**7** 우승 優勝　　　　（　　　　　）

4 근성 根性　　　　（　　　　　）

빈칸에 적당한 일본어를 넣어보세요.

1 ＿＿＿＿＿＿은 일본 프로야구 한신 타이거즈 홈구장 이름이기도 하며, 전국 고교 야구대회를 일컫기도 한답니다. 일본 국민 중에 ＿＿＿＿＿에 열광하지 않는 사람이 없을 만큼 일본에서는 프로야구만큼 인기가 있어요.

2 일본에서는 열혈 야구소년들을 ＿＿＿＿＿라고 부릅니다. 까무잡잡 구릿빛 얼굴에 빡빡 깎은 까까머리가 가장 큰 특징이지요.

3 일본 고교야구대회에서는 경기에 진 팀 선수들이 경기장의 ＿＿＿＿＿를 가지고 가는 것이 전통입니다.

한국보다 학비가 싼 일본의  국립대학

처음 청운의 푸른 꿈을 안고 바다를 건너 일본에 갔을 초기 무렵이었어요. 하루하루가 お勉強モード열공모드였었지요. えっ！うそでしょ에이, 거짓말이지? 뭐, 믿거나 말거나. ㅋㅋ 그런데 어느 날 立命館리츠메이칸: 교토에 있는 사립명문대에 다니는 일본인 친구가 너 그러다가 교토대(京大)도 들어가겠다, 이러는 거예요. 그래서 야! 열심히 해서 와세다 가야지. 지방에 있는 교토대가 뭐냐? 그랬더니 친구가 어이없다는 표정으로 코웃음을 치며 한마디를 하더군요. ふざけるな웃기지 마! 그리고 한참이 지나고 나서야 저는 알고야 말았답니다. 죽었다 깨어나도 제 머리로는 교토대에 갈 수가 없다는 것을. 하하하!

한국에서는 흔히 일본 名門大学명문대학 하면 옛날의 저처럼 도쿄대나 와세다 정도를 생각하시는 분들이 많으실 텐데요, 일본의 대학은 흔히 国立국립과 私立사립이

お勉強モード 오벤쿄모도 열공모드　　国立 코크리츠 국립
ふざけるな 후자케루나 웃기지 마　　私立 시리츠 사립
名門大学 메몬 다이가쿠 명문대학　　予備校 요비코 입시학원

있답니다. 누구나 인정하는 명문 국립대에는 예전에 제국대학이라고 불렸던 7개 국립대학인 도쿄대학, 교토대학, 오사카대학, 규슈대학, 도호쿠대학, 나고야대학, 홋카이도대학이 있고 그 밖에 도쿄공업대학, 츠쿠바대학, 히토츠바시대학도 누구나 동경하는 국립대라 말할 수 있습니다.

명문 사립으로는 우리나라에서도 인지도가 높은 早慶소우케이! 즉 早稲田와세다, 慶應게이오가 1, 2위를 다투고, 그다음이 上智죠우치 정도. 보통 일본의 予備校입시학원에는 우리나라의 서울대반, 연고대반처럼 東大コース도쿄대 코스, 早慶コース소우케이 코스, 早慶上智コース소우케이죠우치 코스같은 클래스가 있답니다. 그리고 흔히 명문 사립이라고 하면 MARCH라고 불리는 메이지대학(M), 아오야마학원대학(A), 릿쿄대학(R), 츄오대학(C), 호세대학(H)이 있어요.

　　보통은 국립대와 사립대는 서로 순위를 비교하지는 않지만, 최상위의 국립대가 조금 더 순위 면에서는 높지 않을까 싶네요. 세계 대학 순위 같은 것을 봐도 그렇고. 하지만 순위 같은 것은 너무 맹신하지 않는 게 좋을 것 같아요. 학과마다 다 다르기도 하고, 와세다 法学部법학부랑 교토대 工学部공학부를 서로 비교하는 것은 별로 의미 없는 것 같아요. 그래도 일본사람들에게 일본 최고의 대학을 꼽으라고 한다면 역시 도쿄대와 교토대를 뽑을 것임은 間違いない틀림없어요. 그렇지만 보통 일본의 고등학생들에게는 사립대가 국립대보다 조금 더 인기가 있는 듯해요. 일본 고등학생이 가고 싶은 대학으로 남자는 1위가 와세다, 2위가 메이지, 여자는 1위가 릿쿄, 2위가 와세다라는 설문조사를 종종 본 적이 있어요. 와우! 역시 와세다는 일

法学部 호가쿠부 법학부
工学部 코가쿠부 공학부
間違いない 마치가이나이 틀림없다

본에서도 한국에서도 もてもてですね 인기짱이네요!

　学費 학비의 경우에는 입학연도를 기준으로 했을 때 국립대가 入学金 입학금이 30만엔, 授業料 수업료가 50만엔 정도입니다. 학교나 학부에 따라 다르지만 사립대는 보통 국립대보다 1.5배에서 2배 정도 더 비싸다고 보시면 돼요. 사립은 정말 입이 떡 벌어질 정도로 비싸요.

　일본의 사립은 상당히 비싼데 반해 국립의 경우는 보통 초년도 입학금을 제외하면 수업료가 1년에 50~55만엔 정도니까…… 잠깐만요! 지금부터 계산해봅시다. 컴퓨터 시작 버튼 누르고 보조프로그램에서 計算機 계산기 불러오고, 죄송합니다. 暗算 암산이 안돼요. 흑흑! 음…… レート 환율에 따라 달라지긴 하겠지만, 등록금

学費 가크히 학비
入学金 뉴가크킨 입학금
授業料 주교료 수업료
計算機 계산키 계산기
暗算 안잔 암산

レート 레-또 환율

1,000만원 시대가 훌쩍 넘어버린 우리나라의 사립 등록금에 비하면 매우 싸다고 할 수 있네요.

지금 혹시나 일본 대학으로 留学유학을 꿈꾸는 분들이 계시다면 일본 국립대를 목표로 정해보는 것도 괜찮을 것 같아요. 국립대는 학비도 싸고, 유학생에게 奨学金장학금 혜택도 많아 돈을 별로 들이지 않고 공부할 수 있답니다.

그럼 입학시험은 뭘 보나요? 그게 학교와 학과에 따라 전형이 다르므로 원하는 대학이 있으면 반드시 지원학교와 학과의 입시요강을 참조하셔야 되겠지만, 간단히 말씀드리자면 명문 국립대학은 〈EJU(일본 유학시험), 일본어능력시험1급, 토플(토익), 본고사(소논문 같은 학교자체 시험), 면접〉, 명문 사립대학은 〈EJU(일본 유학시험), 일본어능력시험1급, 토익, 면접〉, 일반 사립대학은 〈EJU(일본 유학시험), 일본어능력시험1급, 면접〉을 봐요.

한국에서도 인정해주는 소위 一流大学일류 대학에 들어가려면 일본어만 열심히 한다고 되는 게 아니네요. 英語영어도 論述논술도…… しくしく흑흑흑. 하지만 挫折禁止좌절금지예요. You can do it ! 분명 여러분이라면 할 수 있을 거예요! 아자아자!

留学 류가쿠 유학
奨学金 쇼가쿠킨 장학금
一流大学 이치류 다이가쿠 일류 대학
英語 에-고 영어
論述 론주쯔 논술
しくしく 시크시크 흑흑흑
挫折禁止 자세쯔 킨시 좌절금지

ふざけるな 까불지 마

'농담하다, 장난치다'라는 의미의 ふざける 뒤에 금지를 나타내는 な를 붙여서 ふざけるな라고 하면 '웃기지 마, 까불지 마'라는 뜻이 됩니다. 회화에서는 ふざけんな라고 발음하는 경우도 많아요.

A これ、私の代わりにやってくれない？
이거 내 대신에 해주지 않을래?

B 何で私が。ふざけるな。
왜 내가? 웃기지 마.

●●● 代わりに 대신에 ｜ やる 하다 ｜ 何で 왜

もてもてですね 인기짱이네요!

もてる는 '인기가 있다'는 뜻인데요, もてもて라고 하면 もてる가 이중으로 있으니까 완전 인기가 많다는 뜻이에요. 보통 이성에게 인기가 많을 때 자주 사용한답니다.

A まいったな～。今日も合コン、明日も合コンだよ。
큰일 났네. 오늘도 미팅, 내일도 미팅이야.

B もてもてですね。うらやましい。
완전 인기짱이네요. 부러워요.

●●● まいったな 곤란하다, 큰일 났다 ｜ 今日 오늘 ｜ 合コン 미팅 ｜ 明日 내일
うらやましい 부럽다

間違いない 틀림없다

間違う는 '틀리다, 잘못되다'. 그러니까 間違いない는 '틀림없다, 분명하다, 확실하다'는 뜻입니다.

A 木村さん、妊娠してるんじゃない？
기무라씨 임신한 것 아냐?

B でしょ!? 間違いないよ！！
그렇지? 틀림없어!!

●●● 妊娠する 임신하다

<table>
<tr><td>□ 科目 과목</td><td>□ 数学 수학</td></tr>
<tr><td>□ 英語 영어</td><td>□ 科学 과학</td></tr>
<tr><td>□ 日本語 일본어</td><td>□ 物理 물리</td></tr>
<tr><td>□ 中国語 중국어</td><td>□ 生物 생물</td></tr>
<tr><td>□ 国語 국어</td><td>□ 化学 화학</td></tr>
<tr><td>□ 歴史 역사</td><td>□ 音楽 음악</td></tr>
<tr><td>□ 世界史 세계사</td><td>□ 美術 미술</td></tr>
<tr><td>□ 文学 문학</td><td>□ 哲学 철학</td></tr>
<tr><td>□ 体育 체육</td><td>□ 心理学 심리학</td></tr>
</table>

본문에 나왔던 다음 단어의 발음을 써보세요.

1 명문 名門 (   )   5 수업료 授業料 (   )

2 국립 国立 (   )   6 유학 留学 (   )

3 사립 私立 (   )   7 일류 一流 (   )

4 학비 学費 (   )

빈칸에 적당한 일본어를 넣어보세요.

1 우리나라에서는 노량진에 가면 __________가 많이 있어요. 특히 이 지역에는
   浪人生^{ろうにんせい}재수생들이 많이 공부 하지요.

2 여러분은 학창시절에 __________을 받아 본 적 있나요? 저는 공부를 안 해서,
   아니 못해서 한 번도 못 받아 봤답니다.

3 이것과 관련된 교통표지판과 비슷한 간판을 보신 적이 있으실 거예요. 흔히 'OTL
   금지'로 쓰기도 하지요. 일본에서도 스티커라던가 캐릭터 상품에 이 마크가 많
   이 사용된답니다. 여러분은 무슨 일이 있더라도 절대로 __________에요.

Unit 07
일본교복은 가방과 신발도 세트?

여러분은 초등학교 시절 어떤 책가방을 메고 다니셨나요? 너무 오래전 일이라 おぼえてない^{기억이 나지 않는다}구요. 제가 어렸을 때는 그 당시 최고 인기였던 로봇 태권V, 마징가제트, 요술공주 세리, 오로라 공주, 독수리 5형제의 캐릭터가 유치하게 그려진 쓰리세븐 가방이 최고 인기였어요. 오잉? 언제 학교에 다닌 거지?

책가방 이야기를 하니까 일본 小学生^{초등학생}들의 가방 이야기를 하지 않을 수가 없네요. 사진이나 일본 드라마를 통해서, 혹은 일본에 여행을 갔다 온 분들은 많이 보셨을 거예요. 대부분의 초등학생들이 네모난 건빵같이 생긴 가방을 메고 있는 것을. 어릴 적 철수랑 영희, 바둑이가 나오던 국어교과서에 철수와 영희가 메고 다녔던 네모나고 각진 그 가방? 네 비슷합니다. 그렇게 생긴 가방 이름이 바로 ランドセル^{란도세루}입니다. 이 가방을 일본의 초등학생들은 입학해서 6년 내내 메고 다닙니다. 보통 남자아이들은 검정, 여자 아이들은 빨간색을 많이 메고 다니는데 요즘엔 색상도 다채로워져서 오렌지, 핑크, 파랑, 보라 같은 색상도 있답니다.

원래 란도세루는 메이드 인 재팬이 아니라 オランダ^{네덜란드}에서 물 건너온 군용가방입니다. 그래서 란도세루란 말도 일본어가 아니라 네덜란드어로 背負う^{짊어지다}인 RANSEL을 일본식으로 발음한 거예요. 그런데 왜 다들 초등학생들이 이 가방을 들고 다녀야 해? 라고 하신다면, 거기엔 나름대로 이유가 있어요. 바로 安全^{안전}을 위해서지요. 이 만능가방은 물에 빠졌을 때 浮き輪^{튜브} 대용으로 쓸 수도 있고, 交通事故^{교통사고}를 당하거나 할 때 충격을 흡수하는 완충기능이 있어 아이들의 안전에도 한 몫 한답니다. 보기에는 크고 무거워 보여도 아주 가볍고 튼튼해요. 단 하나의 欠点^{단점}이라면 눈이 돌아갈 정도로 너무 비싸다는 거예요! 싼 게 2, 3만엔 정도,

비싼 것은 5, 6만 엔씩 해요. 우와~ びっくりした^{깜짝이야}! 우리나라 돈으로 환산하면 도대체 얼마야?

보통 초등학교에 입학하는 孫^{손자}에게 일본 おばあさん^{할머니}, おじいさん^{할아버지}들이 입학선물로 많이 사준다고 하는데, 너무 비싸 손자, 손녀가 많은 할머니, 할아버지들은 엄청 부담될 것 같아요. 우리나라에서는 애들 학원비 마련하려고 아르바이트하는 엄마들이 있다고 하던데, 일본에는 손자 란도세루 사주려고 아르바이트하시는 할아버지들이 있을 것 같군요.

중고생들의 경우에는 우리나라 학생들이 아디다스, 나이키 같은 브랜드의 リュックサック^{배낭}을 즐겨 메는데 반해, 일본의 중고등학생들은 크고 심플한 디자인의 옆으로 메는 가방을 좋아한답니다. 학교에 따라 색상이나 스타일이 조금씩 다르긴 해도 거의 どっちもどっち^{거기서 거기에요}. 우리나라 학생 중에서도 세븐틴 같은 일본 잡지를 통해 일본의 スクールルック^{스쿨룩}을 접한 학생 중에는 EAST BOY(일본 여학생들이 좋아하는 스쿨룩 메이커)에서 나온 가방을 구입하기도 하지요. 뭐 아직까진 아주 일부 마니아들의 이야기지만요.

孫 마고 손자
おばあさん 오바아상 할머니
おじいさん 오지이상 할아버지
リュックサック 류크사크 배낭
どっちもどっち 돗치모돗치 거기서 거기
個性 코세 개성

그럼 왜 이런 어찌 보면 촌스럽고 어찌 보면 엣지(?)있는 이 가방을 다들 똑같이 메고 다니느냐? 이유는 간단! 학교에서 지정해주기 때문이에요. 물론 지정해주는 학교도 있고 자유인 학교도 있지만 사립의 경우 대부분 교복에 가방, 신발, 양말까지 지정해주는 학교가 많아요. 입학할 때 교복을 파는 가게에서 다닐 학교의 교복과 신발과 가방을 세트로 사는 거지요. 가방에는 보통 학교 마크가 프린트 되어 있답니다. 그리고 뭐든 꾸미기 좋아하는 일본 여학생들은 가방에 커다란 열쇠고리나 인형을 달고 다니기도 하고 귀여운 스티커나 반짝반짝 큐빅 같은 것을 붙여서 個性개성 없이 밋밋한 가방을 자신만의 개성이 느껴지게 만들기도 하죠.

신발은 중학생 때는 클럽활동도 많고 학교에서 학생들의 운동에도 힘을 많이 쏟아 運動靴운동화를 많이 신게 하고, 고등학생 때에는 검정이나 밤색 ローファー로퍼를 많이 신어요. 靴下양말은 흔히 일본여학생들의 양말 하면 ルーズソックス루즈삭스가 떠오르실 텐데요, 왜 있잖아요, 우리나라 개업식 홍보할 때 도우미 언니들이 무릎까지 올려서 헐렁헐렁하게 신는 발토시 같은 양말. 아마 그 양말을 지정해 주는 학교는 없겠지요. ;; 반대로 질질 끌고 다녀 위생상 불결하기 때문에 신지 못하도록 엄하게 단속하는 학교는 많답니다. 뭐 수업 끝나고 놀러다닐 때 신는 것은 자유지만 요즘은 그다지 인기가 없는 듯해요. 그래도 流行유행은 돌고 도는 것이니까 언젠가 또 유행하는 날이 오겠지요. 앗, 그럼 언제가 한국에서도 란도세루가 유행하는 날이 올까요? 혹시 모르지요. 그런 날이 올지도. ^^

運動靴 운도구츠 운동화
靴下 쿠츠시타 양말
流行 류코 유행

おぼえてない 기억 안 나

생각이 잘 안 떠오르거나 기억이 안 날 때 쓰는 표현입니다. 저는 요즘 物忘れ^{ものわす}건망증이 심해져서인지 뭐든지 기억이 가물가물해요. ﹣.﹣

A この間見た映画の名前覚えてる。
요전에 본 영화제목 기억나?

B いや、全然覚えてない。
아니, 전혀 기억 안나.

●●● **この間** 요전에 | **映画** 영화 | **名前** 이름 | **いや** 아니 | **全然** 전혀

びっくりした 깜짝이야!

びっくり는 뭔가에 깜짝 놀라는 모양이고, した는 する^{하다}의 과거형이니까 '했다'는 뜻입니다. 우리가 흔히 '깜짝이야', '깜짝 놀랐어'라고 할 때 이 표현을 쓰지요.

A 本山さんの素っぴん見たことある。
모토야마씨 쌩얼 본적 있어?

B うん、びっくりした。全然違う人。
응, 깜짝 놀랐어. 전혀 다른 사람이야.

●●● **すっぴん** 민얼굴, 쌩얼 | **見る** 보다 | **全然** 전혀 | **違う** 다르다 | **人** 사람

どっちもどっち 그게 그거야

どっち는 どちら^{어느 쪽}의 가벼운 회화체로 どっちもどっち는 '그게 그거다' 五十歩百歩^{오십보백보}라는 뜻이에요.

A これとこれ、どっちがかわいい。
이거랑 이거 어느 게 예뻐?

B どっちもどっちだよ。はやく買って帰ろう。
그게 그거야. 빨리 사서 돌아가자.

●●● **かわいい** 귀엽다, 예쁘다 | **はやく** 빨리 | **買う** 사다 | **帰る** 돌아가다

□ 白(しろ) 하양

□ 黒(くろ) 검정

□ 赤(あか) 빨강

□ 青(あお) 파랑

□ 水色(みずいろ) 하늘색

□ 黄色(きいろ) 노랑

□ 緑(みどり) 초록

□ 黄緑(きみどり) 연두

□ 紫(むらさき) 보라

□ 赤紫(あかむらさき) 자주

□ 灰色(はいいろ) 회색

□ 紺色(こんいろ) 남색

□ 茶色(ちゃいろ) 갈색

□ 焦げ茶色(こげちゃいろ) 짙은 밤색

□ オレンジ 오렌지

□ ピンク 핑크

본문에 나왔던 다음 단어의 발음을 써보세요.

1 짊어지다 背負う　（　　　　　　　）　　**5** 단점 欠点　　　　（　　　　　　　）

2 안전 安全　　　（　　　　　　　）　　**6** 양말 靴下　　　（　　　　　　　）

3 교통사고 交通事故（　　　　　）　　**7** 유행 流行　　　（　　　　　　　）

4 손자 孫　　　　　（　　　　　　　）

빈칸에 적당한 일본어를 넣어보세요.

1 일본의 할머니 할아버지들은 손자가 초등학교에 들어갈 때 쌈짓돈을 털어 ______를 사준다고 합니다. 네덜란드에서 건너온 100년 이상의 전통을 가진 이 가방의 이름은 뭘까요?

2 일본의 학생들은 옆으로 메는 가방이나 손에 드는 가방을 선호하지만 한국의 중고등학생들은 주로 ________를 책가방 대용으로 메고 다니지요. 일본에서는 한국에서처럼 백팩이라고 하지 않고 짧게 줄여 リュック라고 합니다.

3 일본이나 한국이나 뭔가가 붐이 일어나거나 하면 다들 ________ 없이 유행을 좇곤 하지요. 하지만 저는 ________ 있는 스타일, ________ 있는 얼굴이 좋아요! 얼굴은 좀 아닌가. ㅋㅋ

전문학교와 Diary 단기대학은 뭐가 달라?

　자~ 지금부터 일본으로 留学유학을 가고자 하는 사람들의 유형을 분석해 보도록 하겠습니다. 실제 유학생 비율과는 차이가 있을 수 있는 '내 마음대로 차트'이니 오해 없으시길 바랍니다.

　먼저 일본에 공부하러 가는 사람 중에는 일본어학교로 語学研修어학연수를 가는 사람들이 제일 많은 것 같아요. 일본어를 정말 잘하고 싶은데 독학용 책을 아무리 봐도, 일본어학원을 아무리 다녀도 일본인 앞에 서면 말문이 막히는 괴로움을 たえられない참지 못해 일본으로 유학을 떠나는 '순수 일본어 마스터형'과 일본에서 대학이나 전문학교 진학을 위해 공부하는 '일본대학 진학형'이 있어요. '내 마음대로

留学 류가크 유학

語学研修 고가크켄슈 어학연수

たえられない 타에라레나이 참지 못하다

進学 신가크 진학

차트'에 의하면 '순수 일본어 마스터형'보다는 '일본대학 진학형'이 조금 더 많은 것 같아요.

　일본의 대학에 進学진학하려는 사람 중에는 아마도 '대학 진학형'이 가장 많고, 그다음이 '전문학교 진학형'이 아닐까 싶어요. '단기대학 진학형'도 소수이긴 하지만 일부 있는 것 같고. 확실해? 그게…… 아마도…… 제 주변의 인맥을 총동원해 알아본 결과이긴 한데. 그래도 어디까지나 '내 마음대로 차트'이니 참고로만 봐주세요.~ ^0^

그런데 일반 대학은 뭐고, 전문학교는 또 뭐고, 단기대학은 뭐지? 전문학교는 전문대학을 말하는 건가? 그럼 지금부터 여러분의 궁금증을 풀어 드릴게요. 일반적으로 일본의 대학은 크게 大学대학 4년제, 短期大学단기대학 2, 3년, 専門学校전문학교 2년가 있어요. 우리나라의 전문대학에 해당하는 것은 바로 단기대학입니다. 그냥 줄여서 短大단대라고 많이 부르지요. 이 단기대학은 주로 여자들이 많이 가서 일본에는 여자 단기대학들이 많고, 학과는 文学문학, 教育교육, 保険보건 계열이 많아요. 4년제 대학이 학문적 이론을 가르치는 데 중점을 둔다면 단대는 이론과 더불어 사회에서 직접 활용할 수 있는 실무 위주의 교육을 가르친다고 보시면 돼요. 기간이 짧은 대신에 4년에 배울 것을 2년에 다 배워야 하고, 2학년 때는 就職活動취업활동도 해야 하니 조금 きつい힘들어!라고 느끼는 학생들이 많은 것 같더군요. 그리고 2년이라는 기간 때문인지, 제한된 학과 때문인지는 몰라도 유학생들은 단대보다는 4년제 대학을 선택하거나 전문학교를 선택하는 비율이 높은 것 같아요.

■
大学 다이가크 대학
短期大学 단키다이가크 단기대학
専門学校 센몬각코 전문학교
短大 탄다이 단기대학의 준말
文学 분가크 문학
教育 쿄이크 교육
保険 호켄 보건
就職活動 슈쇼크 카츠도 취업활동
きつい 키츠이 힘들다

　전문학교는 이름 때문에 한국의 전문대와 같은 것이라는 오해를 많이 받는데요, 말 그대로 취업에 필요한 실용적인 전문기술을 배우는 학교라고 보시면 됩니다. 보통 衣装^{의상}, 美容^{미용}, 放送^{방송}, 料理^{요리}, 通訳^{통역}, デザイン^{디자인} 관련 전문학교들이 많아요. 유학생들도 그렇지만 일본인들 중에도 대학이나 단대를 졸업하고 다시 전문학교에 재입학하는 예도 많은데요, 이게 다 그놈의 취업 때문이겠지요. 흑흑. 청년실업 100만 시대니 하는 말은 꼭 우리나라에만 국한된 것은 아닌 것 같아요. 일본도 경제가 불황이라 대학생들의 취업이 잘되지 않아 ニート^{백수}가 넘쳐난다고 하네요. 제 친구 중에도 대학원에서 석사학위까지 받고도 다시 요리를 배우겠다며 핫토리(유명한 요리전문학교)에 들어간 친구도 있답니다.

衣装 이쇼 의상
美容 비요 미용　　通訳 쯔야크 통역
放送 호소 방송　　デザイン 데자인 디자인
料理 료리 요리　　ニート 나또 백수

　　보통 대학을 졸업하면 学士^{학사}, 단대를 졸업하면 準学士^{준학사}, 전문학교를 졸업하면 專門士^{전문사}라는 자격이 주어지는데요, 전문사의 경우 일본에서 編入^{편입}이나 취업을 할 때는 学位^{학위}가 인정이 되지만 아직 우리나라에서는 학위가 인정되지 않으니까 유학을 생각하시는 분들은 잘 고려해서 선택하시는 것이 좋을 듯해요. 아~ 학위냐 취업이냐 그것이 문제로다~ ⁰⁰

　　지금 일본으로 유학을 생각하는 분들이 계시다면 먼저 자신이 앞으로 무슨 일을 하고 싶은지 목표를 정확하게 세우는 것이 좋아요. 일본어를 잘하고 싶다면 일본어학교에 가서 어학연수를 받고 오는 것도 좋고, 만약 여러분 장래의 꿈이 '미스터 초밥왕' 같은 호텔 수석주방장이라든지, 샤기컷의 최고 지존이라면 전문학교에 願書^{원서}를 내보는 것도 좋은 방법이겠지요.

学士 가크시 학사
準学士 준가크시 준학사
專門士 센몬시 전문사
編入 헨뉴 편입
学位 가크이 학위
願書 간쇼 원서

たえられない 참을 수 없다

육체적으로 정신적으로 한계에 도달했을 때 '참을 수 없다, 견딜 수 없다'고 할 때 쓰는 표현입니다. 남자친구의 바람기 이제 たえられない, 더위를 많이 타서 더운 곳은 たえられない, 예쁘지도 않은데 예쁜척하는 네 모습 더 이상 たえられない~.

A ごっ、ごめん。俺が悪かった。
미, 미안. 내가 잘못했어.

B いいの。もうたえられない。別れよう。
됐어. 이제 못 참겠어. 헤어져.

●●● 俺 나(남자) ┃ 悪い 나쁘다, 미안하다 ┃ もう 이제 ┃ 別れる 헤어지다

きつい 힘들다

きつい는 여러 가지 뜻이 있는 형용사에요. 첫째는 '일 같은 것이 힘들다', 둘째는 '성격이 깐깐하다', 세째는 '술이나 담배 같은 것이 독하다', 네째는 '옷이나 구두가 꽉 끼다'에요. 다 중요한 뜻이니깐 몽땅 외우세요.

A 明日までに、レポート10枚提出だって。
내일까지 레포트 10장 제출이래.

B マジ、きつ〜い。
진짜? 완전 힘들겠다.

●●● 明日 내일 ┃ レポート 레포트 ┃ 枚 ~장 ┃ 提出 제출 ┃ まじ 정말

ニート 백수

예전에는 일본에서 백수를 ぷーたろー푸타로라고 불렀는데 요즈음 ニート니또라는 말을 많이 써요. 원래 ニート(NEET)는 Not currently engaged in Employment, Education or Training의 약자로 일하지도 않고, 일할 의지도 없는 청년 무직자를 일컫는 말이랍니다.

A どうしよう。就活このままだったら、やばいよ。
어떡하지. 취업활동 이대로라면 위험해.

B そうだね。ニートになる可能性大だよ。
그래. 백수 될 가능성이 커.

●●● 就活 취업활동 ┃ このまま 이대로 ┃ やばい 위험하다 ┃ 可能性大 가능성 큼

일본의 명문 전문학교

통번역　도쿄 외국어전문학교 **http://www.tflc.ac.jp**
일본 외국어전문학교 **http://www.jcfl.ac.jp**
학비: 평균(초년도 1년 기준) 1,200,000円 ~ 1,400,000円
진로: 통역, 번역, 호텔, 여행사, 로컬가이드

요리　핫토리 영양전문학교 **http://www.hattori.ac.jp**
츠지 조리사전문학교 **http://www.tsuji.ac.jp**
학비: 평균 1,600,000円 ~ 2,140,000円
진로: 조리사, 영양사, 푸드 코디네이트

제과제빵　일본 과자전문학교 **http://www.nihon-kashi.ac.jp**
학비: 평균(초년도 1년 기준) 1,550,000円
진로: 제과 제빵사, 제과 위생사

애니메이션, 컴퓨터 그래픽, 게임　도쿄 디자이너학원 **http://www.tdg.ac.jp/**
일본공학원 전문학교 홈페이지 **http://www.neec.ac.jp**
학비: 평균(초년도 1년 기준) 1,230,000円 ~ 1,400,000円
진로: 에니메이터, 그래픽디자이너, 일러스트레이터

헤어, 메이크업　야마노 미용전문학교 **http://www.yamano-bc.jp/**
힐리우드 미용전문학교 **http://www.hollywood.ac.jp**
학비: 평균(초년도 1년 기준) 1,100,000円 ~ 1,300,000円
진로: 헤어디자이너, 메이크업 아티스트, 네일 아티스트

패션, 복장　문화복장학원 **http://www.bunka-fc.ac.jp**
동경모드학원 **http://www.mode.ac.jp/tokyo/**
학비: 평균(초년도 1년 기준) 940,000円 ~ 1,400,000円
진로: 패션디자이너, 코디네이터, 스타일리스트

보석디자인　히꼬미즈노 주얼리 칼리지 **http://www.jewelry.ac.jp/**
학비: 평균(초년도 1년 기준) 985,000円 ~ 1,400,000円
진로: 보석 디자이너, 보석 감정사

방송, 음향, 실용음악　동방학원 **http://www.tohog.com**
도쿄비주얼아트 **http://www.tva.ac.jp**
학비: 평균(초년도 1년 기준) 1,300,000円 ~ 1,400,000円
진로: 방송국 전문 인력, 음향엔지니어, 무대 조명엔지니어, 뮤지션

본문에 나왔던 다음 단어의 발음을 써보세요.

1 유학 留学　　　　（　　　　　）　　5 미용 美容　　　　（　　　　　）

2 어학연수 語学研修 （　　　　　）　　6 방송 放送　　　　（　　　　　）

3 진학 進学　　　　（　　　　　）　　7 통역 通訳　　　　（　　　　　）

4 교육 教育　　　　（　　　　　）

빈칸에 적당한 일본어를 넣어보세요.

1 흔히 이름 때문에 우리나라의 전문대와 자주 헷갈리는 ________는 취업에 필요한 실용적인 교육을 하는 학교입니다.

2 예전에는 대학교 4학년이 되어야 슬슬 시작했지만 취업난으로 요즘 대학생들은 입학하자마자 ________를 하는 학생들이 많은 것 같아요. 학점관리도 잘해야 하고 무엇보다 외국어 실력을 향상시키는 데 온 힘을 쏟아야 해요!

3 일본에서 ________를 하기란 정말 어려워요. 왜냐면 일본의 학생들은 휴학을 거의 하지 않기 때문에 빈자리가 나지 않거든요. 일본에서는 일반적으로 휴학을 하더라도 학비의 50% 이상을 내야 하기 때문에 휴학을 하지 않는 것 같기도 해요.

정답 1 りゅうがく 2 ごがくけんしゅう 3 しんがく 4 きょういく 5 びよう 6 ほうそう 7 つうやく
정답 1 専門学校 전문학교 2 就職活動 취업활동 3 編入 편입

두 번째 단추로 마음을 전하는 졸업식

여러분은 卒業式졸업식하면 뭐가 떠오르시나요? 저는 아련한 옛 추억도 생각나지만 요즘 학생들의 조금은 지나친 いたずら장난이 먼저 떠오르네요. 思い出作り추억 만들기, 伝統行事전통행사라는 구실로 너무 심한 장난을 하는 학생들도 있는 것 같아요. 밀가루랑 계란을 마구 던지고…… 왜 기를 쓰고 인간 テンプラ덴뿌라, 튀김을 만들려고 하는지 저로서는 이해불가입니다. 뭐 극히 일부의 이야기겠지요. 저는 그리 믿고 싶네요.

밀가루 던지기의 전통이 일본에서 왔다는 이야기를 들은 적이 있어서 과연 그럴까 궁금해 알아봤더니 일본에서는 그렇게 하지 않는다고 하네요. 일본은 우리나라와 달리 4월에 학기가 시작되니까 졸업식도 3월입니다.

卒業式 소쯔교시키 졸업식

いたずら 이따즈라 장난

思い出作り 오모이데 즈쿠리 추억 만들기

伝統行事 덴토교지 전통행사

보통 졸업식도 일주일 정도 전부터 강도 높은(?) 졸업식 예행연습이 이루어지고 대체로 중고등학교의 졸업식은 엄숙한 분위기에서 조용히 치러진다고 하네요. 형식이나 의례를 중시하는 문화니까 충분히 이해가 되는군요.

졸업식 자체는 우리나라랑 별반 차이는 없는 것 같아요. 강당에 모여 卒業証書^{そつぎょうしょうしょ}졸업증서 받고, 재학생 送辞^{そうじ}송사와 졸업생 答辞^{とうじ}답사가 이어지고 여기저기 눈물을 흘리며 코를 훌쩍거리는 여학생들이 하나둘씩 나타나고. 아, 맞다. 歌^{うた}노래도 부르는군요. 졸업식 노래라고 딱 정해진 것은 아니고 졸업식 노래로 어울릴만한 곡 중에서 골라서 부르는 것 같아요.「오랫동안 사귀었던 정든 내 친구야~♬ 작별이란 웬 말이냐~♪」'석별'이라는 노래인데 아시지요? 이 노래와 음이 똑같은 蛍の光^{ほたる ひかり}반딧불 빛이라던가, 桜の雨^{さくら あめ}벚꽃 비, 手紙~拝啓 十五の君へ^{て がみ はいけい じゅう ご きみ}편지~삼가 아룁니다. 15살의 당신에게라는 노래들이 대표적인 곡이에요. 대부분 가사가 짠하니~ 삶에 지쳤을 때 들으면 힘을 주는 노래들이에요.

卒業証書^{そつぎょうしょうしょ} 소쯔교쇼쇼 졸업증서
送辞^{そうじ} 소—지 송사
答辞^{とうじ} 토—지 답사
歌^{うた} 우따 노래
蛍の光^{ほたる ひかり} 호타루노 히카리 반딧불 빛
桜の雨^{さくら あめ} 사쿠라노 아메 벚꽃 비

일본에서는 중고등학생들이 졸업식 때에 두 번째 단추를 뜯는 전통이 있는데요, 단추를 뜯는다고 하니까 너무 과격한 느낌이 들지만 실은 아주 로맨틱한 전통이에요. 3년 동안 정든 친구들과 헤어지는 것도 서운하지만 더욱더 힘든 것은 그동안 남몰래 片想い^{かたおも} 짝사랑 해왔던 그와 헤어져야 한다는 사실. 그런 여학생들을 응원하기 위한 졸업식 고유의 전통이 바로 교복의 두 번째 단추를 얻는 풍습이에요. 졸업식 때 용기를 내어 좋아하는 남학생에게 가서 すきです 좋아해요 라고 직접 告白 고백 하는 대신에 第2ボタンを私にください 두 번째 단추를 제게 주세요 라고 말을 한답니다. 끼야~ 로맨틱하지 않나요? 그런데 왜 꼭 두 번째 단추를 얻어야 하나요? 그게 꼭 두 번째 라야 한답니다. 첫 번째 단추나 세 번째 단추는 별 의미가 없는 걸요. 왜냐면 두 번째 단추가 심장에서 가장 가까운 단추이기 때문이에요. 사랑이란 머리로 하는 게 아니라 뜨거운 심장으로 하는 것이니까요. 오호! 그렇게 깊은 뜻이!

그럼, 그런 고백을 받은 남자들은 다 단추를 떼어주느냐? 음…… 상대방 여자애 가 자기가 좋아하는 여자애가 아니더라도 단추를 떼어주는 게 일반적이에요. 고백 을 받는다고 꼭 사귀어야 하는 것도 아니고 자신을 좋아해준 사람에게 좋은 추억 을 만들어 주기 위한 작은 배려라고나 할까요. 물론 여자 친구가 있는 경우는 예외 지만요. 여자친구에게 교복의 두 번째 단추가 뜯긴 게 들키면 분명 한바탕 喧嘩 싸움 이 날 것이 분명하니까 그럴 경우는 거절한다고 하더라고요.

학교에서 花より男子 꽃보다 남자 의 F4 같은 인기남들은 두 번째 단추가 100개라도 모자라겠는데요. ㅋㅋ 그러니까 우물쭈물할 여유가 없어요. 다른 경쟁자가 단추를 채어가기 전에 재빨리 행동을 취해야만 해요. 제 친구 중의 한 명은 좋아하던 남자

片想い 카타오모이 짝사랑
告白 코크하크 고백
喧嘩 겐카 싸움
花より男子 하나요리 단고 꽃보다 남자

先輩^{せんぱい}선배의 졸업식에서 선배에게 단추를 얻었는데 공교롭게 그 남자 선배를 좋아한 다른 여자 선배가 있었던 거예요. 그래서 어찌 됐느냐고요? 여러분이 예상한 대로 귀갓길에 ちょっと顔かしなよ^{かお} 잠시 얼굴 좀 보자! 라고 불려가서는 悪口^{わるくち}욕을 한 바가지 얻어먹고 돌아왔다고 하더군요. 에이~ 뭐야? 혹시 스펙터클 액션 호러를 기대하신 것은 아니죠?

時代^{じだい}시대가 바뀌면 文化^{ぶんか}문화도 바뀐다고 하지만 졸업식의 두 번째 단추의 풍습은 예나 지금이나 훈훈한 전통으로 이어져 오고 있어요. 아참, うっかりした 깜빡했네요! 로맨틱한 두 번째 단추는 여학생들이 주인공이에요. 남학생이 먼저 좋아하는 여학생에게 가서 これ、もらってくれない 이거 받아주지 않을래?라고 하는 풍습은 없답니다. 두 번째 단추는 사랑을 쟁취하고자 하는 용기 있는 여학생들만의 로망이며 특권이에요!!!

先輩^{せんぱい} 센파이 선배
悪口^{わるくち} 와르쿠치 욕
時代^{じだい} 지다이 시대
文化^{ぶんか} 분카 문화

片想い (かたおも) 짝사랑

片는 '한쪽', 思い는 '생각'이라는 뜻이니까, 한쪽에서만 애달프게 품고 있는 마음! 즉 짝사랑입니다. 누가 사랑을 아름답다 했나요? 짝사랑만큼 가슴 시린 일이 또 있을까요?

A さっきの空港、おばさまたちですごかったね。
조금 전에 공항, 아줌마들로 굉장했지?

B ヨン様パワーだね。あれもおばさまたちの片想い？
욘사마파워야. 저런 것도 아줌마들의 짝사랑?

●●● **さっき** 아까, 조금 전 │ **空港** 공항 │ **おばさま** 아주머님 │ **すごい** 대단하다, 굉장하다

花より団子 (はな だん ご) 꽃보다 경단, 금강산도 식후경

여러분이 너무 좋아하시는 花より男子꽃보다 남자는 花より団子꽃보다 경단이라는 속담에서 발음을 따온 것이랍니다. 경단은 일본식 떡꼬치를 말하는데요, '꽃보다 경단' 즉 예쁜 것보다 먹을 것이 우선이라는 뜻으로 우리나라 속담의 '금강산도 식후경'과 같은 속담입니다.

A ねえ、今通った男性、マジいいんだけど・・・。
야, 지금 지나간 남자 진짜 괜찮은데……

B 私は花より団子だね。これがおいしいよ。
나는 꽃보단 경단이야. 이게 맛있어.

●●● **今** 지금 │ **通る** 지나가다 │ **男性** 남자 │ **まじ** 진짜 │ **花** 꽃 │ **より** ~보다 │ **団子** 경단
おいしい 맛있다

うっかりした 깜빡했다

うっかり는 '깜빡, 멍청히'라는 뜻이고, うっかりした라고 하면 '무엇인가를 깜빡 잊었다'고 할 때 쓰는 표현이에요.

A デジカメ持ってきたの。
디카 갖고 왔어?

B あっ、うっかりした！どうしよう。
앗, 깜빡했다! 어떡하지.

●●● **デジカメ** 디지털카메라 │ **持つ** 가지다, 들다

□ 愛(あい) 사랑	□ 恋人(こいびと) 애인
□ 愛(あい)してる 사랑해	□ 好(す)き 좋아해
□ 恋(こい) 사랑, 연애	□ 大好(だいす)き 아주 좋아해
□ 初恋(はつこい) 첫사랑	□ さびしい 외롭다
□ 恋(こい)に落(お)ちる 사랑에 빠지다	□ 恋(こい)しい 그립다
□ 愛(あい)が冷(さ)める 사랑이 식다	□ 切(せつ)ない 애달프다
□ 一目惚(ひとめぼ)れ 첫눈에 반함	□ つらい 괴롭다
□ 片想(かたおも)い 짝사랑	□ 別(わか)れる 헤어지다
□ 恋愛(れんあい) 연애	□ こくる 고백하다
□ 失恋(しつれん) 실연	□ 気(き)になる 신경쓰이다, 좋아하다

본문에 나왔던 다음 단어의 발음을 써보세요.

1 전통 伝統　　（　　　　　　　）　　**5** 싸움 喧嘩　　（　　　　　　　）

2 졸업식 卒業式　（　　　　　　　）　　**6** 선배 先輩　　（　　　　　　　）

3 송사 送辞　　（　　　　　　　）　　**7** 시대 時代　　（　　　　　　　）

4 편지 手紙　　（　　　　　　　）

빈칸에 적당한 일본어를 넣어보세요.

1 일부 학생들은 학창시절의 __________를 만들려고 졸업식 때 과도한 장난을 치기도 하지요. 범죄 미스터리 스릴러로 호평을 받았던 살인의 __________라는 영화도 있었네요.

2 여러분은 일본 __________ 즉 J-POP을 좋아하시나요? 저는 일본 R&B의 여왕 MISIA미샤의 곡들이 참 좋아요.

3 일본에는 __________가 별로 없다고들 하는데, 그렇다고 아예 없는 것은 아니에요. ㅋㅋ 하지만 우리나라만큼 다채롭지는 않은 듯해요. __________이 많이 나오는 우리나라 영화는 일본 자막 넣기가 어렵다는 소문을 얼핏 들은 것 같아요.

정답 1 でんとう 2 そつぎょうしき 3 そうじ 4 てがみ 5 けんか 6 せんぱい 7 じだい

정답 1 思い出作り 추억 2 歌 노래 3 悪口 욕

Part 2
문화편

여자만 눈에 띠는 성년의 날

　만 20세가 되던 5월의 어느 봄날. 장미꽃 20송이와 香水^{こうすい}향수 그리고 달콤한 키스를 받으려고 부단히 노력했던 기억이 나네요. 여러분은 성년의 날에 특별한 추억이 있으신가요? 남자친구나 여자친구가 있으면 그나마 선물이라도 챙겨주겠지만 외로운 싱글들은 달력을 뚫어지게 쳐다보지 않는 한 성년의 날인 것도 모른 채 획 지나가 버리기 십상이에요.

　한국에서는 살짝 푸대접을 받는 성년의 날이 일본에서는 국가적인 축제랍니다. 매년 1월 둘째 주 월요일을 成人の日^{せいじん ひ}성년의 날로 지정해 성인이 되는 젊은이들을 축하해줘요. 그리고 중요한 것은 공휴일이라는 거! やった^{앗싸}앗싸~

　성년의 날에는 각 지방자치단체마다 成人式^{せいじんしき}성인식이라는 행사를 한답니다. 성인

香水^{こうすい} 코스이 향수
成人の日^{せいじん ひ} 세진노히 성년의 날
やった 얏다 앗싸~
成人式^{せいじんしき} 세진시키 성인식
エロい 에로이 섹시하다

残念^{ざんねん} 잔넨 유감
神社^{じんじゃ} 진자 신사
明治神宮^{めい じ じんぐう} 메이지진구 메이지 신궁
新成人^{しんせいじん} 신세징 신성인

식이라고 하니까 모 여가수가 부른 エロい ^{섹시한} 그 노래가 떠올라 입가에 음흉한 미소가 번지시는 분은 안 계신가요? 저 말고는 없다고요? ﾞﾞﾞ 성인식 행사장에는 만 20세의 초대장을 가진 사람만이 들어갈 수 있어요. 초대장은 성인식 행사가 있기 몇 달 전에 주소지 관할 시청이나 구청에서 발송한다고 하네요. 뭐야, 초대장 같은 게 있어야 한다고! 일본에 가면 꼭 보고 싶었는데 残念 ^{유감}이야 라고 생각하신 분들은 元気だしてください ^{기운 내세요} 성인식은 구청이나 큰 강당 같은 곳에서도 하지만 神社 ^{신사}에서도 많이 하거든요. 1월 둘째 주 월요일에 맞춰 하라주쿠의 明治神宮 ^{메이지 신궁}에 가면 일본의 성인식을 생생하게 접하실 수 있을 거예요. 이날 성인이 되는 젊은이들을 新成人 ^{신성인}이라고 부르는데 자기 고향으로 성인식에 참석하러 가는 사람들도 많아요.

　일본 성인식의 메인이벤트는 뭐니뭐니해도 着物기모노 패션쇼 아닐까요? 아니 실제 패션쇼를 한다는 이야기가 아니고, 이날 여자들은 모두 화려한 기모노를 입으니까 보고만 있어도 目の保養になる눈이 호강을 해요. ^^ 기모노는 소매가 짧은 留袖토메소데와 소매가 무릎까지 내려오는 振袖후리소데가 있어요. 토메소데는 보통 결혼한 여자들이 입어요. 그리고 성인식에서는 당연히 화려한 후리소데를 입어야지요. 기모노는 値段가격이 무척 비싼데요, 보통 50만 엔에서 비싼 것은 100만 엔 정도 한다고 하네요. 이렇게 가격이 비싸다 보니 렌탈을 해서 입거나 엄마나 언니의 기모노

를 물려받는 것이 일반적이라고 해요. 흔히 기모노는 대충 천을 둘둘 말아 허리에 帶띠만 질끈 동여매면 되는 줄 아시는데요, 이게 진짜 입기가 어렵답니다. 혼자서는 절대 못 입어요. 누군가 着付け맵시 있게 입는 것을 도와줘도 30분 이상은 걸릴걸요!

성인식 날 아침 여자들은 새벽 일찍 일어나 꽃단장을 하느라 얼마나 바쁜지 몰라요. 기모노 입어야지요, 머리랑 메이크업 받으러 美容室미용실 가야지요. 머리는 주로 볼륨감 있는 アップスタイル올림머리를 많이 하고 화려한 髪飾り머리장식으로 치장을 해요. 이날만큼은 머리에 큰 꽃을 달아도 아무도 이상하게 보지 않아요. 그리고 1월이라 날씨가 상당히 춥잖아요, 그래서 목에 하얀 털이 복슬복슬한 ストール숄 같은 걸 두르는 경우가 많아요. 성인식시즌이 기모노 가게나 미용실의 최대 稼ぎ時대목이라고 해도 과언이 아닐 거예요.

너무 여자들 이야기만 했나요? 그럼 남자들은요? 남자들은 주로 검은 양복차림이에요. 袴하카마라고 하는 통이 넓은 주름바지에 羽織하오리라는 겉옷을 입는 사람들도 있고요. 동네에서 좀 노는 양아치 형아들이 이런 하카마나 하오리 스타일을 좋아하는 경향이 있어요.

성인식 하면 보통 남자들은 눈에 잘 안 들어와요. 예쁜 기모노를 입은 꽃 같은 처자들에게 온통 마음을 빼앗겨버리니까요. 아! 가끔 남자들이 주목받기도 하는군요. 행사장에 술을 마시고 들어와 暴れる횡포를 부리는 신성인은 거의 남자들이니까요. 뉴스에도 자주 등장해 주시고.ㅋㅋ 성인식날 술 먹고 난동을 부리는 것을 막으려고 飲酒検知器음주측정기를 도입한 곳도 있다니 정말 웃지 못할 해프닝이 아닐 수 없네요.

성인식은 보통 축사 듣고 간단한 행사하고 기념품 받고 끝납니다. 식 자체는 형

値段 네당 가격
帶 오비 띠
着付け 키쯔케 맵시 있게 입는 것
美容室 비요시쯔 미용실
アップスタイル 앗푸스타이루 올림머리

髪飾り 카미카자리 머리장식
ストール 스토루 숄
稼ぎ時 카세기도키 대목
暴れる 아바레루 횡포를 부리다
飲酒検知器 잉슈켄치키 음주측정기

식적인데다 뭐 그다지 재미는 없지만 식이 끝나고 나서가 진짜예요. 아침부터 정성스럽게 꾸민 아름다운 자태를 남기고자 기념사진을 수천 장(?) 찍고, 오랜만에 만난 同級生동창생들과 同窓会동창회를 하며 그동안 쌓인 이야기를 수다로 풀기도 해요. 친한 친구들끼리 삼삼오오 모여 가라오케에 가거나 술을 마시러 가기도 하고요.

성인이 되면 뭐가 좋을까요? 편의점에서 술과 담배를 당당하게 살 수도 있고, 빨간 숫자 붙은 야릇한 영화도 보고 싶을 때 언제든지 볼 수 있고, 클럽 들어갈 때 身分証신분증 검사를 해도 전혀 두렵지 않고……. 하지만 자유가 많아진 만큼 大人어른으로서 책임감 있는 자세가 더욱 필요하겠지요. 아~ 그리고 우리나라에서도 국가적 차원에서 성인식 행사를 하면 재미있을 텐데요. 곱게 ハンボッ한복을 차려입고 말이죠. 우리 한복이 미적 측면에서 절대 기모노에 뒤지지 않잖아요. 뭐 긴말할 필요 있겠어요? 두말하면 잔소리지요. ^-^

同級生 도큐세 동창생
同窓会 도소카이 동창회
身分証 미분쇼 신분증
大人 오토나 어른

やった 앗싸~

やった는 무슨 일이 잘되었을 때 기뻐서 하는 말이에요. 우리나라의 '앗싸, 얏호, 됐다!'
와 같은 뉘앙스에요.

A えっ、うそ、やった！ 宝くじがあたった！！
엣, 진짜? 앗싸! 복권에 당첨됐어!!

B すごいじゃん。
대단한데.

- うそ 거짓말(반어법으로 '진짜?') | 宝くじ 복권 | あたる 당첨되다

目の保養になる 눈의 보양이 되다, 눈이 호강하다

멋지고 좋은 것을 보면 '눈이 호강한다'고 하지요. 일본에서는 이럴 때 目の保養にな
る 눈의 보양이 된다고 해요.

A ね、アウトレットでブランド品の大売り出しだって！
있잖아, 아울렛에서 명품 특별판매한대!

B 行こうよ。買わなくても目の保養になるから。
가자. 사지 않더라도 눈이 호강할 테니까.

- アウトレット 아울렛 | ブランド品 명품 | 大売り出し 대매출, 특별판매 | 買う 사다

元気だしてください 기운 내세요!

頑張ってください는 많이 들어 보셨죠? '힘내세요, 열심히 하세요, 파이팅!' 이라는
뜻이지요. 이에 반해 元気だしてください는 조금 더 위로하는 듯한 느낌이 강하네요.
상사에게 깨진 동료나 시험에 떨어진 친구에게 해주면 좋을 한마디예요.

A 僕がいつもそばにいるから、元気だしてください。
제가 늘 곁에 있을 테니까 기운 내세요.

B ありがとう。
고마워요.

- いつも 늘, 언제나 | そば 곁, 옆

□ ヘアスタイル 헤어스타일

□ ショートヘア 쇼트 머리

□ ボブスタイル 단발머리

□ ストレートヘア 생머리

□ パーマヘア 파마머리

□ 天然（てんねん）パーマ 곱슬머리

□ ダメージヘア 상한 머리

□ 鏡（かがみ）を見（み）る 거울을 보다

□ 美容室（びようしつ） 미용실

□ パーマする 파마하다

□ シャンプーする 샴푸하다

□ リンスする 린스하다

□ ドライする 드라이하다

□ 髪（かみ）をとかす 머리를 빗다

□ 髪（かみ）を切（き）る 머리를 자르다

□ 髪（かみ）を洗（あら）う 머리를 감다

□ 髪（かみ）を乾（かわ）かす 머리를 말리다

□ 髪（かみ）を揃（そろ）える 머리를 다듬다

□ 段（レイヤー）を入（い）れる 층을 내다

□ 染（そ）める 염색하다

□ 寝癖（ねぐせ）が付（つ）く 자고 일어나 머리가 헝클어지다

본문에 나왔던 다음 단어의 발음을 써보세요.

1 향수 香水　　　　（　　　　　）　　**5** 미용실 美容室　　（　　　　　）

2 유감 残念　　　　（　　　　　）　　**6** 동창회 同窓会　　（　　　　　）

3 신사 神社　　　　（　　　　　）　　**7** 신분증 身分証　　（　　　　　）

4 기모노 着物　　　（　　　　　）

빈칸에 적당한 일본어를 넣어보세요.

1 일본에서 매년 1월 둘째 주 월요일은 성년의 날이에요. 이날 성인이 되는 여자들은 예쁘고 화려한 기모노를 차려입고 ＿＿＿＿＿＿＿＿에 참가합니다.

2. 기모노의 종류에는 짧은 소매인 留袖토메소데와 긴소매인 ＿＿＿＿＿＿＿＿가 있어요. 짧은 소매는 결혼한 부인들이 입고, 긴소매는 미혼여성들이 결혼식이나 성인식 등에서 입는답니다. 보통 결혼식이나 피로연 예복은 소매가 복사뼈까지 내려오고, 성인식 때 입는＿＿＿＿＿＿＿＿는 소매길이가 무릎과 복사뼈 사이까지 내려온다고 해요.

3. 성인식 행사가 끝나면 오랜만에 만난 같은 학교 출신들끼리 ＿＿＿＿＿＿＿＿를 여는 경우가 많아요.

한류는 왜 ♡ 아줌마들에게만 불지?

様사마! 神様하느님, お姫様공주님, 王様왕 같은 존경의 대상에게 붙이는 극존칭 표현. 이제껏 일본 배우 중에 사마를 붙여주는 배우는 없었어요. 욘사마(배용준), 본사마 (이병헌), 피사마(비)라니……. 한국 남자배우들 정말 일본에서 대단한 사랑을 받 는 것 같네요. 명동에 가보면 일본 여성관광객들로 복작거리는 화장품 가게의 모 델들이 언제부터인가 남자 스타들로 싹 물갈이가 된 것도 바로 다 한류의 영향이 겠지요.

韓流ブーム한류 붐을 몰고 온 것은 역시 冬のソナタ겨울연가의 욘사마. 한류가 처 음보다는 다소 주춤해지긴 했어도 아예 すたれた한물갔다고는 말할 수 없을 것 같아 요. 이제는 하나의 문화코드로 定着정착된 느낌이랄까요. 욘사마의 CF는 여전히 끊

神様 카미사마 하느님
お姫様 오히메사마 공주님　　　　冬のソナタ 후유노 소나타 겨울연가
王様 오우사마 왕　　　　　　　　すたれる 스타레루 한물가다
韓流ブーム 칸류부무 한류 붐　　　定着 테차쿠 정착

이지 않고 방송을 타며 렌탈점에 있는 한국 영화나 드라마 코너도 변함없이 인기
가 있어요.

흔히 한류라고 하면 아줌마들만 열광한다고 생각하기 쉽지만 꼭 그렇지만은 않
은 것 같아요. ドラマ드라마나 俳優배우 쪽은 아줌마 팬층이 두텁지만 歌手가수 쪽은
젊은 층의 지지도 서서히 늘어가는 추세라고 합니다. 젊은이들에게 가장 인기가
있는 것은 東方神起동방신기. 동방신기의 앨범은 발매 당일 10만 장을 가뿐히 넘기
거나 오리콘차트 1위를 하는 것쯤은 이제 평범한 일이 되었을 정도니까요. 최근에
는 빅뱅이나 FT 아일랜드 같은 팀들도 일본에 진출해 조금씩 인기를 얻고 있다고
해요.

俳優하이유 배우
歌手카슈 가수
東方神起토호신키 동방신기

　그럼 왜 일본 아줌마들은 한국 남자배우들에게 열광하는 걸까요? 아무래도 드라마의 영향이 큰 것 같아요. 한국 드라마는 일본 드라마와 달리 순수한 사랑을 그리는 드라마가 많거든요. 물론 不倫불륜이라든가 얽히고설킨 가정사가 나오는 말도 안 되는 막장드라마들도 많지만요. 한국 드라마의 남자 주인공들을 보면 말이 아닌 행동으로 자신의 여자를 보호하고 끝까지 그 사랑을 지켜내려고 노력하잖아요. 그런 모습에 일본 아줌마들이 뿅 하고 惚れる반한다고 하더라고요. 그러고 보면 한국 남자들과 일본 남자들을 비교해봤을 때 한국 남자들이 훨씬 やさしい다정한건 맞는 것 같아요. 뭐 사람마다 성격이 달라 이렇게 단정 짓는 것 자체가 웃기긴 하지만 저는 그렇게 생각해요. 한국 남자들은 여자친구의 손바닥만 한 핸드백도 무거울까봐 들어주는데, 일본 남자들은 마트에서 장본 물건도 잘 안 들어준다니까요! 그리고 한국 드라마와 일본 드라마를 비교해 보면 한국은 멋진 남자 둘이 한 여자의 마음을 얻으려고 競争경쟁하는데 반해 일본 드라마는 여자 둘이 한 남자를 차지하려고 싸우는 경우가 많아요. 재미있지요? 그러니까 자신을 여주인공과 동일화시켜 감정이입을 하며 드라마를 보는 여자들 입장에서는 한국 드라마 속 남자들이 훨씬 멋지게 보이는 것은 어쩌면 당연한 일인지도 몰라요. ^^

　한류에서 또 빼놓을 수 없는 것이 먹을거리인데요, 우리나라 음식이 맛있기는 하잖아요. 일본사람들은 한국 음식이 맛도 좋고 아주 건강식이라고 생각해요. 제가 일본에 있을 때도 한국 여자들은 김치나 나물 같은 채소를 많이 먹어서 피부가 곱고 すらっとしている날씬하다라는 이야기를 많이 들었어요. 뭐 틀린 말도 아니지요. 후훗!

不倫 후린 불륜
惚れる 호레루 반하다
やさしい 야사시이 다정하다
競争 쿄소 경쟁
焼き肉 야키니꾸 불고기

예전에는 한국 음식하면 焼き肉불고기가 전부인 줄 알던 일본사람들이 지금은 도쿄 시내 한복판에서 상추에 삼겹살을 싸먹고, 막걸리칵테일을 마셔요. 삼계탕이나 감자탕 전문점은 물론이고 한국의 대표적인 길거리 음식인 떡볶이나 호떡을 파는 가게까지 생겨났다니 한국 음식이 한류를 이끄는 제2의 욘사마가 아닐까 싶어요. 호호호!

　초기의 한류가 욘사마나 본사마의 부드러운 미소로 일본 아줌마들을 初恋^{첫사랑}에 빠진 소녀로 만들어 놓았다면, 그 후에는 보아와 동방신기 같은 실력파 가수들이 그 바통을 이어받아 젊은 층에 호감을 주면서 계속 유지되고 있어요. 그리고 그 밑바닥에는 한국 음식이 든든하게 한류를 지탱해주고 있고요. 지금은 일본의 열혈 아줌마부대가 한국까지 와서 스타의 行き付けの店^{단골가게}를 순례하던 초기의 한류 붐처럼 그렇게 요란스럽거나 호들갑스럽지는 않은 것 같아요. 그냥 한국문화가 너무나 자연스럽게 일본인들의 생활 속에 조금씩 녹아들고 있다는 感じ^{느낌}이랄까요. 아무쪼록 한류가 벚꽃같이 한동안 유행하다 한순간에 사그라지는 붐이 아닌 일본 사람들에게 한국문화를 오래오래 전해주는 문화코드로 정착되길 진심으로 바랍니다.

初恋 하츠코이 첫사랑
行き付けの店 이키츠케노 미세 단골가게
感じ 간지 느낌

すたれた 한물갔다

すられる는 '유행하지 않게 되다, 한물가다'는 뜻입니다. 그러니까 과거형인 すたれた는 '한물 갔다'는 의미!

A チョベリバって早くも廃れたよね。
'초베리바'는 이제 한물갔다 그렇지?

B うん、そうだね。最近あまり使ってないね。
응. 그러네. 요즘엔 별로 안 쓰네.

●●● **チョベリバ** 아주 나쁨 (超 very bad에서 따온 속어) | **早くも** 벌써, 이미 | **最近** 최근 | **使う** 사용하다

すらっとしている 날씬하다

흔히 날씬한 여자들에게 부러움을 가득 실어 던지는 말로는 すらっとしていますね! 와 '가늘다'는 뜻의 ほそい를 써서 ほそいですね ! 라는 표현들이 있어요.

A あの子、モデルみたい！
저 애, 모델 같아.

B いいな、すらっとしてるよね。私もなりたい！
부러워. 날씬하다. 나도 저렇게 되고 싶어!

●●● **モデル** 모델

行き付けの店 단골가게

단골손님은 お得意様 또는 常連, 단골가게는 行き付けの店 또는 得意先라고 해요.

A 行き付けの店のジュンちゃんってかわいいんだよ。
내 단골가게의 준짱 귀여워.

B え、マジで？今日つれてってくれよ！
진짜로? 오늘 데려 가줘!

●●● **かわいい** 귀엽다 | **マジで** 진짜로 | **つれていく** 데리고 가다

- 天国の階段 천국의 계단
- オールイン 올인
- 復活 부활
- アイリス 아이리스
- 魔王 마왕
- 私の男の女 내 남자의 여자
- 愛情の条件 애정의 조건
- 最後のスキャンダル 내 생애 마지막 스캔들
- 春のワルツ 봄의 왈츠
- 夏の香り 여름향기
- 秋の童話 가을동화
- 冬のソナタ 겨울연가
- ごめんね、愛してる 미안해 사랑해
- 私の名前はキムサンスン 내 이름은 김삼순
- 恋人 연인
- 宮廷女官チャングムの誓い 대장금
- 頭の中の消しゴム 내 머릿속의 지우개
- オールドボーイ 올드보이
- コーヒープリンス 커피 프린스
- 猟奇的な彼女 엽기적인 그녀

본문에 나왔던 다음 단어의 발음을 써보세요.

1 하느님 神様　　　（　　　　　）　　5 경쟁 競争　　　（　　　　　）

2 정착 定着　　　（　　　　　）　　6 첫사랑 初恋　　（　　　　　）

3 배우 俳優　　　（　　　　　）　　7 느낌 感じ　　　（　　　　　）

4 가수 歌手　　　（　　　　　）

빈칸에 적당한 일본어를 넣어보세요.

1 ＿＿＿＿＿＿＿열풍은 冬のソナタ 겨울연가가 일본에서 히트 치면서 불기 시작했어요. 지금은 예전보다는 그 열기가 주춤하지만 어느 정도 안정된 형태로 자리를 잡아가고 있다는 느낌이에요.

2 우리나라 드라마에는 왜 삼각관계나 ＿＿＿＿＿＿＿을 소재로 한 막장 드라마가 많을까요? 어쩌면 그래서 더 흥미진진 재미있는 것인지도 모르지요.

3 일본에서는 한국식 불고기나 갈비 같은 것을 구운 고기를 ＿＿＿＿＿＿＿라고 불러요. 그리고 이런 음식을 파는 가게를 ＿＿＿＿＿＿＿屋라고 합니다.

유카타가 너무 예쁜  하나비

온몸이 끈적끈적 숨이 턱턱 막혀요. 아~ 蒸し暑い후텁지근해! 이건 一言で言うと 한마디로 습식 사우나에요. 8월 어느 무더운 여름날, 도쿄 거리를 걷다 보면 너무 더워 성격이 나빠질 것 같다는 생각이 욱하고 올라온다니까요. ㅠㅠ

일본의 여름은 습기가 많아서 그런지 한국보다 더 더운 것 같아요. 이럴 때 필요한 것은 뭐? 뼛속까지 얼얼한 かき氷빙수? 손발이 오그라드는 친구의 さむいギャグ썰렁 개그? TV화면에서 튀어나오는 산발한 여자 主演주연의 그 호러무비? 違う아니에요, 의욕상실의 주범인 더위와 빨간불 깜박거리는 不快指数불쾌지수 게이지를 한 번에 날려버리기 위해 우리에게 꼭 필요한 것은 바로 花火大会불꽃대회입니다. 오잉? 불꽃대회? 뭐 대회라기보다 우리식으로 말하자면 불꽃놀이 축제인 셈이지요.

蒸し暑い 무시아츠이 후텁지근하다
かき氷 가키고오리 빙수
さむいギャグ 사무이 갸그 썰렁 개그
主演 슈엔 주연

違う 치가우 아니다
不快指数 후카이시수 불쾌지수
花火大会 하나비 타이카이 불꽃놀이 대회

일본사람들은 여름이면 夏祭り^{여름 축제}인 하나비 축제를 즐겨요. 매년 7월에서 8월까지 전국에서 각종 불꽃놀이를 개최한답니다. 특히 도쿄는 규모가 큰 하나비 축제들이 많아요. 그 대표적인 것이 스미다가와(隅田川) 축제, 에도가와구(江戸川区) 축제, 이타바시(板橋) 축제, 도쿄만(東京湾) 축제 등이 있어요. 260여 년의 전통을 자랑하는 일본 최대의 불꽃대회인 스미다가와 하나비 축제의 경우 해마다 100만 명 가까운 인파가 불꽃놀이를 즐기러 모인다고 해요. 우와 100만 명이나? 渋滞^{교통체증}이 엄청나겠는걸! 어디 봅시다. 100만 명이면 한여름 부산 해운대 해수욕장에 피서객들만큼 모인다는 이야기인데, 뭐 살짝 걱정이 되기도 하지만 워낙 질서를 잘 지키는 나라이니 心配^{걱정}은 일단 붙들어 매도 될 것 같아요.

보통 대규모 축제의 경우, 2시간 정도 夜空^{밤하늘}에 2만 발 정도의 불꽃을 쏘게 되는데 타닥타닥 빵빵 터지는 효과음에 화려한 불꽃이 아주 장관이랍니다. 너무 황홀해서 매케한 화약 냄새까지도 로맨틱하게 느껴질지 몰라요. 하하하!

하나비 축제를 한층 축제답고 가슴 설레게 하는 것이 있는데 그건 바로 浴衣^{유카타}랍니다. 가끔 유타카라고 잘못 발음하시는 분도 계시는데 유타카는 사람 이름이에요. 일본으로 温泉旅行^{온천여행}을 가면 한 번쯤 입고 記念写真^{기념사진}을 찍는 바로 그 服^옷말인가요? 네, 맞아요. 흔히 여름 기모노라고도 부르는 유카타는 면이나 혼방으로 만들어져 가격도 저렴하고 입기도 간편하답니다. 그걸 입고 하나비 축제에 간다고? 아니 온천에서 입는 잠옷 같은 그 유카타를 입고 가면 안 되지요! 하나비 축제 때에 입고 가는 유카타는 꽃과 나비 무늬의 아주 화려하고 예쁜 유카타에요. 그야말로 축제에는 かけがえのない^{없어서는 안 될} 완소 아이템이라고 할 수 있지요.

夏祭り 나츠 마츠리 여름 축제
渋滞 쥬타이 교통체증
心配 심파이 걱정
夜空 요조라 밤하늘
温泉旅行 온센료코 온천여행

記念写真 키넨샤신 기념사진
服 후크 옷
帯 오비 띠
うちわ 우치와 부채

알록달록 예쁘고 화려한 패턴의 유카타는 허리 뒤에 帶오비라는 큰 리본을 메요. 머리는 예쁘게 올려 화려한 머리핀을 꽂거나 꽃으로 장식한답니다. 머리에 꽃을 꽂는다고? 아니 축제 때만 그런다고요! 유카타를 입을 때만. ㅎㅎ 신발은 맨발에 ゲタ게타라는 전통신을 신고 손에는 うちわ부채나 앙증맞은 보자기 같은 손가방을 들어요.

하나비 축제는 가끔 여자들을 やきもちやき *질투쟁이*로 만들기도 하는데요, 나보다 예쁜 유카타를 입은 여자들보다 더 부러운 것이 바로 커플룩! 흔히 커플룩하면 곰돌이 티셔츠에 똑같은 가방을 멘 사귄지 100일 안팎의 러브러브 연인들의 *だ さい*촌스러운 커플룩이 연상되실 텐데요, 유카타 커플룩은 정말 멋스럽고 사랑스러워요. 색깔과 패턴 정도만 센스 있게 맞춰 입어도 한마디로 간지 쫠쫠. 싱글들의 뒷담화와 부러움을 한몸에 받는답니다. ^^

일본의 夏여름은 하늘에서는 불꽃놀이, 땅에서는 유카타를 보는 설렘과 황홀함이 있기에 짜증 지대로인 더위를 이겨낼 수 있는 것 같아요. 여름에 일본을 여행하는 분들이라면 불꽃놀이에 꼭 가보세요. おすすめ강추! おすすめ강추! 로맨틱한 한여름 밤의 꿈같은 축제가 일본 여행의 잊지 못할 思い出추억이 되어줄 테니까요.

■
やきもちやき 야키모치야키 질투쟁이
だ さい 다사이 촌스럽다
夏 나츠 여름
おすすめ 오스스메 강추
思い出 오모이데 추억

一言で言うと 한마디로 말하자면

한마디로 말하자면 이라고 모든 상황을 정리할 때 쓰는 표현이에요. 내 성격을 一言で言うと 한마디로 말하자면? 天使천사. 스미마셍 ㅋㅋㅋ.

A 一言で言うと何なの？
한마디로 말하자면 뭐야?

B 一言で言うとすけべおやじ。
한마디로 말하자면 변태 아저씨.

● ● ● **すけべ** 바람둥이, 변태 ┃ **おやじ** 아버지, 아저씨(얕보는 말투)

かけがえのない 다른 것과 바꿀 수 없는, 더할 나위 없이 소중한

かけがえ는 여벌로 준비해 두는 것인데요, 요게 ない없다는 것은 너무너무 소중하다는 뜻이겠지요. ^^

A あなたにとってかけがえのないものは何ですか。
당신에게 있어서 가장 소중한 것은 뭐예요?

B う～ん、やっぱりお金かな・・・。
음…… 역시 돈…….

● ● ● **～にとって** ～에 있어서 ┃ **やっぱり** 역시 ┃ **お金** 돈

ださい 촌스러워!

슬리퍼에 흰 양말, 가슴까지 올려 입은 배바지, 꽃무늬 하와이언 셔츠, 이런 걸 봤을 때 일본애들은 시니컬하게 한마디 던지지요. ださい! 젊은이들의 속어를 살짝 빌려오면 '구리다'라는 뜻이에요. 좀 더 힘주어 だっせ! だっさ!라고도 해요.

A その服なに、めっちゃださい！
그 옷 뭐야? 완전 구려！

B 何言ってんだよ。あんたよりましだよ。
뭔 얘기 하는 거야? 너보다 나아.

● ● ● **服** 옷 ┃ **めっちゃ** 정도가 지나침, 매우 ┃ **ださい** 촌스럽다 ┃ **言う** 말하다 ┃ **あんた** 너 ┃ **より** ～보다 ┃ **ましだ** 낫다

□ 服 옷	□ 半袖 반팔
□ 着物 기모노	□ 長袖 긴팔
□ 浴衣 유카타	□ スカート 치마
□ 制服 교복, 제복	□ ズボン 바지
□ 着る 입다	□ 半ズボン 반바지
□ 履く 신다	□ ジーパン 청바지
□ 脱ぐ 벗다	□ ジャージ 운동복, 트레이닝복
□ 似合う 어울리다	□ 下着 속옷
□ きつい 꽉 끼다	□ ブラジャー 브래지어
□ ゆるい 헐렁하다	□ パンティー 팬티(여성)
□ スーツ 정장	□ ブリーフ 브리프(남성용 팬티)
□ ノースリーブ 민소매	□ 水着 수영복
□ シャツ 셔츠	

본문에 나왔던 다음 단어의 발음을 써보세요.

1 온천 温泉　　　（　　　　　　）　5 불꽃 花火　　　（　　　　　　）

2 교통체증 渋滞　（　　　　　　）　6 주연 主演　　　（　　　　　　）

3 걱정 心配　　　（　　　　　　）　7 기념사진 記念写真（　　　　　　）

4 밤하늘 夜空　　（　　　　　　）

빈칸에 적당한 일본어를 넣어보세요.

1 일본은 섬나라라서 그런지 습도가 무척 높아요. 그래서 여름엔 정말 습식 사우나 안에 있는 것처럼 푹푹 찌듯이 더워요. 조금 과장해서 __________라는 말이 10분에 한 번씩 튀어나올 정도라니까요.

2 __________는 진짜 대회라기보다는 매년 7, 8월에 열리는 대표적 여름 축제랍니다. 최근 일본의 경기악화로 지방에서 열리는 비교적 작은 규모의 축제는 없어지는 곳도 많다고 합니다.

3 일본 온천이나 호텔에서 주는 __________는 비교적 약식으로 만들어진 것이에요. 그래서 입는 방법도 아주 간단하고 색상이나 패턴도 수수한 것이 대부분이지요. 축제 때 입고 가는 것은 이것보다 훨씬 더 화려하고 예쁩답니다.

정답 1 おんせん 2 じゅうたい 3 しんぱい 4 よぞら 5 はなび 6 しゅえん 7 きねんしゃしん

정답 1 蒸し暑い 후텁지근해 2 花火大会 하나비 축제(불꽃놀이) 3 浴衣 유카타

미팅과 왕게임은 일본에서 왔다?

예전에 어느 기사에서 읽은 완전 무서운 이야기. 恋愛연애를 오랫동안 하지 않으면 연애세포가 죽어 영영 연애를 할 수 없다는……. 이 무슨 싱글들 가슴에 비수를 꽂는 전설의 고향보다 무서운 이야기란 말인가. 이런 불행한 사태를 막을 수 있는 가장 손쉬운 방법이 있었으니 그건 바로 미팅! 일본에서는 한국처럼 ミーティング미팅이라고 하지 않고 合コン고콘이라고 해요. 合同コンパ합동 콘파의 줄임말이지요. 합동 콘파? 그게 뭔데? 오오오, 이 불타는 학구열을 보소! コンパ는 영어 company에서 온 말로 친목회 정도로 이해하시면 될 듯해요! 아~ 오랜만에 영어를 썼더니 급 피로. ㅠㅠ

보통 10대들은 학교 귀갓길에 맥도날드나 커피숍에서, 20대가 되면 お酒술을 마

恋愛 랭아이 연애
合コン 고콘 미팅
お酒 사케 술

실 수 있게 되니까 주로 居酒屋(술집)에서, 그리고 30대 정도가 되면 아오야마나 다이칸야마의 분위기 있는 카페나 바에서 살짝 럭셔리한(?) 미팅을 해요. 30대는 미팅이 아니라 お見合い(맞선)이라고 해야 하는 게 맞는 것 같기도 하고…….

기본적으로 미팅은 우리나라와 비슷해요. 하지만 특별히 짝을 정하거나 그러지는 않는 것 같아요. 기본적으로 다 같이 이야기하고 술을 마시는 분위기랄까요? 시간이 길어지다 보면 계속 옆사람하고만 이야기를 하게 되니까 가끔 席替え(자리교체)를 하기도 해요.

고콘에서는 역시 罰ゲーム(벌칙게임)을 해야 분위기가 업 되지요. 대표적인 게임으로는 우리나라에서도 많이 하는 王様ゲーム(왕게임)! 왕이 된 사람이 나머지 번호를

居酒屋 이자카야 술집
お見合い 오미아이 맞선
席替え 세키가에 자리교체
罰ゲーム 바츠게무 벌칙게임
王様ゲーム 오우사마게무 왕게임

뽑은 사람들에게 이것저것 마음대로 시키는 거예요. 예를 들면 2번이랑 5번이랑 チューして_{뽀뽀해}라던가. 조금 더 짓궂은 왕에게 걸리면 ベロチュー_{찐한 키스}같은 것도 해야 해요. 이런 건 남자끼리 걸려도 반드시 해야 한답니다. なんで_왜? 당연하지요! 왕의 명령이니까. 풋하!! 왕들은 보통 モノマネ_{흉내 내기}나 腕立て_{팔굽혀펴기}, しりもじ_{엉덩이로 글자 쓰기}, デコピン_{이마 때리기} 같은 것들도 주문하지요. 아, 우리나라의 빼빼로와 똑같이 생긴 ポッキー_{포키}라는 과자를 사 와서 빼빼로 게임을 시키기도 합니다. 동성끼리 걸리면 제대로 벌칙게임이 되지요. 그 밖에도 山の手線ゲーム_{야마노테센 게임}이라고 해서 우리나라의 쿵쿵타 비슷한 게임도 많이 해요. 주제에 맞춰 돌아가면서 단어를 하나씩 부르면 돼요. 단어가 막히거나 틀리면 벌주로 술을 마시고요.

앗, 그리고 일본에서 고콘을 할 때 주의할 점 하나! 一目惚れ_{첫눈에 뿅 하고 반한} 상대가 있어서 둘만의 오붓한 시간을 갖고 싶더라도 둘이서만 살짝 빠지거나 먼저 돌아가면 절대 안 돼요. 만약 그렇게 했다간 다음 고콘 때에 친구들이 분명히 안 끼워줄 거예요. 일본애들은 단체행동에서 튀는 것을 무지 싫어하거든요. 그러니까 마음에 드는 相手_{상대}가 있으면 꼭 고콘이 끝나고 연락처를 물어보세요! 고콘 회비는 따로 걷기 보다는 술값이 나오면 割り勘_{더치페이}로 계산을 해요. 일반적으로 일본애들은 더치페이가 생활화되어 있지만 이때만큼은 남자들이 조금 더 지갑을 여네요. 고콘이잖요. 여자들한테 잘 보여야지요. 술값은 남자들이 다 내거나 아님 남자 측에서 조금 더 많이 부담하는 경우가 많답니다.

ベロチュー 베로츄– 찐한 키스
なんで? 난데 왜?
モノマネ 모노마네 흉내 내기
腕立て 우데타테 팔굽혀펴기
しりもじ 시리모지 엉덩이로 글자 쓰기
デコピン 데코핑 이마 때리기
一目惚れ 히토메보레 첫눈에 반함
相手 아이테 상대
割り勘 와리캉 더치페이

　　전에 미팅에 관한 재미있는 앙케트를 본 적이 있어요. '미팅에 절대 나타나지 마 랭킹'이었는데 남자 제3위는 여자에게는 말을 걸지 않고 남자들끼리만 이야기하는 사람, 그러려면 뭐 하러 온 거야? -.- 2위는 여자 멤버에 폭탄이 많으면 급 우울해지는 남자. 음…… 이해는 갑니다만…… 저도 미팅에 いけメン 이케멘-잘생긴 남자가 없으면 의욕이 상실되는걸요 뭐. ㅋㅋ 그리고 대망의 1위는 自慢話 자기자랑이 심한 남자라고 하네요. 반대로 여자는 3위가 남자 멤버에 폭탄이 많으면 급 과묵해지는 여자, 2위는 かっこいい 잘생긴 남자한테만 말을 거는 여자, 1위는 남자들 앞에서 性格 성격이나 態度 태도가 바뀌는 여자라고 해요. 보통 이런 걸 猫かぶってる 내숭떤다고 하지요. 그럼 이제 저도 미팅 가서는 못생긴 남자와도 이야기 많이 하고, 남자들이 모두 폭탄이더라도 분위기 완전 띄우는 분위기 메이커가 되면 애인이 생길까? 호호호. まさか 설마!

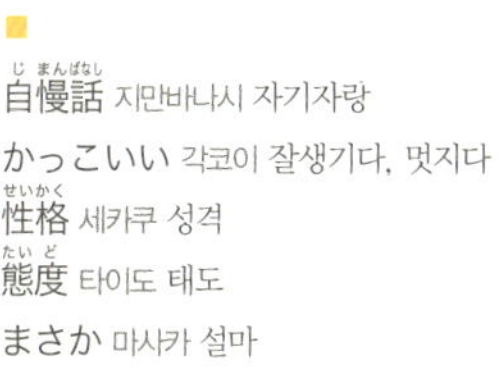

自慢話 지만바나시 자기자랑
かっこいい 각코이 잘생기다, 멋지다
性格 세카쿠 성격
態度 타이도 태도
まさか 마사카 설마

그리고 고콘에 나가 다들 성공하면 좋겠지만 실패했다고 너무 낙담할 필요도 없는 것 같아요. 우리에겐 헌팅이라는 좀 더 적극적인 방법이 있으니까요. 일본에서는 헌팅을 ナンパ난파라고 해요. 젊은이들은 이런 즉석 만남을 통해 사귀는 경우도 많아요. 난파는 보통 남자가 여자에게 작업을 거는 것을 말하고, 여자가 씩씩하게 남자에게 작업을 거는 것은 '역'이라는 뜻의 한자 逆갸쿠를 붙여 ギャクナンパ갸쿠난파, 줄여서 ギャクナン갸쿠난이라고 한답니다.

なんで 왜？

보통 '어째서, 왜'라는 의미로 どうして를 많이 쓰지만, 일상 회화에서는 なんで도 많이 쓴답니다.

A なんで別れたの。
왜 헤어졌어?

B 彼女が浮気してさ。
여자 친구가 바람피워서.

••• **なんで** 왜 | **別れる** 헤어지다 | **彼女** 여자친구 | **浮気する** 바람피우다

一目惚れ 첫눈에 반함

반하다는 ほれる, 그리고 첫눈에 반하는 것은 一目惚れ라고 해요. 運命の人 운명의 사람 을 만나면 정말 한눈에 확 반하게 되는 걸까요? ㅎㅎ

A 一目惚れしちゃったよ。
첫눈에 반해버렸어.

B え、マジ？ だれだれ。
어, 진짜? 누구누구?

••• **ちゃうは てしまう** ~해 버리다 축약형 | **マジ** 진짜 | **だれ** 누구

猫かぶってる 내숭떨다

일본에서는 내숭을 떤다고 할 때 猫をかぶっている 고양이를 덮어쓰고 있다 라고 해요. '고양이를 덮어쓰다' ㅋㅋ 재미있는 표현이지요?

A 一番嫌われる女って、猫かぶってる女だよね。
제일 미움받는 여자가 내숭떠는 여자야. 그렇지?

B そうそう、特に男性の前でよくする女！！
맞아 맞아. 특히 남자 앞에서 자주 그러는 여자!

••• **一番** 제일 | **嫌われる** 미움받다 | **特に** 특히 | **男性** 남성 | **前** 앞

□ 愛(あい) 사랑

□ 恋(こい) 사랑, 연애

□ 恋愛(れんあい) 연애

□ 恋人(こいびと) 애인

□ 愛人(あいじん) 부적절한 사이, 정부

□ 付(つ)き合(あ)う 사귀다

□ 別(わか)れる 헤어지다

□ 恋(こい)が冷(さ)める 사랑이 식다

□ 口説(くど)く 꼬시다

□ 合(ごう)コン 미팅

□ ナンパする 헌팅하다

□ ナンパされる 헌팅당하다

□ 遠距離(えんきょり) 원거리연애

□ マンネリ 권태기

□ 二股(ふたまた)かける 양다리 걸치다

□ 浮気(うわき)をする 바람피우다

□ 喧嘩(けんか)する 싸우다

□ 仲直(なかなお)りする 화해하다

□ ふる 차다

□ ふられる 차이다

본문에 나왔던 다음 단어의 발음을 써보세요.

1 연애 恋愛　　　（　　　　　）　　5 자기자랑 自慢話　（　　　　　）

2 합동 合同　　　（　　　　　）　　6 성격 性格　　　（　　　　　）

3 술집 居酒屋　（　　　　　）　　7 태도 態度　　　（　　　　　）

4 상대 相手　　　（　　　　　）

빈칸에 적당한 일본어를 넣어보세요.

1 일본에서는 미팅을 ＿＿＿＿＿＿이라고 해요. 보통은 3대 3으로 만나는 경우가
　많아요. 외로운 불면의 밤을 지새우는데도 미팅을 주선해주는 친구가 없다면 자
　력으로 헌팅에 나가야지요! ^^ 일본어로 헌팅은 ＿＿＿＿＿＿입니다.

2 미팅이나 술자리에서 분위기를 확 띄우는 방법은 역시 ＿＿＿＿＿아니겠어요?
　대표적인 게임으로는 王様ゲーム 왕게임이 있어요.

3 일본인들은 계산할 때 기본적으로 ＿＿＿＿＿을 선호해요. 하지만 상황에 따
　라 한턱 おごる쏜다거나 조금 더 많이 부담을 하는 사람이 있기도 해요.

캔디에서 꽃보다 남자  까지

일본 남자아이들 아니 남자들의 로망 ガンダム^{건담}. 내 눈에는 그냥 별로 특별할 것도 없는 한낱 로봇이지만……. 몇 날 며칠 건담 프라모델만 만들어도 하나도 피곤하지 않다는 건담 팬들이 들으면 큰일 날 소리겠지요. ^^ 일본에서는 최근 초대형 건담과 철인 28호가 만들어져 화제가 된 적이 있었어요. 도쿄 오다이바에서는 만화 원피스에서 금방 튀어나온 것 같은 해적선 고잉메리호를 실제로 운항하기도 했었구요. 와우! 원피스 주인공들처럼 고잉메리호에 탈 수 있다니 원피스 팬들에게는 정말 たまらない^{참을 수 없는} 유혹이겠네요. 그리고 일본에 가면 아즈망가 대왕이나 도라에몽같은 만화 캐릭터가 그려진 깨물어주고 싶을 만큼 깜찍한 버스도 볼 수 있어요. 과연 일본사람들의 만화나 애니메이션에 대한 사랑의 끝은 어디까지일까요.

　일본문화를 이야기할 때 절대 빼놓을 수 없는 것은 역시 만화와 애니메이션. 보통 책으로 된 것을 まんが만화라고 하고, 영상물인 애니메이션은 アニメ아니메라고 불러요. 인기 있는 만화나 아니메는 キャラクターグッズ캐릭터 상품이나 フィギュア피규어로 만들어지기도 하고 드라마나 영화로 제작되기도 하지요. 꽃보다 남자, 신의 물방울, 노다메 칸타빌레, 고쿠센 등 일드에 관심이 있는 사람이라면 누구나 한 번쯤은 봤음 직한 이런 유명 드라마들의 原作겐사쿠원작도 거의 다 만화랍니다. 일본 만화는 스토리와 장르의 제한이 없어서 자유로운 표현이 가능하다고 해요. 그래서 아이들뿐만 아니라 아저씨, 아줌마, 할아버지, 할머니, 누구나 다 즐길 수가 있답니다. 우리나라에서는 전철 안에서 나이 지긋한 노신사가 만화책을 읽는 모습이 想像そうぞうできない상상이 되지 않지만 일본에서는 뭐 흔하디흔한 풍경이지요.

たまらない 타마라나이 참을 수 없다
まんが 망가 만화
キャラクターグッズ 카락타 굿즈 캐릭터 상품
原作げんさく 겐사쿠 원작

만화나 아니메는 음반시장이나 게임산업에도 막대한 影響力영향력을 미치는 까닭에 일본사람들은 드라마나 영화보다 만화나 아니메에 더 정성을 쏟는 것 같아요.

일본에도 우리나라의 만화방과 비슷한 漫画喫茶만화찻집이 있어요. 차를 마시면서 보고 싶은 만화를 읽는 곳이지요. 최근에는 아주 호텔처럼 꾸며놓은 멋진 망가킷사들도 많아요. 인터넷은 물론이고 간단한 샤워도 할 수 있지요. 망가킷사 이외에도 일본 만화를 おもいきり실컷 읽을 수 있는 곳이 한 군데 더 있어요. 값싼 特価특가의 만화책에서부터 수백만 엔의 稀少品희소품까지, 만화·아니메에 관해서는 ないものがない없는 것이 없다고 하는 만화 전문 쇼핑몰 만다라케! 만다라케는 만화와

影響力 에쿄료크 영향력
漫画喫茶 망가킷사 만화찻집
おもいきり 오모이키리 실컷
特価 톳카 특가
稀少品 키쇼힌 희소품

아니메 마니아들에게는 天国천국과도 같은 곳이지요. 엄청난 규모의 만화책과 아니메 관련 캐릭터 상품 및 코스프레 복장, 게임기, 중고 CD 등등 온종일 구경해도 あきない질리지 않는 곳이에요. 튼튼한 다리만 가지고 있다면 몇 시간씩 立ち読み서서 읽기를 해도 되고! 싸게 일본 만화책을 사려면 일본 최대의 古本屋중고서점인 Book-off(북오프)를 방문해보는 것도 좋아요. 아, 그러고 보니 우리나라에도 서울역과 신촌에 북오프 한국지점이 있네요. 일본에 직접 가서 중고 만화책을 한 보따리 사오면 좋겠지만 그게 여의치 않으면 한국지점을 방문해 보는 것도 하나의 방법이겠어요.

어릴 적 제 꿈은 은하철도 999의 메텔이 되어 들장미소녀 캔디의 안소니 같은 남자를 만나 행복하게 사는 거였어요. 철이 들 무렵 TV에서 봤던 만화영화가 모두 일본 만화라는 것을 알았을 때는 살짝 배신감도 느꼈지만, 어쩌겠어요. 그땐 이미 너무나 많은 일본 만화를 봐버린 이후인걸요. 하하하!

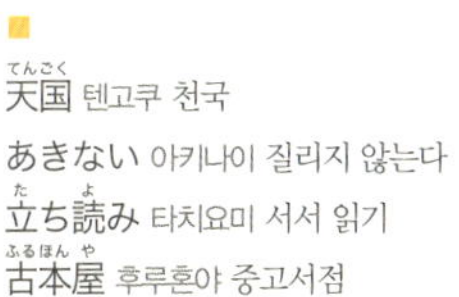
天国 텐고쿠 천국
あきない 아키나이 질리지 않는다
立ち読み 타치요미 서서 읽기
古本屋 후루혼야 중고서점

요즘 어린 학생들은 잘 모르겠지만 1998년 일본 문화가 개방되기 전에는 海賊版해적판으로 일본 음반을 구해 듣고, 해적판 슬램덩크를 친구들과 몰래 돌려읽었던 시절도 있었어요. 이제는 일본풍 술집에서 사케를 마시며, 블로그 BGM으로 JPOP을 들을 수 있는 너무나 일본문화를 자연스럽게 즐길 수 있는 시대가 되었네요. 일본 노래나 드라마를 즐기는 사람들도 많지만 가장 많은 마니아층을 가진 분야는 재패니메이션을 즐기는 사람들이 아닐까 하는 생각을 해 봅니다. '이웃집 토토로', '센과 치히로의 행방불명'으로 유명한 일본 아니메의 거장 미야자키 하야오 監督감독의 작품을 매년 손꼽아 기다리는 사람들이 있는가 하면 일본 TV 시리즈물에 푹 빠져 있는 청소년들도 상당히 많아요. 원피스, 나루토, 이누야샤 같이 인기 있는 아니메들은 일본에서 방영된 지 하루 이틀이면 한국어로 깔끔하게 字幕자막처리까지 되어 인터넷으로 공유될 정도니 가히 그 인기도를 실감할 수 있지요.

혹시 지금 일본어를 공부하는 분들이 있다면 일본 아니메나 만화에 관심을 가져보시는 것도 좋을 것 같아요. 일본어 초급자라면 코믹스 같은 만화책을 보시면 돼요. 일본 만화책을 즐겨 보면 회화체 감각을 익힐 수 있고 어려운 한자에는 히라가나가 달려있어서 단어 공부하기에도 좋답니다. 그렇게 내공이 쌓이면 비교적 내용이나 어휘가 난해한 공각기동대나 에반게리온 같은 메카물에도 도전해보시고요!

海賊版 카이조크반 해적판
監督 간토쿠 감독
字幕 지마쿠 자막

たまらない 견딜 수 없다

たまらない는 '견딜 수 없다'는 뜻으로 보통 ~てたまらない~해서 견딜 수 없다의 형태로 많이 쓰입니다. 예를 들면 会いたくてたまらない보고 싶어 참을 수 없다, ほしくてたまらない갖고 싶어 참을 수 없다, 歯が痛くてたまらない이가 아파서 참을 수 없다가 있어요.

A もう、かゆくてたまらない。
너무 가려워서 못 참겠다.

B え、蚊に刺されたの。
뭐야, 모기 물렸어?

●●● **もう** 정말 | **かゆい** 가렵다 | **蚊に刺される** 모기에 물리다

おもいきり 실컷, 마음껏

여러분은 지금 무엇을 하고 싶나요? 저는 맛있는 것 おもいきり 먹고, おもいきり 자고, 친구들 만나 おもいきり 수다 떨며 놀고 싶어요.

A 北海道行ってカニを思い切り食べたい。
홋카이도 가서 게를 실컷 먹고 싶어.

B 同感
동감!

●●● **カニ** 게 | **同感** 동감

あきない 질리지 않는다

飽きる는 '질리다, 싫증이 나다'라는 뜻이에요. 보통 무엇에 질렸다고 할 땐 あきちゃった!라고 하고, 동사와 연결해서 食べあきる먹는데 질리다, 聞きあきる듣기에 질리다와 같이 사용하기도 해요. あきない는 부정형이니까 '싫증 나지 않는다, 질리지 않는다'라는 의미에요.

A かっぱえびせんってあきないよね。
새우깡은 안 질려 그렇지?

B うん。一回食べ始めるとやめられない。
응. 한 번 먹기 시작하면 멈출 수 없어.

●●● **かっぱえびせん** 새우깡 | **食べ始める** 먹기 시작하다 | **やめる** 그만두다

□ 新世紀エヴァンゲリオン 신세기 에반게리온
□ 風の谷のナウシカ 바람의 계곡 나우시카
□ 天空の城ラピュタ 천공의 섬 라퓨타

□ ワンピース 원피스

□ ナルト 나루토

□ デスノート 데스노트
□ 千と千尋の神隠し 센과 치히로의 행방불명

□ ポケットモンスター 포켓몬스터

□ アンパンマン 앙팡맨(호빵맨)
□ 機動戦士ガンダム 기동전사 건담

□ ドラえもん 도라에몽

□ クレヨン伸ちゃん 크레용 신짱(짱구)

□ ドラゴンボール 드래곤볼

□ スラムダンク 슬램덩크
□ 鉄腕アトム 아톰

□ もののけ姫 원령공주
□ 名探偵コナン 명탐정 코난

□ となりのトトロ 이웃집 토토로

□ セーラームーン 세일러 문

□ ちびまる子ちゃん 치비마루코짱(마루코는 아홉살)

일본인들이 사랑하는 명작 아니메

본문에 나왔던 다음 단어의 발음을 써보세요.

1 원작 原作 　　　(　　　)　　**5** 천국 天国 　　　(　　　)

2 상상 想像 　　　(　　　)　　**6** 감독 監督 　　　(　　　)

3 영향력 影響力 　　(　　　)　　**7** 자막 字幕 　　　(　　　)

4 특가 特価 　　　(　　　)

빈칸에 적당한 일본어를 넣어보세요.

1 요즘 우리나라에는 만화방이 거의 사라져가는 추억의 장소가 되었지만 일본에는 여전히 _________가 성행하고 있어요. 요즘은 샤워시설까지 갖추어져 있는 아주 럭셔리한 곳도 많다고 해요.

2 서점에 가서 책을 사지 않고 읽는 것을 _________라고 해요. 시간 보내기에는 이만한 것이 없지요.

3 보통 구제 옷을 파는 곳은 古着屋(ふるぎや), 중고서적을 파는 곳은 _________라고 합니다. 학창 시절 용돈을 벌려고 참고서를 이곳에 가서 팔기도 했었는데.ㅋㅋ

한국보다 저렴한  일본 음식

흔히 일본은 우리나라보다 物価물가가 상당히 비싼 것으로 알려졌지만 실제로 따져보면 대중 교통비를 제외한 음식값, 옷값, 휘발유 등 대부분 물가가 한국과 비슷하거나 오히려 더 저렴한 품목들도 많아요. 1인당 국민소득이 2배 이상 차이가 나는데 우리나라랑 물가가 비슷하다고? 어이쿠, 역시 우리나라 물가가 싼 게 아니었군요! ちくしょう이런 제장. ^^

일본에도 물론 값비싼 고급 레스토랑이 있지요. 하지만 그런 곳은 特別な日특별한 날이나 근사한 デート데이트가 있을 때 어쩌다 가는 곳이고 일반적으로 일본 사람들이 점심 한 끼 해결하려고 가는 식당은 우리가 생각하는 것보다 그렇게 비싸지 않아요. 일본 음식점 중에서도 특히 가격이 저렴하기로 유명한 곳은 牛丼규동, ラー

物価 붓카 물가
ちくしょう 칙쇼 젠장
特別な日 토크베쯔나히 특별한 날
デート 데–또 데이트

メン ^{라멘} 같은 품목의 チェーン店 ^{てん}^{체인점}들과 ファミレス ^{화미레스}에요.

규동은 牛 ^{소고기}^{ぎゅう} + 丼 ^{どんぶり}^{덮밥} 즉 소고기덮밥으로 일본의 대표적인 서민 음식이지요. 기본 메뉴가 350엔 정도이니 도쿄 한복판에서 이 가격에 맛있는 소고기덮밥을 먹을 수 있다는 것이 정말 고맙지 않을 수 없네요. 규동으로 유명한 체인점으로는 うまい ^{맛있다} やすい ^{싸다} はやい ^{빠르다}를 캐치프레이즈로 내세우는 요시노야(吉野家)가 부동의 1인자이고 그 뒤를 바짝 뒤쫓는 곳으로는 마츠야(松屋)가 있어요. 추가 금액을 내고 味噌汁 ^{み そ しる}^{된장국}을 주문해야 하는 요시노야와 달리 마츠야는 된장국이 규동에 딸려서 나온다는 점에서 많은 사랑을 받고 있어요. 이왕이면 같은 가격에 국물이 딸려 나오는 게 좋겠지요. 일본인이나 한국인이나 우리 동양인들은 やっぱり ^{역시} 밥 먹을 때 국물이 있어야 밥이 술술 잘 넘어가니까요. ^^ 이런 규동 체인점들은 식당 입구의 自販機 ^{じ はん き}^{자판기}를 통해 前払い ^{まえばら}^{선불}로 식권티켓을 사서 주문을 하면 됩니다.

주문을 하면 순식간에 덮밥이 나와요. 그러니까 식당 문을 열고 다 먹고 나오는 데까지 10분밖에 안 걸릴걸요. 싸고 맛있고 게다가 빨리 먹을 수 있으니 규동은 샐러리맨들에게 아주 인기가 많답니다. 규동가게에는 규동뿐만이 아니라 豚丼 ^{ぶたどん}^{돼지고기덮밥}, 鳥丼 ^{とりどん}^{닭고기덮밥}도 같은 메뉴도 팔아요. 위가 그다지 거대하지 않은 분들은 並み盛り ^な^も^{보통}을 시키시고, 든든하게 속을 채우고 싶은 분들은 大盛り ^{おお も}^{곱빼기}, 배가 완전 고프시다면 보통보다 고기량이 2배가 되는 特盛り ^{とく も}^{특 곱빼기}를 시키면 아주 만족하실 거예요.

チェーン店 ^{てん} 첸─땡 체인점

うまい 우마이 맛있다   前払い ^{まえばら} 마에바라이 선불

やすい 야스이 싸다   豚丼 ^{ぶたどん} 부타동 돼지고기덮밥

はやい 하야이 빠르다   鳥丼 ^{とりどん} 토리동 닭고기덮밥

味噌汁 ^{み そ しる} 미소시루 된장국   並み盛り ^{な も} 나미모리 보통

やっぱり 얏파리 역시   大盛り ^{おお も} 오오모리 곱빼기

自販機 ^{じ はん き} 지한키 자판기   特盛り ^{とく も} 토크모리 특 곱빼기

　요즘 한국에서도 점점 많은 인기를 얻고 있는 일본 ラーメン^{라멘}. 라멘은 라면의 일본식 발음이에요. 라면이 일본에서 건너왔으니까 라면의 오리지널 발음이 라멘이라고 해야 하나? ㅎㅎ 하여튼 일본 라멘의 기본 베이스는 된장라면인 味噌ラーメン^{미소라멘}, 간장라면인 醬油ラーメン^{쇼유라멘}, 소금라면인 塩ラーメン^{시오라멘}, 돼지뼈 국물이 베이스인 とんこつラーメン^{돈코츠라멘} 등이 있어요. 그리고 나가사키(長崎)지역의 화교들이 만들어서 유명해진 ちゃんぽん^{짬뽕}도 있네요. 짬뽕이 일본말이야? 네, 짬뽕은 일본말 맞고요, 해산물이 많이 든 라멘의 일종이에요. 이런 일본 라멘들이 우리나라에서는 6천 원에서 비싼 곳은 8, 9천 원씩 하잖아요. 일본 라멘 전문체인점에서는 기본 라멘이 약 300엔 정도 하니까 아주 저렴하게 本場の味^{본토의 맛}을 느껴볼 수 있어요. 라멘의 경우 규동처럼 대표적인 양대 체인점이 있는 건 아니고, 지역별로 유명한 체인점이 여러 곳 있는데요, 가장 인기 있는 곳은 값도 싸고 맛있는 幸楽苑^{행락원}! 天下一品^{천하일품}도 인기가 있지만 독특한 맛으로 인해 한 번 먹으면 완전 그 맛에 중독되는 사람과 다시는 먹고 싶어 하지 않는 사람으로 뚜렷이 나뉘어요. 라면 체인점 이외에도 중국식 면류와 덮밥류, 교자(만두)를 파는 餃子の王将^{교자의 왕장}과 나가사키 짬뽕을 메인으로 파는 リンガーハット^{링가하트} 등도 인기 있어요.

'화미레스'를 처음 들어본 사람은 何それ^{뭐야 그게}? 라고 하시겠지만 풀어서 말하면 '화미리 레스토랑' 즉 Family Restaurant을 줄여서 일본식으로 발음한 겁니다.

한국의 패밀리 레스토랑은 지갑과 마음의 준비 없이 그냥 막 가기에는 살짝 プレッシャ^{부담}이 되는 곳이지만, 일본의 화미레스는 가격 대비 볼륨이 있어서 10~20대 젊은 학생들에 인기가 많은 캐주얼한 레스토랑이에요. 파스타, 스테이크, 라이스류 등 다양한 음식을 즐길 수 있고, 가격은 300엔~1,200엔으로 우리나라의 半分^{절반}수준이네요. 우리나라 화미레스 ひどくない^{너무한 거 아니야}? 너무 비싸!! 대표적인 화미레스 체인점으로 예전에는 스카이락(すかいらーく)이 대세였지만 지금은 저가형 레스토랑인 가스토(ガスト)로 다 바뀌었어요. 그 밖에 사이제리야(サイゼリヤ)도 인기 있고, 가스토나 사이제리야보다 살짝 비싸긴 하지만 데니즈(デニーズ)나 조나상(ジョナサン)도 많이 찾는답니다.

本場の味 혼바노 아지 본토의 맛
幸楽苑 코라쿠엔 행락원
天下一品 텐카잇핑 천하일품
餃子の王将 교자노 오쇼 교자의 왕장
何それ？ 나니 소래? 뭐야 그게?
プレッシャ 프렛샤 부담
半分 한분 절반

　일본에서는 싸고 빠르고 맛있는 이런 체인점들이 서민들의 든든한 동반자로 한 끼 식사를 해결해주고 있네요. 그리고 가격은 일반 패스트푸드보다는 조금 비싸더라도 유기농 재료를 써서 슬로우푸드를 지향하는 곳도 많은 사랑을 받고 있답니다. 가장 추천해주고 싶은 곳은 모스버거(Mos Burger)! 모스버거는 일본 토종 햄버거 브랜드예요. 注文주문이 들어오면 만들기 시작하니까 시간은 일반 패스트푸드보다 조금 더 걸리지만 신선하고 맛있는 햄버거를 즐길 수 있어요. 가격은 버거만 200엔에서 400엔 정도니 그다지 부담스럽지도 않고요. 여러분도 일본에 가면 꼭 한번 맛보시길 권합니다!

注文 츄-몽 주문

ちくしょう 젠장, 제기랄

ちくしょう… 욕이라면 욕이지만 우리나라 말에 '젠장, 제기랄' 정도의 비교적(?) 가벼운 욕이라고 할 수 있네요. 이것보다 조금 더 강도를 높이면 くそ^{빌어먹을. 18}! 알고만 있고 사용하진 말아주세요. ^^;

A あと１点で試験に合格したのに、ちくしょう！
1점만 더 맞았으면 시험에 합격했을 텐데, 젠장.

B うわ、かわいそう。
우와, 불쌍해라.

●●● **試験** 시험 ｜ **合格** 합격 ｜ **かわいそうだ** 불쌍하다

何それ？ 뭐야 그게?

일본에서 가장 많이 쓰이는 단어 중 하나가 何, 何이에요. 何를 이용해서 매일같이 쓰는 표현으로는 何これ^{뭐야 이거?} 何だよ^{뭐야!} 何で^{왜?} 何でもない^{아무것도 아냐} 같은 것들이 있네요.

A ヨン様のモノマネ、見てよ！
욘사마 개인기, 봐봐!

B 何それ、全然似てないよ。
뭐야 그게, 전혀 안 비슷해!

●●● **モノマネ** 흉내 내기 ｜ **全然** 전혀 ｜ **似る** 닮다

ひどくない？ 너무한 거 아냐?

ひどい는 '심하다', 그럼 ひどくない？라고 부정으로 물으면 '너무한 거 아니야?, 심한 거 아니야?'라는 뜻이 되겠지요. 상대방의 행동이나 말이 말도 안 되게 과하면 ひどくない？라고 시니컬하게 쏘아붙여 주시면 돼요.

A おまえって、顔のわりに歌うまいね！
너 얼굴에 비하면 노래 잘 부른다!

B ひどくない？女性に対しての言葉じゃないよ。
좀 심하지 않니? 그런 건 여자한테 할 말이 아니야.

●●● **おまえ** 너 ｜ **顔** 얼굴 ｜ **歌** 노래 ｜ **女性** 여성 ｜ **言葉** 말

□ にくじゃが 니쿠자가(일본식 소고기 감자조림)

□ 親子丼 오야코돈(닭고기덮밥의 일종)

□ すき焼き 스키야끼(일본식 전골)

□ とんかつ 돈까스

□ てんぷら 튀김

□ 納豆 낫또

□ ちゃんこなべ 짱꼬나베(스모선수들이 즐겨 먹는 전골요리)

□ そば 소바(메밀국수)

□ うどん 우동

□ さしみ 사시미(회)

□ すし 스시(초밥)

□ トン汁 돈지루(돼지고기 야채 된장국)

□ 味噌汁 미소시루(된장국)

□ しゃぶしゃぶ 샤부샤부

□ やき魚 생선구이

□ お好み焼き 오코노미야끼

□ もんじゃ焼き 몬쟈야끼

□ たこ焼き 타코야끼

□ 餃子 만두

□ うめぼし 우메보시(메실 장아찌)

□ おちゃづけ 오차즈께(녹차물에 만 밥)

□ 紅しょうが 베니쇼가(붉은 생강)

본문에 나왔던 다음 단어의 발음을 써보세요.

1 덮밥 丼 　　　（　　　　　）　　**5** 본고장 本場 　　　（　　　　　）

2 특별 特別 　　　（　　　　　）　　**6** 맛 味 　　　（　　　　　）

3 자판기 自販機 　　　（　　　　　）　　**7** 반 半分 　　　（　　　　　）

4 선불 前払い 　　　（　　　　　）

빈칸에 적당한 일본어를 넣어보세요.

1 요시노야(吉野家)는 일본 최대의 ＿＿＿＿＿＿＿＿전문체인점이에요. 우리나라에는
예전에 들어왔다가 적자경영으로 문을 닫았었지요. 우리나라 사람들도 좋아할
맛인데…… 분명히 일본보다 훨씬 비싸게 팔아서 장사가 안 됐을 거에요. 덮밥
을 먹을 때는 국물이 많이 있어야 맛있어요. 요시노야에서 덮밥 국물을 많이 원
할 때는 つゆだく 국물 많이!라고 외치시면 돼요.

2 ＿＿＿＿＿＿＿＿＿ 은 원래 중국어가 아니라 일본어입니다. 우리나라 중국집에서 파
는 것과는 달리 전혀 빨갛지 않고 맵지도 않아요. 흔히 여러 가지를 섞는다고 할
때도 이 단어를 쓰지요. 일본어에서도 술을 ＿＿＿＿＿＿＿＿ 해서 마셨다고 할 때 이
단어를 씁니다.

3 배가 많이 고플 때는 역시 보통보다 ＿＿＿＿＿＿＿＿를 시켜야지 속이 든든하지요!

소주에 물 타 마시는 일본인들

일본에서 그리 오래 산 것도 아닌데 여전히 불쑥 튀어나오는 일본식 癖^{버릇}들. 밥 먹을 때 손을 한번 합장하고 いただきます^{잘 먹겠습니다}라고 외치는 거랑 술 마실 때 자꾸 상대방 잔에 술을 채우는 버릇이 바로 그것인데요, 술을 첨잔하는 것은 우리나라 사람들이 싫어하는 거라 가끔 しまった^{아뿔사}! 라며 스스로 당황할 때가 있어요. 일본에서는 술을 마실 때 첨잔은 아주 자연스러운 것이에요. 상대방 술잔에 술이 다 비워지기 전에 술에 따라주는 것이 하나의 예의라고도 할 수 있지요. 그리고 술은 한 손으로 따르고 目上の人^{손윗사람}과 술을 마실 때도 우리처럼 고개를 돌려서 마시지 않아요. 그러니까 일본친구들이 자꾸 다 안 마신 술잔에 술을 따르거나 한 손으로 술을 따라도 礼儀ない^{싸가지 없다}며 기분 나빠하기 없기에요.

일본사람들은 보통 酒^{사케}라고 부르는 日本酒^{니혼슈}나 ビール^{맥주}를 즐겨 마셔요. 니혼슈는 크게 辛口^{카라쿠치}와 甘口^{아마쿠치}가 있어요. 아마쿠치는 단맛이 도는 맛이고, 카라쿠치는 한자에 辛(매울 신)이 있으니까 맵다고 생각하기 쉽지만 술이 매울 수는 없지요. ♂♀ 아주 드라이한 맛이라고 생각하시면 됩니다. 니혼슈는 차게 마시는 것을 ひや^{히야}라고 하고, 따뜻하게 중탕해서 데워 마시는 것을 あつかん^{아쯔깡}이라고 해요. 추울 때 마시는 아쯔깡은 정말 最高^{최고}! 뜨거운 술이 목구멍을 타고 내려가면 정말 몸이 후끈 달아올라요. 지금도 날씨가 쌀쌀해지면 어묵 한 사발에 따뜻한 아쯔깡이 그리워지네요.

여름에는 역시 맥주지요. 일본사람들은 술자리에서 とりあえずビール^{우선 맥주}라는 말을 즐겨 쓰며 첫 잔은 가볍게 맥주로 시작하는 걸 좋아해요. 병맥주는 ビンビール^{빙비루}, 캔맥주는 カンビール^{캉비루}, 생맥주는 生ビール^{나마비루}라고 해요. 보통

癖 크세 버릇

いただきます 이타다키마스 잘 먹겠습니다

しまった 시맛타 아뿔사!

目上の人 메우에노 히토 손윗사람

ビール 비루 맥주

最高 사이코 최고

술집에서 생맥주를 시킬 때는 なまちゅう 나마츄를 달라고 시키는데 여기서 나마츄는 生ビールの中ジョッキ 생맥주 중자 컵의 줄임말이니까 외워뒀다가 주문할 때 멋지게 써먹읍시다! ^-^ 일본 맥주는 입이 떡 벌어질 만큼 그 종류가 아주 많아요. 길거리의 맥주 자판기도 한 대로 모자라 두세 대 나란히 붙여놓은 곳도 많고요. 보통 일본 맥주는 한국 맥주보다 도수가 0.5도 정도 높아서 그런지 맛이 진한 느낌이랍니다.

최근 일본에서 맥주는 맥주인데 맥주가 아닌 것이 엄청 히트를 치고 있어요. 지금껏 여러분이 일본 여행 중에 편의점에서 사서 마신 맥주가 사실은 맥주가 아니었을 수도 있다는 이야기이지요. 그게 무슨 말이야? まぎらわしい 헷갈려. 잘 들어보세요. 이른바 제3의 맥주라고 불리는 発泡酒 발포주가 그것인데요, 일본에서는 맥아(몰트) 비율이 67% 이상이 되어야 맥주라는 이름을 붙일 수 있어요. 그런데 맥아의 비율을 낮춰 옥수수나 콩, 밀을 섞어 만들거나 아예 맥아를 전혀 넣지 않고 다른 穀物 곡물로만 만든 술은 맥주가 아닌 발포주라고 해요. 보통 발포주는 겉보기에는 맥주와 똑같이 생겼지만 맥주보다 알코올 도수가 낮고 가격도 저렴해요. 맛은 어떠냐고요? 저는 장금이처럼 미각이 발달하지 않아서 그런지 뭐 다 비슷하더라고요. ^^;

기본적으로 일본사람들은 きつい독한 술을 잘 못 마시는 것 같아요. 우리나라의 소주도 스트레이트로 마시는 사람을 본 적이 없어요. 대부분 위스키처럼 얼음물에 타서 水割り미즈와리를 해서 마신답니다. 그리고 소주를 한 병 따면 다 마시지 않고 우리가 양주 마실 때처럼 단골술집에 Keep(보관)해놓았다가 마셔요. 당최, 어찌 이런 일이~ 우리나라에서는 정말 상상조차 할 수 없는 이런 일들이 일본에서는 벌어지고 있군요! 풋하하!

맥주는 배만 부르고 싱겁다며 맥주에 소주를 짬뽕해서 마시길 좋아하는 우리나라 사람들을 더욱 경악하게 만드는 술이 있었으니 그건 바로 여성들이 자주 마시는 酎ハイ츄하이나 サワー사와 계통의 술들. 보드카나 소주 베이스에 우롱차나 탄산음료, 과일 원액을 넣어서 만든 칵테일이라고 보시면 되는데요, 일본의 젊은이들은 이런 약하고 달짝지근한 술을 좋아해요. 츄하이는 술집에서 파는 것뿐만 아니라 캔으로 된 상품들도 많이 나와 있어요. 일본 편의점에 가보면 수십 종류의 맥주 옆에 다양한 과일 맛의 수십 종류 츄하이가 어깨를 나란히 하고 있답니다.

일본에서 술은 술집에서만 마시느냐? 아니죠! 歌^{노래} 부르러 가서도 마시고 춤추러 가서도 마셔야지요. 우리나라의 カラオケボックス^{노래방}에서는 술을 파는 것이 불법이지만 일본의 노래방에서는 술도 팔고 밥도 팔아요. 안주나 음식도 보통 술집이나 레스토랑 못지않게 맛있는 곳도 많고요. 일본에서 춤을 추러 가는 곳을 예전에는 ディスコ^{디스코}, 요즘은 クラブ^{쿠라부}라고 부르네요. 일본 경제의 버블기(1980년대 후반~1990년대 초반)에는 디스코가 전성기였어요. 줄리아나 도쿄(ジュリアナ東京)와 같은 유명한 디스코에 가면 거의 다 벗은 것과 같은 과도하게 노출된 의상을 입은 여자들이 손에 부채를 들고 춤을 추며 광란의 밤을 보내곤 했지요. 요즘에는 디스코는 다 사라지고 우리나라의 나이트클럽격인 クラブ^{쿠라부}로 밤을 즐기러 가네요. 일본에서는 룸살롱도 나이트클럽도 다 쿠라부라고 부른답니다. 춤도 추고 술도 마시는 물 좋은 쿠라부의 양대 산맥은 시부야와 롯폰기에요! 시부야쿠라부에는 주로 일본애들이 많이 가고. 롯폰기쿠라부에는 외국애들이 많이 가요. 부킹도 가능하냐고요? 부킹을 사랑하시는 부킹족들에게는 안타까운 소식이지만 일본의 쿠라부에서는 부킹이라는 문화는 없어요. 그냥 마음에 들면 스스로 말을 걸거나 하지 우리나라처럼 웨이터들이 여자 손님 손목을 잡고 이 ROOM 저 ROOM 헤매는 부킹은 없답니다. 오로지 자급자족만이 살길이라고 말할 수 있겠네요. ㅋㅋ

歌 우따 노래
カラオケボックス 카라오케 복스 노래방

最高 ^{さいこう} 최고

흔히 발음이 '싸이코'로 들려 오해하기 쉬운데 요즘 젊은이들이 쓰는 말로 '짱이다!, 최고다!'라는 뜻이에요.

A うわ、仕事のあとのビールは最高！

일 끝나고 마시는 맥주 최고!

B ほんと、冷えたビールはうまい。

진짜. 차가운 맥주는 맛있어.

● ● ● ほんと 정말 ┃ 冷える 차가워지다 ┃ うまい 맛있다

まぎらわしい 헷갈려

まぎらわしい는 '헷갈리기 쉽다, 혼동하기 쉽다'는 뜻입니다. 제 일본 친구들은 서울의 신촌과 신천이 그렇게 발음이 まぎらわしい 하다며 발음하기 어렵다고 하더라고요.

A テストどうだった。

테스트 어땠어?

B まぎらわしい問題ばかりで難しかった。

헷갈리는 문제가 많아서 어려웠어.

● ● ● 問題 문제 ┃ ばかり 뿐, 만 ┃ 難しい 어렵다

きつい 독하다

きつい는 중요한 뜻이 많은 표현이에요. 일이 きつい^{힘들다}, 술이나 담배 같은 것이 きつい^{독하다}, 옷이나 신발이 작아서 きつい^{꽉 끼다}, 성격이 きつい^{까칠하다} 등등. 다 실생활에서 많이 쓰이는 표현이니 몽땅 외워주세요.

A うわ、きついな。

우와. 독해.

B お前、ウォッカ飲んでるのかよ。すぐに酔うぞ！

너 보드카 마시니? 금방 취한다!

● ● ● お前 너 ┃ ウオッカ 보드카 ┃ すぐに 곧, 당장 ┃ 酔う 취하다

□ お酒 술
□ 日本酒 일본술, 정종
□ 酎ハイ 츄하이, 소주에 탄산수를 넣어 만든 칵테일
□ ウォッカ 보드카
□ 生ビール 생맥주
□ ハイボール 하이볼(위스키를 소다수에 섞어 큰 잔에 담아내는 술)
□ カクテル 칵테일
□ ウイスキー 위스키
□ 焼酎 소주
□ 熱燗 따뜻하게 데운 정종
□ 梅酒 매실주

□ シャンパン 샴페인
□ おつまみ 안주
□ 唐揚げ 닭튀김
□ やきとり 닭꼬치
□ たこわさ 타코와사(와사비 문어무침)
□ えだまめ 삶은 껍질콩
□ おしんこ 야채장아찌
□ かまぼこ 어묵
□ フライドポテト 감자튀김
□ 焼きししゃも 시샤모(열빙어) 구이
□ なんこつのから揚げ 연골튀김
□ さしみ 회
□ 串カツ 꼬치 커틀릿

일본어 한자 읽기

본문에 나왔던 다음 단어의 발음을 써보세요.

1 버릇 癖　　　　　(　　　　　　　)　　**5** 단맛 甘口　　　　(　　　　　　　)

2 윗사람 目上　　(　　　　　　　)　　**6** 곡물 穀物　　　(　　　　　　　)

3 예의 礼儀　　　(　　　　　　　)　　**7** 노래 歌　　　　(　　　　　　　)

4 드라이한 맛 辛口　(　　　　　　　)

일본 상식 퀴즈

빈칸에 적당한 일본어를 넣어보세요.

1 일본에서 밥을 먹기 전에 하는 인사말은 ＿＿＿＿＿＿입니다. 밥을 다 먹고 나서는 ごちそうさまでした^{잘 먹었습니다}라고 하지요.

2 일본에서는 보리로 만든 맥주 말고 밀이나 콩, 옥수수 같은 것으로 만든 맥주 비슷하게 생긴 술을 ＿＿＿＿＿＿라고 해요.

3 일본의 돈 있는 중년아저씨들은 주로 긴자에 있는 고급 ＿＿＿＿＿＿에 가구요, 젊은이들은 음주와 댄스를 즐기려고 시부야나 롯폰기의 ＿＿＿＿＿＿에 갑니다.

정답　1 くせ　2 めうえ　3 れいぎ　4 からくち　5 あまくち　6 こくもつ　7 うた

정답　1 いただきます 잘 먹겠습니다　2 発泡酒 발포주　3 クラブ 쿠라부(클럽)

Unit 17

너무 비싼 일본의 ♡ 결혼식

산과 들에 꽃이 피고 따사로운 봄기운이 만연한 봄날의 주말은 늘 바빠요. 왜 꽃놀이 가느라고? 아니오. 결혼식장 가느라고! 結婚式^{결혼식} 시즌이면 お祝い金^{부조} 하느라 통장의 출혈도 커지지요. 하지만 일본의 부조금에 비하면 그나마 부담이 적은 편이니 그걸로 마음의 위안을 삼아야겠어요. 일본에서는 친분에 따라 다르지만 최소 2만 엔에서 親しい^{친한} 사이라면 3만 엔에서 5만 엔은 기본으로 해야 해요. 허걱! 한 달에 결혼식이 몇 개씩 있으면 월급이 남아나질 않겠는걸요. 흑흑!

일본에서는 신사나 호텔, 교회, 결혼식장 등 다양한 공간에서 결혼식이 행해져요. 요즘은 神社^{신사}에서 하는 전통 결혼식보다는 호텔연회장이나 교회, 결혼식장에서 올리는 서구식 결혼식을 선호하는 추세라고 해요.

結婚式 객콘시키 결혼식
お祝い金 오이와이킨 부조
親しい 시타시이 친하다
神社 진자 신사

외국인인 제가 보기에는 특이하고 볼거리가 많은 전통결혼식이 좋아 보이지만 新婦신부의 경우 옷 입고 화장하는데 시간도 많이 걸리고 의식이 ややこしい까다롭기 때문에 젊은이들은 별로 좋아하지 않는다고 하네요. 하긴 우리나라도 国際結婚국제결혼이나 본인들이 특별히 ほしい원하는 경우가 아니면 전통혼례를 잘 하지 않는 것과 비슷하다고 할 수 있겠네요. 최근에는 한 공간에 신사예식, 교회예식, 불교예식, 웨딩홀예식을 할 수 있는 전문 결혼식장도 많이 생겨나서 입맛대로 골라 식을 올릴 수 있으니 아주 편리하다고 해요. 크리스천은 아니지만 결혼만큼은 教会교회에서 성스럽고 로맨틱하게 올리고 싶어 하는 젊은이들이 많아 호텔 안에 작은 교회당을 만들어 놓은 경우도 많답니다.

일본의 결혼식은 예식과 피로연을 따로따로 해요. 예식은 신사나 교회에서 하고 2차로 테이블이 세팅된 연회장에 모여 디너쇼처럼 풀코스 定食정식을 즐기면서 웨딩파티, 즉 披露宴피로연을 합니다. 케이크 커팅도 하고 축가도 부르고 지인들이 축하 연설도 해요. 신랑과 신부는 테이블마다 돌아다니며 촛불에 불을 붙여주며 감사의 인사를 하기도 하고요. 그리고 우리나라처럼 ブーケ부케를 주는 풍습도 있는데요, 요즘은 부케를 던지기보다는 신부가 여러 개의 끈을 함께 손에 쥐고 있으면 여자 하객들이 끈을 당겨 부케와 연결된 끈을 당긴 사람이 부케를 받아가는 형태를 많이 취해요.

연회장을 빌리는 비용은 보통 얼마라고 정해져 있기 보다는 하객 수에 따라 1인당 3만 엔, 4만 엔 이렇게 책정되는 경우가 많아요. 그래서 그런 것인지는 모르겠지만 일본의 결혼식은 꼭 참석해야 하는 사람들만 초대해요. 우리나라처럼 친구

新婦 신무 신부
ややこしい 야야코시이 까다롭다
国際結婚 콕사이 겍콘 국제결혼
ほしい 호시이 원하다
教会 쿄카이 교회
定食 테-쇼쿠 정식
披露宴 히로엔 피로연

가 혼자 가기 気まずい_{어색하니까} 같이 가서 뷔페라도 먹고 오자라던가 청첩장을 받지 못했어도 아는 사람이니까 예의상 참석한다거나 하는 경우는 절대 없어요. 신랑과 신부는 결혼식 전에 미리 초대할 사람들에게 결혼 招待状_{초대장}을 보내요. 초대장을 받은 사람은 초대장 안에 들어 있는 반송용 엽서에 참석 여부를 써서 알려 줘야만 한답니다. 그래야 음식이며 좌석을 미리 준비할 수 있으니까요. 자리도 指定席_{지정석}이라 참석 여부를 통보하지 않고 당일 결혼식장에 가면 앉을 자리가 없는 난감한 상황이 발생해요. 보통 하객의 수는 100명을 넘지 않는 것이 일반적이지만 고급 호텔에서 150명~200명씩 하객을 불러 화려하게 치르는 派手婚_{하데콘}을 하는 사람들도 있습니다.

원래 결혼식이라는 것이 결혼식에 초대하는 쪽도 초대받는 쪽도 다 돈이 많이 들어가기 마련이지요. 초대받는 쪽은 부조도 해야하고 몸단장을 하고 가야 하기 때문에 미용실 비용이라든가 의상비가 또 들어요. 남자는 검은색 양복에 흰색계통 넥타이를 매고 여자는 결혼식용 드레스 같은 것을 입고 가요. 우리나라에서는 너무 과한 캐주얼 복장이 아닌 세미 정장 정도는 입고 가도 되지만, 일본에서는 머리부터 발끝까지 잘 갖춰 입고 가지 않으면 따가운 눈총을 받는답니다.

気まずい 키마즈이 어색하다
招待状 쇼타이죠 초대장
指定席 시테-세키 지정석

초대받는 쪽이 돈이 든다고 하지만 어디 결혼을 하는 당사자만 하겠어요. 연회할 때 식사비 들지요, 하객들 돌아갈 때 감사의 뜻으로 引き出物^{답례품} 돌려야지요. 답례품 비용도 하객 1인당 만 엔 이상은 한다고 하네요. 이래저래 하객 한 명을 접대하는데 만해도 최소 3만 엔은 들 것 같아요. 일본의 부조금이 비싼 이유를 이제야 알겠네요. 하지만 뭐니뭐니해도 제일 돈이 많이 드는 것은 역시 의상비에요! 기모노는 50만 엔 정도, 웨딩드레스나 칵테일 드레스도 20만 엔은 해요. 이것도 사는 게 아니라 빌리는 비용이…… 끼야~ 신부 의상비만 도대체 얼마나 드는 거니!!!

일본에서는 결혼식을 한 번 하려면 이렇게 돈이 많이 들어요. 경기가 불황이라 그런지는 몰라도 최근에는 레스토랑을 빌려 가족이나 친한 지인들만 불러 조촐하게 치르는 수수한 결혼식 즉 地味婚^{지미콘}을 하는 젊은이들도 부쩍 늘어나고 있다고 해요. 반면 일생에 한 번뿐인 결혼식이니만큼 최대한 로맨틱하게 결혼식을 치르고 싶어 하는 신세대 커플들에게는 チャペルウェディング^{채플웨딩}도 인기가 있다고 합니다. 채플웨딩이란 교회처럼 꾸민 예식장이 있는 휴양지에서 예식과 허니문을 겸하는 결혼식을 말하는데요, 제주도로 채플웨딩을 하러 오는 일본인 커플들도 꾸준히 늘고 있다고 하네요. 아름다운 제주도의 자연 속에서 치러지는 결혼식이라니 유명 할리우드 스타의 결혼식이 부럽지 않겠는데요! ^_^

引き出物 히키데모노 답례품

ややこしい 까다롭다, 복잡하다

ややこしい는 뭔가가 복잡하고 까다롭다는 뜻이에요. 그러니까 ややこしい問題라
고 하면 풀기 어렵게 복잡하게 꼬여 있는 문제, ややこしい人는 까다로운 사람이라고
할 수 있겠지요.

A こんなややこしい計算なんでするの？
이런 복잡한 계산은 왜 해?

B しょうがないよ、テストにでるんだもん。
어쩔 수 없어. 테스트에 나온단 말야.

●●● 計算 계산 ｜ しょうがない 어쩔 수 없다 ｜ でる 나오다

ほしい 갖고 싶다, 원하다

ほしい는 お金がほしい 돈을 갖고 싶어요, 休みがほしい 휴가를 원해요, 日本人の友達がほ
しい 일본인 친구를 갖고 싶어요 처럼 '원하다, 갖고 싶다'라는 뜻이에요. 그리고 목적격조사는
を가 아니라 が를 써야 한다는 점을 기억해주세요!

A あ〜あ、彼氏ほしいな・・・。
아〜 남자친구 갖고 싶다.

B 私も！
나도!

●●● 彼氏 남자친구

気まずい 무안하다, 어색하다

気まずい는 왠지 서먹서먹하고 어색하다는 표현이에요. 잘 모르는 사람과 동석해서
밥 먹을 때, 농담했는데 아무도 안 받아줄 때 気まずい하지요. ㅋㅋ

A エレベーターの中で知らない人と二人きりは気まずいよね。
엘리베이터 안에 모르는 사람과 둘만 있으면 어색하다 그치?

B そうそう。めちゃ気まずい。
맞아 맞아. 완전 어색해.

●●● 知る 알다 ｜ 二人きり 단둘(둘만) ｜ めちゃ 아주, 매우

결혼 관련 어휘

□ 結婚式 결혼식

□ 新婚旅行 신혼여행

□ 新郎 신랑

□ 新婦 신부

□ 披露宴 피로연

□ ブーケ 부케

□ 婚約 혼인

□ ウェディングドレス 웨딩드레스

□ プロポーズ 프러포즈

□ お見合い 맞선

□ 結婚写真 결혼사진

□ でき婚 아기가 생겨서 하는 결혼, 속도위반 결혼

□ 結婚指輪 결혼반지

□ 親への感謝の手紙 부모에게 드리는 감사 편지

□ 引き出物 답례품

□ お祝いの歌 축가

□ 二次会 2차

□ 招待状 초대장

□ スピーチ 연설

본문에 나왔던 다음 단어의 발음을 써보세요.

1 신사 神社　　　　(　　　　　　　)　　**5** 정식 定食　　　　(　　　　　　　)

2 국제결혼 国際結婚　(　　　　　　　)　　**6** 화려한 결혼 派手婚　(　　　　　　　)

3 교회 教会　　　　(　　　　　　　)　　**7** 수수한 결혼 地味婚　(　　　　　　　)

4 피로연 披露宴　　　(　　　　　　　)

빈칸에 적당한 일본어를 넣어보세요.

1 일본에서는 초대장이 없으면 결혼식에 못 가요. 자리도 __________ 라 참석한
다 하더라도 자기가 앉을 자리는 없지요.

2 일본에서는 결혼식이 끝나면 하객들에게 감사의 뜻으로 __________ 를 줍니다.
보통 인테리어 소품, 실용적인 주방용품, 수제 초콜릿이나 다과세트 같은 것을
선물해요. 요즘은 천편일률적인 선물보다는 하객들이 원하는 선물을 카탈로그
에서 고르면 나중에 택배로 부쳐주는 것도 유행이라고 하네요.

3 자연경관이 아름다운 휴양지에서 결혼식과 허니문을 동시에 하는 것을 _______
라고 해요. 발리나 괌도 좋지만 개인적으로 그리스 산토리섬 같은 곳에서 이 웨딩
을 하면 너무나 로맨틱할 것 같아요. ^^

정답 1 じんじゃ 2 こくさいけっこん 3 きょうかい 4 ひろうえん 5 ていしょく 6 はでこん 7 じみこん

정답 1 指定席 지정석 2 引き出物 답례품 3 チャペルウェディング 채플웨딩

마쯔리 에서 빠질 수 없는 것들

　　며칠 밤낮을 쉬지 않고 볼륨 있는 라틴의 미녀들이 격렬하게 삼바춤을 추는 브라질 리우 카니발. 노천 천막술집에서 3,000여 명이 한꺼번에 맥주를 마시며 즐기는 독일 뮌헨의 맥주축제 옥토버페스트. 그리고 이 두 축제와 더불어 세계 3대 축제로 불리는 이웃나라 일본의 삿포로 雪祭り 눈축제. 매년 2월 삿포로에서 열리는 눈꽃축제는 정말 장관이랍니다. 15미터 상당의 거대한 얼음조각과 눈으로 만든 각종 예술 조각들이 전시되는데 밤이면 라이트업 되어서 더욱더 낭만적인 雰囲気 분위기를 연출해요.

雪祭り 유키마쯔리 눈축제
雰囲気 훈이키 분위기
観光客 칸코캬쿠 관광객
眠たい 네무타이 졸리다
邪魔 자마 방해

일본사람들은 祭り마쯔리를 정말 좋아한답니다. 근처에 마쯔리가 있으면 가보지 않고서는 몸이 근질거려 참을 수 없을 거예요. 일본에서 가장 규모가 크고 유명한 마쯔리로는 도쿄 神田祭간다마쯔리, 교토 祇園祭기온마쯔리, 오사카 天神祭텐진마쯔리가 있어요. 이 3군데를 일본 3대 마쯔리라고 부른답니다. 이밖에도 지역에 따라 유명한 지역 마쯔리들이 많이 있는데요, 외국 觀光客관광객들에게도 인기가 많은 마쯔리로는 동북지방 3대 마쯔리의 하나인 아오모리(青森)의 ねぶた祭네부타마쯔리가 있어요. 대나무나 철사로 뼈대를 만들고 그 위에 색색의 한지를 붙여 아주 큰 '네부타'라는 무사인형 등불을 만들어서 시내 곳곳을 행진한답니다. 전통복장을 입은 사람들이 피리 소리와 둥둥 울리는 북소리에 맞춰 ラッセラー랏세라라는 흥을 돋우는 구호를 외치며 등불을 따라 뛰어다녀요. 보고만 있어도 아드레날린이 마구 솟구치는 박진감 넘치는 마쯔리에요. 네부타의 어원은 眠たい졸리다에서 온 것으로 가을 수확 전에 일의 邪魔방해가 되는 졸음을 쫓고자 시작된 마쯔리라고 하네요.

그 밖에 여러분이 좋아할 만한 축제로는 남근 축제로, 유명한 카와사키시(川崎市)의 かなまら祭카나마라마쯔리! 마쯔리가 아주 이색적인 만큼 外国人외국인 관광객들뿐만 아니라 외국 방송국의 취재단들까지 와서 取材취재를 해 간다고 합니다. 거대한 핑크색 남근모형을 들고 거리행진을 하기도 하고 나무로 만든 대포같이 생긴 거대한 남근 모형 위에 여자들이 올라타서 写真사진을 찍기도 해요. 남근 모양의 장식품, 술병, 양초 등 눈에 보이는 모든 お土産기념품들이 다들 앙증맞은(?) 남근 모양을 하고 있답니다. 압권은 사탕!! 남녀 구분없이 남근모양 사탕을 하나씩 손에 들고 쪽쪽 빨아먹으며 마쯔리를 구경하고 다닌답니다. 끼야~ 부끄러워~. 비슷한 마쯔리로는 높이 2.2미터 무게 600킬로에 달하는 거대 남근조각 위에 결혼한 지 1년 미만의 새색시들을 여러 명 태우고 퍼레이드를 하는 니이가타현(新潟県)의 ほだれ祭호다레마쯔리가 있어요.

마지막으로 ちょっと変かわってる조금 특이한 마쯔리를 하나 더 소개하자면 아키타현(秋田県)의 なまはげ祭나마하게마쯔리. 12월 31일 그믐날 밤에 무서운 お化け귀신의 탈을 쓴 청년들이 짚으로 만든 도롱이를 입고 손에 무시무시한 出刃包丁식칼과 나무통을 들고 '우는 아이는 없나?'를 외치며 집집이 돌아다니며 怠け者게으름뱅이를 혼내주는 마쯔리에요. 재미있지요? ^^

外国人 가이코쿠징 외국인
取材 슈자이 취재
写真 샤신 사진
お土産 오미야게 기념품
お化け 오바케 귀신
出刃包丁 데바보초 식칼
怠け者 나마케모노 게으름뱅이

마쯔리 하면 여러 가지 행사도 재미있지만 여전히 없으면 物足りない^{허전한} 것은 먹을거리와 게임! 마쯔리가 시작되면 여러 가지 먹을거리를 파는 屋台^{포장마차}가 쫙 생기는데요, 대표적인 것이 焼き鳥^{닭꼬치}, 焼きそば^{야키소바}, たこ焼き^{타코야끼}, わたあめ^{솜사탕}, 그리고 얼음을 갈아 알록달록한 색소시럽만 뿌린 다분히 불량식품스러운 かき氷^{빙수}. 그런데 요게 보기와는 다르게 맛나요.ㅎㅎ 바나나에 초코시럽을 잔뜩 묻힌 チョコバナナ^{초코바나나}도 빠지면 서운하지요. 그리고 제가 제일 좋아하는 りんごあめ^{링고아메}! 나무막대기에 사과를 꼽고 그 위를 설탕물로 코팅한 사과사탕! 아삭하고 베어 물면 달콤함과 상큼함이 입안에서 환상적인 맛을 만들어 낸답니다. 요즘은 한류의 영향으로 トッポキ^{떡볶이}나 チヂミ^{부침개}를 파는 포장마차도 생겨났다고 하니 살짝 어깨가 으쓱해지는데요.

物足りない 모노타리나이 허전하다
屋台 야타이 포장마차
焼き鳥 야키토리 닭꼬치
わたあめ 와타아메 솜사탕
かき氷 카키고오리 빙수
チヂミ 치지미 부침개

마쯔리를 포장마차에서 이것저것 おやつ주전부리를 사먹는 것으로 끝내면 허전하지요. 게임도 몇 번 해줘야 마쯔리를 진정 즐겼다고 할 수 있어요. 마쯔리의 대표적인 전통 게임은 역시 金魚すくい킨교스쿠이! 일명 '금붕어 뜨기'입니다. 너무나 잘 찢어지는 얇은 종이뜰망으로 금붕어를 건지는 아주 간단한 게임이에요. 요즘은 금붕어를 잡아도 집에서 키우기도 애매하고 금붕어가 かわいそう불쌍하다는 여론 때문에 금붕어 대신 장난감이나 풍선을 건지기도 해요. 그 밖에 다트 던지기, 인형 뽑기나 운세 뽑기, 인력거 타기도 재미있어요. 평소 같았으면 거들떠도 안 볼 게임이지만 마쯔리 때는 이상하게 이런 유치찬란한 게임도 재미있어요. 아! 잊을 뻔했다. 마쯔리 추천 게임이 있어요. 혹시 여러분 어릴 때 달고나(뽑기)에 별모양 하트모양 이렇게 새겨진 무늬를 핀으로 꼭꼭 찍어 뜯어내는 놀이를 많이 하셨나요? 그럼 승산이 있어요. ^0^ 마쯔리에 가서 かたぬき카타누키라는 게임이 있으면 한번 해 보세요. 조그마한 사각형 과자에 동물, 꽃, 우산 등 다양한 무늬가 새겨져 있는데 달고나와 같은 방식으로 뜯어내시면 돼요. 성공하면 賞金상금을 준답니다. 어때요? 이런 게임은 우리도 한번 도전해볼 만하지 않나요?

眠たい 졸리다

밥 많이 먹어도 졸리고, 공부해도 졸리고, 과음한 다음 날은 더 졸리고…… 이래저래 졸려요. 일본어로 '졸리다'는 ねむたい도 많이 쓰고 ねむい도 많이 쓰니까 둘 다 외워주세요!

A どうした？ 顔が疲れてるよ。
무슨 일 있어? 얼굴 피곤해 보인다.

B 昨日夜中の３時までバイトだったの、もう眠たい。
어제 밤 3시까지 아르바이트였어. 정말 졸려!

●●● 顔 얼굴 ｜ 疲れる 지치다 ｜ 夜中 한 밤중 ｜ バイト 아르바이트

ちょっと変わってる 조금 특이하다

変わってる는 색다르거나 특이한 물건에도 사용하고 보통사람들과 다른 개성을 가진 사람한테도 많이 쓰네요. 도대체 왜 저러나?? 라는 생각이 들게 하는 4차원 사람들에게 쓰면 딱 좋을 표현이네요.

A あの人ちょっと変わってるよね。
저 사람 조금 특이하지 않니?

B ちょっとどころじゃないよ。かなり変わってるよ。
조금이 아니라 많이 이상해.

●●● 人 사람 ｜ かなり 꽤, 상당히

物足りない 뭔가 허전하다, 뭔가 아쉽다

足りない는 お金が足りない 돈이 모자라다, 時間が足りない 시간이 부족하다 처럼 '모자라다, 부족하다'는 뜻이고, 物足りない는 뭔가 2% 부족한 기분이 들 때 사용하는 표현입니다.

A 恋愛がない人生なんて、物足りないよね。
연애가 없는 인생은 뭔가 허전하지 않니?

B そう？ でも時には恋愛も面倒だよ。
그래? 그렇지만 때에 따라선 연애도 귀찮아.

●●● 恋愛 연애 ｜ 人生 인생 ｜ 面倒だ 귀찮다

각 지방의 주요 마쯔리

도쿄 칸다마쯔리 (神田祭)

도쿄 치요다구 칸다 (5월 14일~15일)

화려한 봉황이 올라가 있는 미꼬시(가마)를 중심으로 칸다묘진(도쿠가와 가문의 수호신)을 모신 200여 개의 크고 작은 가마 행렬이 볼거리. 일본 3대 마쯔리 중에서도 가장 서민다운 마쯔리로 알려져 있어요.

교토 기온마쯔리 (祇園祭)

교토시내 (7월)

일본 3대 마쯔리로 거의 7월 한 달 내내 열리는 교토의 여름 축제. 클라이맥스는 17일 날 있는 야마보코 순례. 야마보코는 기온마쯔리의 상징으로써 등불을 밝힌 거대한 야마보코 수레의 거리 행렬은 그야말로 장관이에요.

오사카 텐진마쯔리 (天神祭)

오사카 시내 (7월 24일~25일)

일본 3대 마쯔리이자 일본 3대 수상제(水上祭). 하이라이트는 25일 해질 무렵 시작되는 후나토쿄(船渡御)! 신사를 출발한 행렬을 약 100여 척의 화려한 등불과 천으로 장식된 배들에 나눠 태우고 도지마가와(堂島川)와 오가와(大川)로 거슬러 올라가는 행사에요.

다나바타마쯔리 (七夕祭)

센다이 (8월 6일~8일)

동북지방의 3대 마쯔리. 견우와 직녀가 만난다는 七夕칠석 축제. 다나바타날이면 대나무를 장식하고 단자쿠라고 하는 종이에 소원을 적어 대나무에 매다는 풍습이 있어요. 이 기간에 거리나 상가에 장식된 크고 화려한 대나무도 굉장한 볼거리에요.

간토 (竿燈) 마쯔리

아키타시 (8월 5일~7일)

동북지방의 3대 마쯔리. 간토는 긴 대나무에 횡죽을 몇 개씩 끼워서 여기에 여러 개의 등을 달아 장식한 것. 길이 12m, 등의 개수 46개, 무게 50kg에 달하는 거대한 간토를 손, 어깨, 이마, 허리에 올리고 펼치는 연기가 압권이에요.

아와오도리 (阿波踊り)

시코쿠 도쿠시마현 (8월 12일~15일)

'춤추는 사람도 구경하는 사람도 모두 바보다. 어차피 다 바보인데 춤을 추지 않으면 손해다'라는 흥겨운 노래를 부르며 나흘 동안 춤추고 노래하는 일본판 브라질 삼바축제. 4일간의 축제기간에 100만 명 이상의 관광객들이 축제를 즐기러 찾아온대요.

본문에 나왔던 다음 단어의 발음을 써보세요.

1 분위기 雰囲気　　　（　　　　　）　　5 외국인 外国人　　（　　　　　）

2 눈 雪　　　　　（　　　　　）　　6 포장마차 屋台　（　　　　　）

3 관광객 観光客　（　　　　　）　　7 상금 賞金　　　（　　　　　）

4 방해 邪魔　　　（　　　　　）

빈칸에 적당한 일본어를 넣어보세요.

1 매년 2월 홋카이도 삿포로에서 열리는 __________는 세계 3대 축제라고 불릴 만큼 유명한 축제입니다. 기회가 되면 삿포로에 가서 삿포로 맥주를 마시면서 눈조각을 즐기고 싶네요.

2 일본에는 __________가 많다고 그러잖아요. 그게 정말일까요? 뭐 많은지는 잘 모르겠지만 주온, 착신아리, 링 같은 일본 __________영화는 정말 무서운 것 같아요.

3 마쯔리의 전통게임인 __________는 큰 수조에 금붕어를 가득 풀어놓고 종이뜰 망으로 잡는 게임입니다. 종이뜰망은 작은 충격에도 금방 찢어지기 때문에 생각 보다 금붕어 잡기가 쉽지는 않아요.

일본에는 보일러가 업다?

"어젯밤에 나 金縛り에あった^{가위눌렸어}. 깨어나려고 몸을 막 흔들었는데 침대만 흔들리고 참 무서웠어."라고 이야기하자 일본 친구들 왈, "어젯밤에 지진 있었는데 꿈결에 勘違い^{착각}한 것 아니니?" 뭐라고? 어젯밤 내가 느낀 그 恐怖^{공포}가 말로만 듣던 地震^{지진}이었단 말이지. 일본이 지진국가라는 것은 이야기할 필요도 없겠지요. 일본이 매년 3센티씩 가라앉는다는 우스갯소리의 진위는 잘 모르겠지만 지진이 많은 것은 사실인 것 같아요. 그래서인지 집을 지을 때는 지진의 진동에 비교적 강한 목재를 사용해 내진설계로 집을 짓는다고 합니다.

일본의 집 하면 제일 먼저 떠오르는 에피소드가 있어요. 처음 일본에 갔을 때가 10월이었는데 기숙사 部屋^방이 얼마나 춥던지…… 야생 버라이어티에서 복불복에 진 사람들처럼 겨울용 파카를 꺼내 몸을 둘둘 말고 잤던 기억이 나요. 그때는 보일러만 켜면 따뜻한 방바닥의 온기가 온 방 안을 훈훈히 데우는 한국식 보일러가 얼마나 그립던지요. 왜 이 나라는 이 좋은 보일러가 없는 거지? 라며 원망을 했었어요. 단순하게 생각해보면 가스보일러가 없는 것도 다 지진 때문인 것 같아요. 가스보일러가 마구 흔들리면 위험하니까요. 뭐 일본에도 보일러가 아주 없는 것은 아니랍니다. 床暖房^{유까단보}라고 바닥에 단열장치를 한 일본식 보일러가 있는데 그리 대중화되어 있지는 않아요. 최근 지은 집들에 주로 있는데 그것도 집 전체가 아니라 거실 일부에 설치되어 있는 경우가 많아요. 値段^{가격}은 굉장히 비싸고요. 그렇다면 일본 사람들은 무엇으로 추위를 견디느냐? 전기 히터나 전기 온풍기가 대표적이고 일본의 에어컨은 냉난방이 함께 되어 겨울엔 난방용으로도 함께 사용해요. 요즘은 우리나라 テレビショッピング^{홈쇼핑}에 많이 나오는 전기카펫도 많이 쓴다고 하네요.

勘違い 간치가이 착각
恐怖 쿄후 공포
地震 지신 지진
部屋 헤야 방
値段 네당 가격
テレビショッピング 테레비 쇼핑구 홈쇼핑

일본 집의 床바닥은 옛날에는 畳다다미가 많았지만 요즘은 거의 フローリング후로링구라고 하는 나무 바닥재에요. 다다미가 있다고 해도 방 한두 개만 다다미가 깔린 정도랄까요. 다다미는 冬겨울에는 차가운 바닥의 냉기를 차단해주고 夏여름에는 통풍이 잘되어 시원해요. 그래서인지 예로부터 일본사람들에게 많은 사랑을 받아왔답니다. 하지만 다다미는 掃除청소하기가 까다롭고 아무래도 짚으로 만든 것이기 때문에 진드기나 벼룩들도 많이 살아요. 그렇다고 너무 心配しないでください걱정하지 마세요. 다다미방에서 잤는데 虫벌레에 많이 물렸다면 폭탄 한번 터뜨려 주면 만사 오케이! 폭탄이라고? 진짜 폭탄이 아니고 폭탄같이 생긴 殺虫剤살충제가 있어요. 문을 꽁꽁 닫아놓고 煙り연기를 피워 다다미 속에 사는 だに진드기나 のみ벼룩, 그리고 ごきぶり바퀴벌레까지 저승으로 보내는 것이지요. ^^

일본 아니메나 드라마를 보면 이불을 뒤집어 씌워놓은 것 같은 테이블에 옹기종기 가족들이 모여앉아 みかん귤을 까먹으며 TV를 보는 모습을 종종 보셨을 텐데요, 그게 바로 こたつ고타츠입니다. 일본 특유의 난방기구지요. 저도 추운 겨울을 나기 위해 고타츠를 사서 몇 번의 겨울을 아주 따뜻하게 보냈어요. 고타츠에서 밥도 먹고 공부도 하고 졸리면 그냥 자기도 하고. 겨울이면 恋人애인보다 고타츠와 붙어 있는 시간이 더 많을 정도였어요. ^^ 하지만 요즘은 고타츠를 점점 쓰지 않는 분위기라네요. 아마도 전기온풍기나 전기카펫이 더 사용하기 편해서인 것 같아요. 그래도 전 다다미나 고타츠처럼 왠지 일본의 伝統전통적인 분위기가 살아있는 물건들이 더 운치 있고 애착이 가요.

床 유카 바닥

冬 흐유 겨울	殺虫剤 삿츄자이 살충제	ごきぶり 고키부리 바퀴벌레
夏 나츠 여름	煙り 케무리 연기	みかん 미캉 귤
掃除 소지 청소	だに 다니 진드기	恋人 코이비토 애인
虫 무시 벌레	のみ 노미 벼룩	伝統 덴토 전통

　　내부구조상 일본 집과 우리나라 집의 차이라면 역시 벽장과 미닫이문 그리고
화장실 정도일까요? 일본은 집이 좁아 벽장에 수납할 수 있는 공간을 많이 만들어
놓았어요. 이불이나 잡동사니를 수납할 수 있는 押し入れ벽장이나 クローゼット옷
걸이벽장도 많이 있고 문도 공간을 많이 차지하지 않는 ふすま미닫이문이 많답니다. 그
리고 제가 가장 부러워하는 공간은 お手洗い화장실인데요, 일본은 風呂욕실과 화장
실이 분리되어 있어서 너무 좋은 것 같아요. 화장실은 보통 변기만 들어가 있는 조
그만 방입니다. 바닥에 카펫을 깔고 아기자기하게 꾸며 놓은 곳이 많아요. 욕실과
함께 쓰지 않으니까 물기가 없어 보송보송하고 다른 사람이 화장실을 써도 목욕할
수 있고 아무튼 여러 가지 면에서 좋은 것 같아요. 우리나라에서는 욕실에 洗濯機
세탁기가 함께 들어가 있는 곳도 많은데 일본은 다 따로따로 있어요. 욕실은 욕실, 화
장실은 화장실, 세탁기는 욕실 바깥에 세탁기를 두는 장소가 별도로 있어요.

押し入れ 오시이레 벽장　　　　　　　　お手洗い 오테아라이 화장실
クローゼット 쿠로젯토 옷걸이벽장(closet)　　風呂 후로 욕실
ふすま 후스마 미닫이문　　　　　　　　洗濯機 센타크키 세탁기

일본 집의 내부를 살펴봤으니 이제는 바깥으로 눈을 돌려보면 일본의 住宅^{주택}
은 크게 단독주택, 맨션, 아파트로 나눌 수 있어요. マンション^{맨션}은 우리나라의
고층아파트에 해당하고, アパート^{아파트}는 빌라나 연립주택을 말해요. 고급 맨션이
아무리 좋다고 해도 일본 사람들의 꿈은 자신의 一戸建て^{단독주택}에서 예쁜 정원을
가꾸며 사는 것이라고 하네요. 일본은 땅값이 비싸서 단독주택을 갖는 게 아주 어
려워요. 특히 대도시에서는요. 저도 늙으면 노후에 공기 좋고 물 좋은 저 푸른 초원
위에 그림 같은 집을 짓고 사랑하는 님과 함께 한 백 년 ガーデニング^{정원 가꾸기}를
하며 のんびり^{유유자적}하게 살고 싶어요. ^^

住宅 쥬타끄 주택
一戸建て 잇코다테 단독주택
ガーデニング 가데닝구 정원 가꾸기
のんびり 논비리 유유자적

金縛りにあった 가위눌렸다

혹자는 피곤하거나 나쁜 자세로 자면 눌린다고 하고 또 누구는 귀신이 위에서 큰 가위로 누르는 거라고도 하는 가위눌림! 일본어로 가위는 はさみ지만 '가위눌리다'라는 표현에 はさみ는 들어가지 않네요. ㅋㅋ

A 昨日、金縛りにあったの。
어제 가위눌렸어.

B また？これで何回目？
또? 이번이 몇 번째니?

●●● 昨日 어제 | 金縛りにあう 가위눌리다 | また 또 | 目 째

勘違いする 착각하다

일본어로 '착각하다, 오해하다'는 勘違いする 라고 합니다. 間違える도 '잘못 알다, 착각하다'는 뜻으로 많이 쓰여요.

A 勘違いして、他の女へのメール、彼女に送っちゃったよ。
착각해서 다른 여자에게 보낼 메일을 여자친구에게 보냈어.

B うわ、初歩的なミスすんなよ。
우와, 그런 초보적인 실수를 저지르면 안 되지.

●●● 他 다른 | 彼女る 보내다 | 初歩的 초보적 | ミス 실수

心配しないでください 걱정하지 마세요

心配는 걱정이라는 단어예요. 회화에서 자주 사용하는 표현에는 心配ない^{걱정 없다}, 心配する^{걱정하다}, 心配かける^{걱정 끼치다} 등이 있어요.

A 宝くじ当たったら、どうしよう。
복권에 당첨되면 어떡하지?

B 心配しないでください。ありえないから！
걱정하지 마세요. 있을 수 없는 일이니까.

●●● 宝くじ 복권 | 当たる 당첨되다 | ありえない 있을 수 없다

家, 家 (いえ, うち) 집	ドア, 門 (もん) 문
一戸建て (いっこだて) 단독주택	窓 (まど) 창문
部屋 (へや) 방	壁 (かべ) 벽
居間 (いま) 거실	天井 (てんじょう) 천장
台所 (だいどころ) 부엌	床 (ゆか) 마루
お風呂 (ふろ) 욕실	家具 (かぐ) 가구
お手洗い, トイレ (てあらい) 화장실	押し入れ (おしいれ) 벽장
庭 (にわ) 정원	本棚 (ほんだな) 책장
屋上 (おくじょう) 옥상	タンス 서랍장
玄関 (げんかん) 현관	化粧台 (けしょうだい) 화장대

본문에 나왔던 다음 단어의 발음을 써보세요.

1 가격 値段 　　　　（　　　　　）　　　**5** 살충제 殺虫剤 　　（　　　　　）

2 겨울 冬 　　　　　（　　　　　）　　　**6** 욕실 風呂 　　　（　　　　　）

3 여름 夏 　　　　　（　　　　　）　　　**7** 세탁기 洗濯機 　　（　　　　　）

4 벌레 虫 　　　　　（　　　　　）

빈칸에 적당한 일본어를 넣어보세요.

1 일본은 __________이 빈번히 발생해 내진설계로 지어진 건축물이 많아요. 그리고 이것이 발생했을 시 대피요령 같은 것도 철저히 교육받는답니다. 1995년에 일어난 고베대 __________의 경우 사망자만 6,500명에 이재민이 2만 명이나 발생했다고 해요.

2 역시 겨울엔 한국식 온돌이나 보일러가 최고로 따뜻한 것 같아요. 일본에도 일본식 보일러로 불리는 __________가 있지만 사용료도 비싸고 그리 대중화되어 있지는 않아요.

3 짚으로 만들어 돗자리 같이 생긴 일본 전통 바닥재를 __________라고 해요. 현대식 주택에는 점점 사라지는 추세이지만 일본 전통료칸에 가면 볼 수 있어요.

정답 1 ねだん 2 ふゆ 3 なつ 4 むし 5 さっちゅうざい 6 ふろ 7 せんたくき

정답 1 地震 지진 2 床暖房 유까단보(일본식 보일러) 3 畳 다다미

일본 TV는 너무 재밌어서  케이블 방송이 없다?

요즘 우리나라 케이블 방송을 보다 보면 와~ 저건 너무 심한 것 아냐? 애인의 바람기를 확인하기 위해 실제로 성적으로 유혹하는 ドッキリ 몰래카메라를 하기도 하고 드라마도 공중파와는 달리 과감한 노출장면도 많이 나오고. 하지만 이 정도는 일본 방송에 비하면 足元にも及ばない 발끝도 못 따라가요! 일본에서는 공중파가 우리나라 케이블보다 더 선정적이고 엽기적이므로!

저는 유학시절 초기 거의 일본방송에 中毒 중독되어 있었어요. 여러 가지 의미에서 얼마나 신선하던지……. 特に 특히 밤에 방송되는 버라이어티나 토크쇼는 아주 자극적이라 브라운관에서 눈을 떼지 못했어요. 일단 일본사람들은 성에 관해 아주

ドッキリ 돗키리 몰래카메라
中毒 쮸도크 중독
特に 토크니 특히

개방적인 사고방식을 가진 것 같아요. 그래서인지 芸能人연예인들이 방송에 나와서 성에 대해 야한 농담을 한다거나 성적인 경험담도 스스럼없이 이야기해요. 우리나라 같았으면 폭탄발언으로 물의를 일으켰을 텐데 말이죠. 그리고 버라이어티에서 게임을 할 때 우리 기준으로는 아주 エロい야한 게임을 많이 한답니다. 우리나라에서는 여름에 수영장에서 여자 연예인들이 비키니 차림으로 나와 게임을 하는 경우는 있어도 스튜디오에 그렇게 다 벗고 나오진 않잖아요. 그런데 일본은 벗고 나온다는 거! 수영장에서 벗는 거랑 스튜디오에서 벗는 거랑은 야한 느낌이 백만 배 달라요. 그러니 下着속옷 노출 정도는 흔한 일이라 愛嬌애교로 봐줘야 해요. 심야 토크쇼는 맥주를 마시면서 중간 중간 담배를 피우면서 방송을 하는 것도 본 적이 있어요. 이럴 때 우리나라 같았으면 방송심의위원회에 시청자들이 항의 전화를 걸어 그 프로그램은 조기에 종영되었을 거예요.

■
芸能人 게노징 연예인

エロい 에로이 야하다

下着 시타기 속옷

愛嬌 아이쿄 애교

　일본 방송을 보면서 또 이해가 안 되는 것 중의 하나가 자꾸 게스트의 머리를 때리는 건데요, 왜 몇 년 전에 전지현이나 보아가 일본 토크쇼에 출현해 머리를 맞아 우리나라 네티즌들이 흥분한 사건도 있었잖아요. 그런데 일본 방송을 보면 기분 나빠하기는커녕 뒤통수 맞는 쪽도 때리는 쪽도 자기들끼리 冗談^{じょうだん}농담하면서 좋다고 시시덕거리고 그러잖아요. 머리를 때리는 것은 꼭 방송에서만 아니라 일본 사람들의 습관이에요. 머리를 때리는 것을 유난히 싫어하는 우리나라 사람들에게는 황당한 이야기지만 일본에서는 친근감의 표시이거나 상대방이 귀엽거나 쓸데없는 농담을 할 때 머리를 툭 치는 습관이 있어요. 저도 처음 일본 친구들에게 머리를 맞았을 때는 우씨! 하고 욕이 튀어나올 뻔했지만 저도 같이 때리고 자꾸 맞다 보니 뭐 그러려니 익숙해지더라고요. ;; 그러니까 혹시 일본 친구들이 친해졌다고 생각해 여러분 頭^{あたま}머리를 툭 쳐도 너무 욱하진 마세요. 문화가 다른 걸 어쩌겠습니까!

冗談 죠-단 농담
頭 아타마 머리

그리고 우리나라와 다른 것이 뭐가 있을까요? 아하! 뉴스가 있었군요! 우리나라는 피의자 인권보호 차원에서 피의자들이 모자 쓰고 얼굴을 마스크로 다 가리고 나오잖아요. 일본에서는 얄짤없어요. 피의자 얼굴 및 신상이 그대로 공개된답니다. 事件^{사건} 현장이나 사건 경위 같은 것도 뭘 저렇게까지 이야기 안 해줘도 될 텐데 너무 과하게 친절하다 싶을 만큼 시청자의 알 권리를 충족시켜주지요. ^^;

드라마도 우리나라와는 시스템이 조금 달라요. 일본은 1년을 4분기로 나눠 드라마를 시작해요. 이것이 가능한 게 우리나라 드라마는 기본적으로 횟수가 길고 시청자들의 사랑과 관심에 따라 人気^{인기}가 없는 드라마는 조기에 종영되고 인기가 있는 드라마는 쭉쭉 늘어나잖아요. 반면 일본드라마는 일주일에 한 번 放送^{방송}이 되고 대부분 11화로 종결된답니다, 그러니까 방송사별로 분기별로 거의 비슷한 시기에 시작해서 거의 비슷한 시기에 끝낼 수 있지요. 그리고 일본 드라마 처음 보시는 분들이 많이 いらいらする^{짜증난다}고 하는 コマーシャル^{광고}! 일본 드라마는 15분하고 3분 광고! 이런 형식이라 재미있을 만하면 끊겨서 우리를 힘들게 해요. 하지만 편수가 짧다 보니 극전개가 빨라 지루하지 않고 만화원작의 드라마가 많아서 그런지 三角関係^{삼각관계}와 복잡한 가정사, 不倫^{불륜}과 仕返し^{복수}를 많이 다루는 우리나라 드라마보다 다양한 장르와 톡톡 튀는 주제의 드라마가 많은 것 같아요. 쇼 프로에 이어 드라마도 우리나라에 비하면 야한 건 맞는 것 같아요. 정사장면이라던가 프렌치키스라던가. 하지만 요즘은 청소년들의 교육적인 측면을 고려해 점점 순화시켜 나가는 추세라고 하네요.

事件 지켄 사건
人気 닌키 인기
放送 호-소 방송
いらいらする 이라이라스루 짜증난다

コマーシャル 코마샤루 광고
三角関係 산카쿠간케 삼각관계
不倫 후링 불륜
仕返し 시카에시 복수

　예전과 비교하면 많이 순화되었다고는 하지만 우리의 기준에서 보면 전반적으로 일본 방송은 지극히 상업적이라고 말할 수 있을 것 같아요. 상업적이다 보니 선정적이거나 자극적인 프로그램도 우리나라보다는 많고요. 일본에는 공중파 방송이 이렇게 자극적이며 재미있다 보니 케이블 TV가 그다지 발전하진 못했다고 해요. 하지만 요즘은 인터넷 접속서비스 같은 통신서비스를 함께 제공함으로써 점점 경쟁력을 키워나가고 있다고 하네요. 공중파 방송으로 視聴率시청률이 높고 인기가 있는 방송국으로는 니혼테레비(日本テレビ), 후지테레비(フジテレビ), ＴＢＳ, 테레비아사히(テレビ朝日), 테레비도쿄(テレビ東京) 등이 있어요. 일본 방송국 중에도 전혀 자극적이지 않은 방송이 있긴 한데요, 바로 공영방송인 NHK! 주로 시사, 교양, 뉴스, 스포츠, 다큐멘터리를 다루지요. 한국으로 유학 온 일본친구가 한국 쇼프로는 다 NHK 같다며 농담을 한 적이 있는데 듣자마자 그럴 수 있겠다며 완전 200% 공감했답니다. ^^

視聴率 시쵸리츠 시청률

足元にも及ばない 발끝도 못 따라간다

비교가 안 된다고 할 때 흔히 발끝도 못 따라간다, 발끝에도 못 미친다고 하잖아요. 일본어에도 같은 표현이 있네요. 바로 足元にも及ばない!

A 料理上手ですね。
요리 잘하시네요.

B いや、木村さんに比べたら足元にも及びませんよ。
아니, 기무라씨에게 비하면 발끝에도 못 미쳐요.

●●● 料理 요리 ┃ 上手だ 잘하다 ┃ 比べる 비교하다

特に 특히

特には '특히, 특별히' 라는 뜻으로 비슷한 표현으로는 特別に 특별히가 있어요.

A 好きな歌手いるの。
좋아하는 가수 있니?

B 特にない。
특별히 없어,

●●● 歌手 가수

いらいらする 짜증난다!

いらいら의 사전적 의미는 '안절부절못하는 모양, 초조해하는 모양'입니다. 그래서 보통 いらいらする 라고 하면 '초조하다'는 뜻이에요. 그리고 실제 회화에선 '짜증난다'라는 의미로도 많이 사용하니 꼭 알아둡시다.

A 彼に「お前の声聞くとイライラする」って言われた。
남자친구에게 '네 목소리를 들으면 짜증나'라는 이야기를 들었어.

B そんな彼氏いらないじゃん！別れなよ。
그런 남자친구 필요 없잖아. 헤어져!

●●● お前 너 ┃ 声 목소리 ┃ 聞く 듣다 ┃ 言われる 이야기를 듣다 ┃ いる 필요하다 ┃ 別れる 헤어지다

일본의 인기 버라이어티

스마스마 (スマスマ) 후지테레비 월요일 10시
인기그룹 SMAP(스마프)가 출연해 꽁트를 하거나 게스트를 불러 직접 요리한 음식을 대접한 후 어느 팀이 이겼는지 요리대결을 겨루기도 해요. 명실 공히 일본 넘버원 인기 버라이어티!

런던 하츠 (ロンドンハーツ) 테레비아사히 화요일 9시
타이틀을 정해 연예인들 순위를 매기거나 연예인 몰카로 사생활을 파헤치기도 해요. 아이들에게 가장 보여주고 싶지 않은 버라이어티로 매년 선정된대요.

다운타운 DX (ダウンタウン DX) 니혼테레비 목요일 10시
인기 개그콤비 다운타운(마츠모토 히토시, 하마다 마사토시)가 사회자로 나오는 토크쇼. 연예인을 불러 여러 가지 개인사를 묻거나 재미있는 토크로 이야기를 풀어나가는 형식으로 진행돼요.

코이노 카라사와기 (恋のからさわぎ) 니혼테레비 토요일 11시
다수의 일반인 여성들을 게스트로 뽑아 여러 가지 연애에 관한 다양한 경험을 이야기하게 만드는 버라이어티. 미녀들의 수다 같은 형태나 개성이 강한 캐릭터의 출연진이 많고 토크 역시 폭로전이나 특이한 경험담이 많아요.

자! 씨계 앙천뉴스 (ザ! 世界仰天ニュース) 니혼테레비 수요일 9시
세계 각지에서 실지로 있었던 불가사의한 일들을 자료화면과 재현 드라마로 구성한 프로그램.

네프리그 (ネプリーグ) TBS 월요일 7시
5명이 한 조가 되어 대결하는 퀴즈 버라이어티.

헤이!헤이!헤이! (HEY!HEY!HEY!) 후지테레비 월요일 8시
다운타운이 진행하는 음악 토크 방송.

우타방 (うたばん) TBS 화요일 9시
이시바시 다카아키와 SMAP의 나카이 마사히로가 진행하는 음악 버라이어티 쇼. 노래 부르고 토크하고 다음 팀이 노래 부르고 토크하는 노래와 토크가 섞인 음악토크쇼에요.

본문에 나왔던 다음 단어의 발음을 써보세요.

1 중독 中毒　　　　(　　　　　)　　5 사건 事件　　　　(　　　　　)

2 연예인 芸能人　　(　　　　　)　　6 인기 人気　　　　(　　　　　)

3 속옷 下着　　　　(　　　　　)　　7 시청률 視聴率　　(　　　　　)

4 농담 冗談　　　　(　　　　　)

빈칸에 적당한 일본어를 넣어보세요.

1 일본에는 '남자는 度胸배짱, 여자는 ＿＿＿＿＿＿'라는 말이 있답니다. 무뚝뚝한 곰 같은 여자보다 ＿＿＿＿＿＿ 있는 여우 같은 여자가 더 사랑스럽다는 이야기 에요.

2 일본 방송은 방송 중간마다 ＿＿＿＿＿＿가 들어가니까 우리나라 사람들이 볼 때 살짝 짜증이 밀려오기도 해요.

3 내가 좋아하는 사람은 다른 사람을 바라보고 별로 관심이 없는 사람은 날 따라 다니고…… 멜로드라마의 대표적인 소재이지요. ＿＿＿＿＿＿!

일본의 인터넷 문화

몇 년 전 일명 싸이질(?)에 시도 때도 없이 셀카를 찍어대던 시절. 일본인 친구에게 싸이 주소를 가르쳐 주고 놀러 오라고 했지요. 그런데 일본 친구가 사진 보는데 시간이 너무 오래 걸려서 힘들다는 거예요. 그 이야기를 듣고 인터넷 속도나 보급률을 보더라도 역시 우리나라가 인터넷강국이야~ 라며 얼마나 뿌듯해했던지. ㅋㅋ 몇 년 전만 해도 일본의 인터넷은 느렸어요. 動画동영상이 버퍼링 되는 몇 초를 못 기다리고 화면 창을 닫을 수밖에 없는 気が短い성미 급한 우리나라 사람들은 아마 짜증나서 일본 인터넷을 못 썼을 거예요. 요즘은 히카리(光)라는 광랜을 깔아서 많이 빨라졌다고 하고 실제로 우리나라보다 속도가 더 빠르다는 뉴스기사를 본 적도 있지만 실제 한국에서 인터넷을 사용해 본 経験경험이 있는 일본 친구들 말에 의하

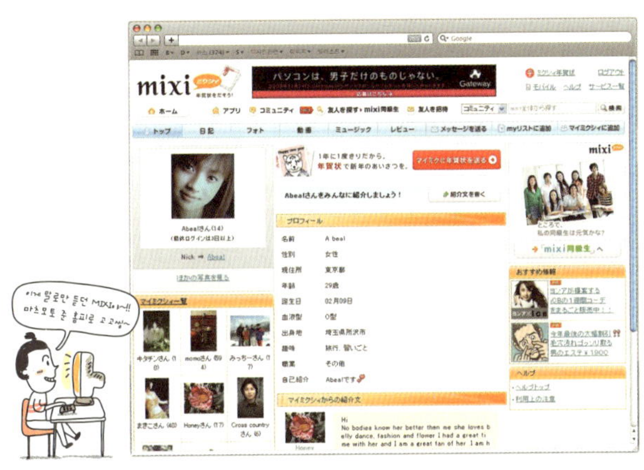

면 여전히 한국보다는 너무 느리게 느껴진다는 것이 일반적이 대답이었어요.

速度_{속도}는 지역마다 차이가 있고 서비스되는 제품에 따라서도 차이가 있어 정확하게 비교하기는 어렵지만 인터넷 설치 속도는 우리나라를 따라올 수가 없지요. 일본은 빨라도 최저 2주에서 한 달은 걸린다고 합니다. 따끈따끈한 새 컴퓨터 사면 금방 인터넷을 하고 싶은 것이 인지상정인데 인터넷 설치를 한 달씩이나 기다려야 한다니 ため息_{한숨}이 절로 나오네요. 후훗. ネット代_{인터넷 요금}은 한 달에 4,000엔에서 7,000엔 사이라고 해요. 우리나라 초고속 인터넷과 같은 100메가 광랜이 제일 비싸지만 대도시의 경우 전화회선을 이용한 ADSL이나 광랜인 히카리나 별로 속도의 차이는 없다고들 합니다.

動画 도-가 동영상
経験 케-켄 경험
速度 소크도 속도
ため息 타메이키 한숨
ネット代 넷토다이 인터넷 요금

우리나라 사람들이 檢索エンジン 검색엔진으로 네이버를 주로 이용한다면 일본사람들이 검색할 때 가장 많이 사용하는 포털사이트는 야후재팬입니다. 인터넷 이용자의 3분의 2 이상이 야후재팬으로 검색을 한다고 할 수 있지요. 정말 대단한 점유율이네요. 그 밖에 インターネットショッピング 인터넷쇼핑은 야후 オークション 옥션과 楽天 라쿠텐이 유명해요. 라이브도어(livedoor)는 ブログ 블로그를 이용하는 젊은 층에서는 인기가 있고요. 그러고 보니 우리나라에서 미니홈피로 인맥기반 온라인 커뮤니티의 새로운 역사를 쓴 싸이월드가 일본에도 진출했었군요. 그렇지만 안타깝게 싸이월드재팬은 성공하지 못하고 결국 철수를 했어요. 일본에서 싸이월드가 실패할 수밖에 없었던 이유가 믹시(mixi)때문은 아닐까 조심스레 추측해봅니다.

믹시는 2004년 처음 서비스를 시작한 일본판 싸이월드라고 해두지요. 지금도 여전히 최고의 인맥기반 커뮤니티 사이트로 그 인기가 식을 줄을 모르고 있네요. 믹시는 가입절차가 특이한 걸로 유명한데요. 기존의 사용자가 招待 초대를 해 주지 않으면 登録 등록이 안 되는 시스템이에요. 예전에는 기존의 사용자의 초대메일만 있으면 우리나라 사람들도 쉽게 가입할 수 있었지만, 요즘은 일본 携帯メール 휴대전화메일이 없으면 가입할 수 없다네요. 믹시는 개인 주소가 없어서 주소창에 주소를 찍고는 들어갈 수가 없어요. 반드시 로그인해서 들어가 日記 일기나 レス 댓글을 쓰면 남들이 링크를 타고 들어와 댓글을 남기는 것이 주요활동이에요. 그리고 足跡 발자취라고 해서 다녀간 사용자들의 흔적이 남아요. 우리나라 블로그에 '다녀간 블로거'와 같은 기능이지만 우린 원하지 않으면 그냥 지워버리면 되잖아요. 하지만 믹시의 아시아토는 몇 시 몇 분에 누가 개인 믹시에 다녀갔는지까지 기록이 남고 절대

勝手に 자기 마음대로 아시아토를 지울 수가 없답니다. 우리나라 사람들은 최종 로그인 시간까지 알려지는 것에 불편함을 느끼는 데 반면 일본사람들은 신뢰를 바탕으로 한 사적 커뮤니티인 만큼 누가 나를 찾아왔는지 아시아토를 확인하는 것을 매우 즐긴다고 하네요. 일본인들은 100% 초대제를 지향하며 철저한 사생활보호를 추구하면서도 왜 아시아토는 좋아하는 걸까요?? 제 머리로는 살짝 理解できない 이해가 안 되네요.

믹시와 더불어 인기가 있는 커뮤니티로는 2ちゃんねる^{2채널}이 있네요. 흔히 '일본판 디시인사이드'로 불리며 우리나라 뉴스에도 자주 등장해주시는 유명한 사이트이지요. 좋은 記事^{기사}로 올라오면 좋으련만 늘 반한감정의 악성 게시글로 우리나라 네티즌들을 흥분시키는 것이 그저 안타까울 뿐이에요. ㅠㅠ

인터넷이 발달해 너무 편리한 것 중의 하나가 궁금한 것이 있으면 뭐든지 바로바로 물어볼 수 있는 친구가 생겼다는 것인데요, 바로 지식in 친구. ^^ 저는 일본에 대해 궁금한 게 있을 때 일본 웹사이트로 건너갑니다. 우리나라의 지식in과 같은 기능이 일본 웹에도 있거든요. 제가 주로 이용하는 것은 야후재팬의 知恵袋^{지혜 주머니}에요. 그다음으로 포털사이트 goo의 教えて！goo^{가르쳐 줘! goo}랑 msn재팬의 相談箱^{상담상자}도 가끔 이용하고요. 일본어가 어느 정도 레벨이 되시는 분들은 일본과 관련된 궁금한 사항이 있으면 일본 사람들에게 직접 물어보세요. 내공을 걸면 더욱더 친절한 답변을 들으실 수 있을 거예요.

2ちゃんねる 니찬네루 2채널
記事 키지 기사
知恵袋 치에부크로 지혜 주머니
教えて 오시에떼 가르쳐 줘
相談箱 소단바코 상담상자

気が短い 성미가 급하다

'성격이 느긋하다'는 気が長い, '성격이 급하다'는 短気라고도 하고 気が短い라고도 합니다. 언제나 はやくはやく^{빨리빨리}를 좋아하는 우리나라 사람들이 대체로 気が短い한 경향이 있지요.

A 山田さんって気が短いよね。
야마다씨 성격이 급하네.

B うん、私もそう思ったよ。
응, 나도 그렇게 생각했어!

●●● 思う 생각하다

勝手に 자기 마음대로

勝手に는 '제멋대로, 자기 마음대로'라는 뜻입니다. 보통 勝手にしろ^{네 멋대로 해라}라든가 私の勝手です^{내 마음입니다} 같은 표현도 많이 사용해요.

A 人のものに勝手に触らないでください。
남의 물건을 제멋대로 만지지 말아주세요.

B あっ、すみません。
아, 죄송해요.

●●● 人のもの 남의 물건 | 触る 만지다

理解できない 이해가 안 돼

말 그대로 '이해가 된다'는 理解できる, '이해가 되지 않는다'는 理解できない입니다. 理解しやすい^{이해하기 쉽다}, 理解しにくい^{이해하기 어렵다}도 함께 외워두세요!

A 女のバッグをもってやる男は理解できない。
여자 핸드백을 들어주는 남자는 이해가 안 돼.

B そう？ そうは思わないけど・・・。
그래? 나는 그렇게는 생각 안 하는데……

●●● バッグ 가방 | 持つ 들다 | やる 주다 | 思う 생각하다

□ ウェブ 웹

□ 登録サイト 등록사이트

□ 画像 이미지

□ ブログ 블로그

□ 辞書 사전

□ 地図 지도

□ 商品 상품

□ トピックス 토픽

□ 経済 경제

□ エンタメ 엔터테인먼트

□ スポーツ 스포츠

□ 天気 날씨

□ メール 메일

□ 情報 정보

□ 最新ニュース 최신 뉴스

□ サービス 서비스

□ ヘルプ 헬프

□ ショッピング 쇼핑

□ オークション 옥션

□ 旅行 여행

□ テレビ 텔레비전

□ 路線 노선

□ グルメ 식도락

□ 出会い 만남

□ 掲示板 게시판

본문에 나왔던 다음 단어의 발음을 써보세요.

1 동영상 動画 　(　　　　)　　5 초대 招待 　(　　　　)

2 경험 経験 　(　　　　)　　6 등록 登録 　(　　　　)

3 속도 速度 　(　　　　)　　7 기사 記事 　(　　　　)

4 검색 検索 　(　　　　)

일본 상식 퀴즈

빈칸에 적당한 일본어를 넣어보세요.

1 인터넷의 발달과 더불어 __________를 즐기는 사람들이 많이 늘어난 것 같아요. 일본에서도 우리나라의 '다나와'나 '에누리' 같은 가격비교사이트인 価額.com가격.com 등을 통해 가격을 꼼꼼히 비교한 후 쇼핑을 즐기는 사람들이 많다고 합니다.

2 일본 최대의 인맥기반 커뮤니티인 믹시(mixi)에는 다녀간 방문자의 __________가 남아요. 놀러 가서 발도장 꾹 찍고 온 흔적이 남는다는 건데 이것 때문에 믹시가 인기가 있다고 하네요.

3 뭔가 궁금한 게 생겼을 때에는 인터넷에 물어보면 간단! 일본사람들은 주로 포털사이트로 야후재팬을 많이 이용하니까 야후재팬의 __________에 궁금한 것을 많이 물어본답니다.

정답 1 どうが 2 けいけん 3 そくと 4 けんさく 5 しょうたい 6 とうろく 7 きじ

정답 1 インターネットショッピング 인터넷쇼핑 2 足跡 아시아토(발자취) 3 知恵袋 지혜 주머니

Unit 22

일본 전통으로 사랑받는 게이샤와 마이코

몇 년 전에 할리우드에서는 중국의 국민 女優여배우 장쯔이가 일본 게이샤를 소재로 한 영화 '게이샤의 추억'을 찍었지요. 가난 때문에 팔려온 소녀가 사랑하는 사람에게 다가가고자 춤, 악기, 화법 등 다방면에 걸친 혹독한 교육을 받아 결국엔 최고의 게이샤가 된다는 이야기인데 당시 중국에서는 상영금지까지 되면서 화제가 되기도 했었어요.

흔히 芸者게이샤 하면 고급 매춘부 정도로 인식하고 계신 분들이 많은데 게이샤와 売春婦매춘부는 엄연히 다르답니다. 게이샤는 料亭요정이나 宴会연회에서 술을 따르고 전통적인 노래와 춤으로 여흥을 돋우는 전문 예능인이에요. 혹시 보셨을지 모르겠지만 일본 영화 さくらん사쿠란에 나오는 여성들이 바로 유곽에 있는 여자들이에요. 복장도 한눈에 차이가 나는데요. 女郎창부는 게이샤보다 기모노도 훨씬 화려하고 허리띠인 오비를 손님이 풀기 쉽게 앞으로 매고 다니는 것이 특징이에요.

게이샤는 예술(芸)을 파는 전통예술인으로, 되고 싶다고 누구나 될 수 있는 직업이 아니에요. 철저한 訓練훈련과 敎育교육에 의해 재능을 인정받은 소수만이 진정한 게이샤가 될 수 있지요.

보통 게이샤들은 고급 연회를 주관하기 때문에 춤과 노래, 연주뿐만 아니라 화술도 뛰어나야 하고, 정치, 경제, 문화 모든 면에서 박식해야 한다고 합니다. 게이샤를 불러 연회를 베풀려면 돈이 많이 드는데요, 보통 게이샤 한 명을 부르는데 2시간이 기본이고 花代화대는 약 2만 엔 정도라고 해요. 어디까지나 이건 대략적인 가격이고 게이샤의 등급에 따라 가격은 차이가 난다고 해요. 아무튼 서너 명씩 불러 몇 시간씩 술자리를 가지자면 돈이 엄청 들겠는데요! 그래서 보통 상류층이라

女優 죠유 여배우 女郎 죠로 창부
売春婦 바이슌후 매춘부 訓練 쿤렌 훈련
料亭 료-테 요정 敎育 쿄이크 교육
宴会 엔카이 연회 花代 하나다이 화대

듣가 중요한 손님의 接待^{せったい}접대가 아니면 게이샤와 술자리를 갖는 것이 그리 쉬운 일은 아니라고 합니다. 그리고 소문에 의하면 게이샤들은 기모노도 비싸고 あれこれ이래저래 품위유지비가 많이 들기 때문에 旦那^{だんな}단나라고 불리는 막강한 경제력을 가진 スポンサー스폰을 두고 있다는 이야기도 있어요. ^^;

게이샤가 되려면 몇 년간 수습과정을 거쳐야 하는데요, 이런 수습과정에 있는 예비 게이샤를 舞妓^{まいこ}마이코라고 부릅니다. 나이는 20살 미만으로 보통 15살에서 18살의 앳된 소녀들로 이루어져 있어요. 마이코가 되고자 하는 여학생들은 중학교를 졸업하고 나서 마이코를 양성하는 학교에서 전문적인 교육을 받는다고 합니다. 마이코가 되려고 지방에서 わざわざ일부러 교토까지 오는 여학생들도 꽤 있다고 하네요. 아침 5시에 일어나 청소하고 식사준비하고 게이샤들 시중들고 게이샤가 되기 위한 여러 가지 기예를 배우고……. 중학교를 졸업한 소녀들이 하기에는 벅차고 힘든 일이라 그런지 보통 열에 아홉은 혹독한 훈련을 견디지 못하고 포기한다고 해요.

게이샤와 마이코는 衣裝^{いしょう}의상도 많은 차이가 있는데 가장 쉽게 구분할 수 있는 것이 허리띠인 오비를 매는 방식이라고 할 수 있어요. 게이샤와는 달리 마이코는 오비를 절반정도 길게 늘어뜨리게 맵니다. 소매도 마이코는 소매가 긴 振袖^{ふりそで}후리소데이고 게이샤는 소매가 짧은 留袖^{とめそで}토메소데입니다. 마이코의 의상이 전반적으로 화려하다면 게이샤의 기모노에는 기품 있는 고상함이 배어 있답니다.

接待^{せったい} 셋타이 접대
あれこれ 아레코레 이래저래
わざわざ 와자와자 일부러
衣裝^{いしょう} 이쇼 의상

그리고 게이샤나 마이코 하면 독특한 화장법을 이야기하지 않을 수 없지요. 핏기 없이 하얗게 분칠한 얼굴. 얼굴뿐만이 아니라 기모노를 입었을 때 가장 섹시한 부분이 뒷목선이므로 목까지 하얗게 화장을 해야 한다고 하는군요. 그리고 눈 밑과 입술을 빨갛게 메이크업하는 것이 포인트! 저는 일본사람이 아니라 그런지 아니면 남자가 아니라서 그런지 그것도 아니면 심미안이 없어서인지는 모르겠지만, 게이샤나 마이코의 인형 같은 화장에서 아름답다거나 매혹적이라는 느낌은 별로 받지 못했어요. 그냥 일본 공포영화에 나오는 주인공 같다는 느낌만 드는데 여러분은 어떠신지요?

교토의 게이샤의 거리라고 불리는 祇園기온에 가면 예쁜 기모노에 통굽나막신을 신고 아장아장 걸어 다니는 마이코들을 만날 수 있는데요. 실제 마이코일 수도 있지만 대부분 偽物가짜 마이코일 가능성이 커요. 어쩌면 한국 사람일 수도 있고요. 그게 무슨 소리냐고요? 요즘은 舞妓変身プラン마이코 변신 플랜 같이 마이코를 体験체험할 수 있는 관광상품이 교토의 명물이 되어 있거든요. 마이코화장에 기모노를 입고 기념사진 촬영을 하는 상품인데, 외국인들뿐만 아니라 일본사람들에게도 아주 인기가 많답니다. 벚꽃이 흐드러지게 핀 4월의 봄날, 하루쯤은 마이코가 되어 교토의 옛 거리를 산책해보는 것도 색다른 경험이 될 것 같아요.

偽物 니세모노 가짜
体験 타이켄 체험

あれこれ 이래저래, 이것저것

우리나라 말은 '이것저것'이지만 일본어로는 '저것이것' 즉 あれこれ입니다. '여기저기'
도 일본어로는 あちこち 저기여기로 우리나라 말과 순서가 반대예요.

A ね、あれこれ詮索するの、やめてくれない？
저기, 이것저것 캐묻는 거 그만해 줄래?

B いつも怪しいのが悪いんだろ！
늘 수상하게 구는 쪽이 나쁜 거 아냐!

●●● 詮索 세세한 것까지 파고듦 ｜ やめる 그만두다 ｜ くれる 주다 ｜ いつも 언제나 ｜
怪しい 이상하다

わざわざ 일부러

わざわざ와 わざと는 둘 다 '일부러'라는 뜻이지만 쓰임이 달라요. わざわざ는 '특별
히 일부러'라는 뜻이고, わざと는 '고의로, 일부러'라는 뜻이에요.

A これ、お土産。彼女にもあげて！
자, 기념선물. 여자 친구한테도 줘.

B わざわざありがとう。でも昨日別れたよ。
일부러 고맙다. 그런데 어제 헤어졌어.

●●● お土産 선물 ｜ あげる 주다 ｜ 昨日 어제 ｜ 別れる 헤어지다

偽物 가짜

진품은 本物, 짝퉁 즉 가짜나 모조품은 偽物라고 합니다. 물건뿐만 아니라 偽学者 가짜
학자, 偽刑事 가짜 형사처럼 사람에게 붙여 쓰기도 해요.

A これロレックス？すごいじゃん、いくらしたの？
이거 로렉스? 대단한데, 얼마 줬니?

B 偽物だよ。本物みたいでしょ？
짝퉁이야. 진짜 같지?

●●● すごい 대단하다 ｜ いくら 얼마

교토 (京都): 금박을 붙인 아름다운 절인 金閣寺금각사, '성스러운 물'로 유명한 清水寺청수사, 일본 전통적인 모습이 남아있는 운치 있는 옛거리 祇園기온 등이 유명해요.

하코다테 (函館): 세계 3대 야경이라고 불리는 하코다테의 야경. 로프웨이(케이블카)를 타고 내려다보는 야경이 무척 아름다워요.

삿포로 (札幌): 삿포로 라멘과 싱싱한 해산물요리를 마음껏 맛볼 수 있는 곳. 삿포로 맥주박물관도 유명해요.

후라노 (富良野): 끝없이 펼쳐진 라벤더 꽃밭.

시레토코 (知床): 자연경관이 아름답고 생태보존이 잘 이루어져 유네스코 세계자연유산으로 지정되어 있어요.

오키나와 (沖縄): 1년 내내 따뜻한 기후와 바다가 무척 아름다움. 스킨스쿠버다이빙 추천.

다카야마 (高山): 에도시대의 옛 정취를 간직한 전통양식의 거리와 건물. 新穂高신호다카 로프웨이를 타고 일본 북알프스의 절경을 즐길 수 있어요.

요코하마 (横浜): 도쿄에서 30분 거리. 요코하마 라멘박물관에서 다양한 일본라멘을 맛볼 수 있어요. 일본 최대의 차이나타운과 아름다운 야경도 볼거리.

가마쿠라 (鎌倉): 역사 유적을 가진 도시. 일본 3대 대불인 가마쿠라 대불(큰 부처상)이 유명해요.

하코네 (箱根): 활화산 온천지대. 가파른 산등성이를 앞뒤로 세 번 선로를 바꿔가며 운행하는 스위치백 방식의 하코네 등산열차를 타고 자연경관을 만끽해봐요. 특히 6월 말부터 7월 중순까지 あじさい수국으로 뒤덮인 경관이 아름다워요.

본문에 나왔던 다음 단어의 발음을 써보세요.

1 어배우 女優　　　（　　　　　　）　　5 의상 衣装　　　（　　　　　　）

2 연회 宴会　　　（　　　　　　）　　6 변신 変身　　　（　　　　　　）

3 훈련 訓練　　　（　　　　　　）　　7 체험 体験　　　（　　　　　　）

4 교육 教育　　　（　　　　　　）

빈칸에 적당한 일본어를 넣어보세요.

1 사미센(전통악기)과 전통춤을 배우며 게이샤가 되려고 훈련 중인 소녀들을 _________라고 합니다. 교토에 가면 _________로 완벽하게 변신시켜주는 체험상품이 인기가 있어요.

2 게이샤를 연회에 부르려면 비용이 많이 든답니다. 그래서 중요한 손님의 _________가 아니면 일반인들이 게이샤와 술을 마실 기회는 그리 많지 않다고 해요.

3 게이샤는 흔히 몸과 웃음을 파는 _________와 비슷하다고 생각하는 사람들이 많지만 그렇지 않습니다. 게이샤는 예(芸)를 팔고 몸(体)을 팔지 않는 전통예술을 업으로 삼는 어엿한 직업인이에요.

정답 1 じょゆう 2 えんかい 3 くんれん 4 きょういく 5 いしょう 6 へんしん 7 たいけん
정답 1 舞妓 마이코 2 接待 접대 3 売春婦 매춘부

러브호텔에서 전통여관까지

　미국의 유명한 갤러리에서 일본의 러브호텔을 찍은 '러브호텔즈'라는 사진전이 열려 화제라는 기사를 본 적이 있어요. 방안에 회전목마를 만들어 놓은 사랑스러운 방도 있었고요. 거대한 새장같이 방을 꾸며 몽환적인 분위기를 이끌어낸 방도 있었어요. SM포르노 영화에나 나올 법한 무시무시한 족쇄에 쇠창살, 변태업소인 이메크라(이미지클럽)의 단골 컨셉인 地下鉄지하철 안이나 教室교실, 病院병원 같이 꾸며놓은 방들도 있었답니다. 끼야~ 역시 일본스러움에 박수. 짝짝짝!

　세계 경제 불황으로 경기가 꽁꽁 얼어붙은 일본이지만 ラブホテル러브호텔만은 후끈 달아올라 매년 최고의 매출액을 갱신하고 있다고 해요. 일본의 러브호텔이 이렇게 인기가 많은 것은 아마 다양한 컨셉을 개발한 おかげ덕분인 것 같아요.

地下鉄 치카테츠 지하철
教室 쿄시츠 교실
病院 보잉 병원
おかげ 오카게 덕분

　예전엔 단순히 H만 할 수 있는 공간이었지만 지금은 다양한 놀거리를 제공해 신나는 레저복합공간으로 변신한 곳이 많아요. 그런데 H가 뭐냐고요? 일본사람들은 SEX를 H(エッチ)라고 해요. 일본어 変態변태의 머리글자 알파벳이지요. 운동장처럼 넓어서 뛰어다니며 놀 수도 있을 것 같은 킹사이즈의 침대에다 빙글빙글 돌아가는 침대에 러브체어까지 H를 위한 완벽한 시설은 기본이고, 가라오케며 게임기를 설치해 온종일 방안에서만 놀아도 지루하지 않게 만들어 놓았어요. 뽀글뽀글 기포방울이 온몸의 피로를 한 방에 날려주는 자쿠지가 있는 욕실이나 영화에서만 보던 풀장이 딸린 호화스러운 욕실도 있다고 하네요. 뭐 여기까진 우리나라의 인기 있는 모텔에도 있는 것들이라 뭐 별로 새삼스럽지 않은데 뭘! 그럼 이건 어때요? 일본의 ラブホ러브호텔에서는 방안에서 다양한 エッチ用品H용품을 살 수 있어요. 콘돔 같은 것 말고요, 조금 더 센 것! ㅋㅋ 바로 コスプレ코스프레 복장! 看護婦간호사, セーラー服세라복, 婦人警官여자경찰관, レースクィーン레이스퀸 같은 복장을 빌려준답니다. 대체로 2,000엔 정도면 다양한 캐릭터로 변신해 성적판타지를 충족시킬 수가 있다고 하네요. 므흣 ^^;

変態 헨타이 변태
エッチ用品 엣치 요힌 섹스 용품
看護婦 칸고후 간호사
セーラー服 세라후크 세라복
婦人警官 후징 게칸 여자경찰관

이제 そろそろ [슬슬] 숙박비용이 궁금하시다고요? 보통 우리나라 대실과 같은 개념인 休憩 [휴게]의 경우 3시간에 4,000엔에서 5,000엔 정도고요, 宿泊 [숙박]은 만 엔 전후에요. 平日 [평일]과 일요일은 서비스요금을 적용해 조금 割引き [할인]해 주는 곳도 많아요. 체크아웃은 보통 10시인데 방안에 정산기가 있어서 계산을 해야지만 방문이 열리는 특이한 시스템이에요. 조금 더 구체적으로 알고 싶다고요? 일본의 러브호텔에 들어가고 싶으면 とりま [일단] 건물 밖이나 주차장입구에 満室 [만실], 空室 [공실]간판에 불이 켜져 있는지 확인합시다! 그런 다음 빈방이 있으면 안으로 들어가면 돼요. 로비엔 카운터에 직원이 있는 게 아니라 여러 가지 컨셉의 방사진이 걸려 있고 원하는 방의 버튼을 누르면 유도사인이 들어오니까 그걸 따라 방까지 가면 됩니다. 호텔직원이나 다른 숙박객을 만나는 일이 거의 없으니까 확실히 덜 민망할 것 같

そろそろ 소로소로 슬슬　　割引き 와리비키 할인

休憩 큐케 휴게　　とりま 토리마 일단

宿泊 슈크하크 숙박　　満室 만시츠 만실

平日 헤지츠 평일　　空室 크시츠 공실

아요! 우리나라처럼 모텔 카운터에 남자가 계산하고 여자는 몇 걸음 뒤에서 죄인처럼 고개 숙이고 있는 장면은 일본에서는 보기 어렵다는 말씀! マンネリ^{권태기}가 살짝 찾아오려고 하는 커플이라면 일본으로 자유여행을 가서 꼭 한번 러브호텔에 묵어보세요. 조금은 색다른 체험이 두 사람의 사랑을 다시 불타오르게 할 수도 있으니까요. ⌣⌣

　제가 러브호텔 이야기하느라 너무 흥분해 시간가는 줄 몰랐네요. 일본에는 그 밖에도 다양한 숙박시설이 있어요. 1인당 2만 엔 정도의 숙박료를 지급해야 하는 고급 호텔들도 있고, 우리나라에서 패키지여행상품으로 갈 때 주로 묵게 되는 ビジネスホテル^{비즈니스호텔}도 있어요. 일본 출장이나 여행에서 가장 많이 우리의 잠자리를 책임지는 비즈니스호텔의 경우 싼 곳은 5,000엔, 보통은 6,000엔에서 8,000엔 정도 해요. 좋게 말하면 앙증맞은 사이즈에 깔끔한 인테리어고, 나쁘게 말하며 잠만 잘 수 있게 만든 좁은 방이 특징이라면 특징이지요. 더 싼 곳을 원하신다면 가정집을 개조해 만든 한인민박이나 유스호스텔의 공동 침실(dormitory)을 이용하시면 됩니다. 공동으로 욕실이나 화장실을 사용하기 때문에 규칙이 까다롭고 忘れ物^{분실물}을 조심해야 하지만 3,000엔 정도면 하룻밤을 묵어갈 수 있으니 그 정도의 수고는 감수해야겠지요. カプセルホテル^{캡슐호텔}도 가격은 비슷한데요, 취침과 TV 시청 정도만 할 수 있게 만든 캡슐같이 생긴 초미니호텔이에요. 외로움에 옆구리가 시려 잠 못 드는 남성분들을 위해 AV채널도 제공한다고 하는군요. 풋하하! 쉽게 생각하면 사우나에 딸린 수면실 같은 건데 조금 고급스러운 수면실이라고 생각하시면 될 것 같아요.

■
マンネリ 만네리 권태기
忘れ物 와스레모노 분실물

　마지막으로 일본 숙박시설의 최고봉은 역시 旅館전통여관! 주로 温泉온천 지역에
많이 있는데요, 아름다운 일본식 정원이 딸린 다다미방에 유카타를 입고 온천을
즐기며 휴양할 수 있는 전통적인 숙박시설이에요. 보통 夕食저녁식사와 朝食아침식사가
포함되어 있고 최저 1인당 2만 엔은 줘야 묵을 수 있어요. 하지만 절대 숙박비가
아깝지 않답니다. 먼저 온천의 경우 공동온천도 있지만 가족이나 지인들끼리만 즐
길 수 있는 貸し切り温泉렌탈온천을 이용할 수도 있고 식사 또한 제철에 나는 신선
한 재료를 이용한 일본 전통 정식요리인 会席料理가이세키 요리를 맛볼 수 있거든요.
보통 전통여관에는 방 하나에 仲居나카이라고 부르는 시중드는 여성들이 있는데, 상
다리 부러지게 차린 고급 요리들을 방안까지 날라다 주고 식사가 끝나면 잠자리
이불까지 깔아주는 등 극진한 대접을 한답니다. 아참, 이곳에서는 반드시 지켜야
할 규칙이 있어요. 실내에서는 신발을 벗고 슬리퍼로 다녀야 하고 다다미방 안에
서는 반드시 양말이나 맨발로 다녀야 합니다. 옷은 주로 유카타를 입는데 양말을
신는 것은 정말 패션센스가 꽝이라고 생각해요. 그러니 여러분은 꼭 素足맨발로 다
다미의 기분 좋은 감촉을 즐겨보시길 바랄게요!

旅館 료칸 전통여관
温泉 온센 온천
夕食 유쇼크 저녁식사
朝食 쵸쇼크 아침식사
貸し切り温泉 카시키리 온센 렌탈온천
素足 스아시 맨발

おかげ 덕분

보통 お元気ですか^{잘 지내시지요}?라고 인사하면 おかげさまで^{덕분에}라고 대답하는 경우가 많지요. 이런 인사표현뿐 아니라 ~のおかげです^{~덕분입니다}와 같은 형태로도 많이 씁니다.

A お前のおかげで人生が変わったよ。
네 덕분에 인생이 바뀌었어.

B いや、わたしもあなたのおかげで人生が変わったよ。
아냐, 나도 네 덕분에 인생이 변했어.

●●● お前 너 | 人生 인생 | 変わる 변하다

とりま 일단 뭐…

とりま는 젊은 층에서 쓰는 속어로 とりあえず、まぁ~^{일단 뭐}~라는 뜻이에요. 어린 애들이 웹상에서 많이 쓰는 말이라 어른들과 이야기할 때는 사용하지 마세요.

A とりま、食堂でも行ってメシでもくわない？
일단 식당에 가서 밥이라도 안 먹을래?

B 腹も減ったし、行くか？
배도 고프고, 갈까?

●●● 食堂 식당 | 飯 밥 | 食う 먹다 | 腹が減る 배가 고프다

マンネリ 권태기(매너리즘)

マンネリ는 원래 반복된 일을 오래 하다 보면 생기는 매너리즘이라는 뜻이지만 연인들 사이에는 倦怠期^{권태기}라는 의미로도 쓰여요.

A 最近、彼とマンネリ状態。
최근 남자친구랑 권태기야.

B じゃ、こんなパンティ買ってみたら？ 燃えるよ〜。
그럼, 이런 팬티 사봐? 불타오를지도!

●●● 最近 최근 | 状態 상태 | パンティ 팬티 | 燃える 불타다

□ 予約 예약

□ 受け付け 접수

□ エアコン 에어컨

□ お湯 뜨거운 물

□ 鍵 열쇠

□ 貴重品 귀중품

□ 国際電話 국제전화

□ 内線電話 내선전화

□ マネージャー 매니저

□ ドアマン 도어맨

□ ベルボーイ 벨보이

□ 食堂 식당

□ シングルルーム 싱글룸

□ スイートルーム 스위트룸

□ ダブルルーム 더블룸

□ ツインルーム 트윈룸

□ ロビー 로비

□ 非常口 비상구

□ フロント 프런트

□ モーニングコール 모닝콜

□ ルームサービス 룸서비스

□ サービス料 서비스요금

□ クリーニングサービス 세탁서비스

□ 税金, タックス 세금, tax

본문에 나왔던 다음 단어의 발음을 써보세요.

1 지하철 地下鉄　　　（　　　　　）　　5 숙박 宿泊　　　（　　　　　）

2 변태 変態　　　（　　　　　）　　6 저녁식사 夕食　　　（　　　　　）

3 간호사 看護婦　　　（　　　　　）　　7 맨발 素足　　　（　　　　　）

4 평일 平日　　　（　　　　　）

일본 상식 퀴즈

빈칸에 적당한 일본어를 넣어보세요.

1 일본의 러브호텔 방안에는 음식 자판기도 있고, 성인용품 자판기도 있고, 2,000
  엔 정도면 간호사 유니폼이나 교복 같은 ________ 복장을 빌릴 수도 있답니다.

2 료칸에 가면 맛볼 수 있는 ________ 요리는 에도시대부터 연회에 이용되던
  고급 요리에요. 결혼식이나 공식 연회 또는 손님을 접대할 때 주로 애용하지요.

3 온천에 가면 대온천장같이 모두 함께 이용하는 온천도 있지만 가족이나 친구,
  커플끼리만 이용할 수 있는 ________도 있어요.

정답 1 ちかてつ 2 へんたい 3 かんごふ 4 へいじつ 5 しゅくはく 6 ゆうしょく 7 すあし

정답 1 コスプレ 코스프레 2 会席(かいせき) 가이세키 3 貸し切り温泉(かしきりおんせん) 렌탈온천

온천 파라다이스 일본

고추장과 김치! 海外旅行^{해외여행}을 갈 때도 늘 애지중지 챙기는 필수아이템. 우리나라 사람들에게 김치와 고추장이 없어서는 안 될 소중한 존재라면 일본 사람들에게는 温泉^{온천}이 바로 그러한 존재라고 감히 말할 수 있어요. 일본사람들은 온천을 정말 사랑해요. 온천을 사랑한다기보다는 목욕하는 것을 즐기는 문화라고 할 수 있지요. 섬나라라서 그런지 덥고 습해서 몸이 끈끈하니까 목욕을 자주 하는 것 같기도 하고, 지형적으로 온천이 많아 목욕문화가 발달한 것 같기도 해요.

일본에도 공중목욕탕이 있는데요, 銭湯^{센토}라고 부릅니다. 저도 몇 번 가봤는데 그냥 우리나라의 동네 목욕탕과 별반 変わらない^{차이는 없는} 것 같아요. 대도시에는 한류열풍 이후 한국식 때밀이나 찜질방 같은 한국식 사우나시설을 갖춰놓은 곳도 많다고 하네요. 垢擦り^{때밀이} 하니까 생각나는데 일본사람들은 때 안 미는 것 아시죠? 아니 전 세계에서 우리나라만 때를 미는 것 같기도 하고. 아무튼 일본인 친구가 한국에 놀러 와서는 꼭 한번 때밀이를 온몸으로 경험해보고 싶다고 하는 거예요. 그래서 명동에 있는 사우나에 데려다 줬답니다. 끝나고 나서 자기 몸에서 지우개가루 같은 시커먼 때가 뚝뚝 떨어져 많이 창피했다고 그러더군요! ㅋㅋ 우리나라에는 때밀이라는 독특한 목욕문화가 있다면 일본에는 목욕물을 온 가족이 함께 쓰는 살짝 지저분한(?) 목욕문화가 있어요. 진짜 가족들이 목욕물을 받아 함께 쓰냐고요? 자신 있게 네! 언젠가 일본 친구네에 招待^{초대}받아 하룻밤 자고 온 날이 있었거든요. 맛나게 저녁을 먹고 다 함께 TV를 보고 있는데 아버지가 "목욕하고 올게!"라며 자리를 뜨시는 거예요. 일본의 독특한 목욕문화에 대해선 예비지식이 있었지만 실제로 이런 시련이 나한테 닥치리라고는…… 夢にも思わなかった^{꿈에도 생각 못}

海外旅行 카이가이 료코 해외여행
温泉 온센 온천
変わらない 카와라나이 차이가 없다
垢擦り 아카스리 때밀이
招待 쇼타이 초대

하고 있었는데. 아버지가 돌아오자마자 친구 엄마가 제게 "지나짱이 손님이니까 먼저 목욕하고 오너라."이러는 거예요. 뜨악~~ 드디어 올 게 온 것이죠. 목욕을 안 하고 싶었지만 汚い지저분한 한국인으로 오인 받으면 안 되므로 ^^; 涙を呑んで눈물을 머금고 친구 아빠가 몸을 담근 목욕물에 풍덩 몸을 담갔어요. 하하하! 어땠느냐고요? 먼저 욕조 밖에서 머리 감고 몸도 비누칠 해서 구석구석 깨끗이 씻습니다. 그런 다음 욕조는 온천처럼 몸만 담갔다가 나오는 거라서 생각보다는 괜찮았어요. 그러니 여러분이 상상하시는 것만큼 그렇게 지저분하거나 그렇지는 않아요.

집에서 목욕을 아무리 자주 해도 온몸의 피로가 풀리지 않을 때 우리도 온천으로 떠나고 싶다는 강렬한 욕망에 사로잡히잖아요. 그러니 물 좋은 온천이 많은 일본 사람들은 두말할 필요가 없겠지요. 腰허리, 肩凝り어깨 결림, リュ―マチ류마티스에 좋은 온천이 있는가 하면 한 번 들어가기만 해도 肌피부가 매끈매끈해지는 온천수도 있어요. 특이한 온천으로는 애완동물 온천도 있고, 원숭이 전용 온천도 있어요. 그리고 가격이 대박 싼 100엔짜리 온천도 있어요. 入場料입장료가 100엔이니 시설은 최고급이 아닐지 몰라도 온천의 생명은 수질이니까 물만 좋으면 100엔 온천도 괜찮을 것 같아요. 그리고 온천수를 맞춤 배달해주는 택배회사까지 있다고 하니 일본사람들의 온천사랑이 얼마나 지극한지 아시겠지요?

온천 하면 아무래도 露天風呂노천온천이 최고지요. 바닷가에 있는 노천온천에서 끝없이 펼쳐진 푸른 海바다를 바라보며 즐기는 온천은 꼭 한번 경험해보시라고 추천해드리고 싶어요. 그리고 제가 정말 해보고 싶은 것은 雪눈이 펄펄 내리는 날에 노천온천에 몸을 담그고 니혼슈 한잔을 캬아~ 들이키는 것인데요, 어때요? 너무

汚い 키타나이 더럽다
腰 코시 허리
肩凝り 카타코리 어깨 결림
リュ―マチ 류-마치 류마티스
肌 하다 피부

入場料 뉴죠료 입장료
露天風呂 로텐부로 노천온천
海 우미 바다
雪 유끼 눈

운치 있고 로맨틱하지 않나요? 우리나라의 온천에도 무슨탕 무슨탕 하며 온천수에 몸에 좋은 무엇인가를 넣은 탕들이 많은데요, 일본도 마찬가지랍니다. 季節^{계절}에 따라 온천수에 ワイン^{와인}이나 牛乳^{우유}를 넣기도 하고 バラ^{장미꽃}이나 柚子^{유자}를 넣어 향기로운 향을 즐기기도 해요. 그리고 우리가 찜질방에 가서 식혜랑 찜질방 계란을 안 먹고 나오면 섭섭한 것처럼 일본 온천에 가서는 温泉卵^{온천 계란}를 꼭 드시고 오세요. 펄펄 끓는 온천수에 즉석에서 삶아 파는 반숙 달걀인데요, 맛은 뭐 삶은 달걀이 다 거기서 거기겠지만 한 개를 먹으면 7년씩 젊어진다는 속설이 있으니 꼭 드시고 회춘하세요!

季節 키세츠 계절

牛乳 규뉴 우유

バラ 바라 장미꽃

柚子 유즈 유자

温泉卵 온센 타마고 온천 계란

그리고 일본의 온천 하면 混浴혼욕이 가능한지 진짜 裸알몸으로 들어가는지 지대한 관심을 둔 분들도 계실 텐데요, 혼욕온천 당연히 있지요. 우리나라의 스파도 엄밀히 말하면 다 혼욕 아닙니까? 뭘 새삼스럽게. ^^ 보통 水着수영복을 입거나 온천에서 제공하는 옷이 있어서 그걸 입고 들어가면 돼요. 궁금한 건 그게 아니라고요! 흔히 유럽의 누드비치에 므훗한 상상을 하고 갔는데 결국 할머니 할아버지밖에 없어서 크게 실망했다는 이야기를 많이 들으셨을 텐데요, 일본도 사정은 비슷한 것 같아요. 수영복 입고 들어가는 혼욕 말고 진짜 올 누드로 들어가는 혼욕온천은 대부분 어르신네만 있을 가능성이 커요. 앗! 혹시 늑대님들 실망하셨나요? 그렇다고 여기서 포기하면 안 되지요. 젊은 남녀가 함께 들어가는 혼욕온천도 인터넷을 이 잡듯 찾아보시면 나올 겁니다. 하하하! 보통 남자는 일반 수건으로 거시기만을 아찔하게 가리고 여자들은 바스타올을 몸에 감고 함께 온천을 즐기는 곳이 분명히 있어요. 아주 드문 경우이긴 하지만 노출을 즐기는 여성이 全裸전라로 짜잔~ 하고 온천에 들어와 오히려 남자들을 바짝 긴장시키는 일도 있다고 해요. 풋하하!

混浴 콘요크 혼욕
裸 하다카 알몸
水着 미즈기 수영복
全裸 젠라 전라

変わらない 별 차이 없다, 비슷하다

일본어로 똑같다고 할 때는 同じだ, 一緒だ를 많이 씁니다. 그리고 별반 차이가 없거나 엇비슷할 때는 変わらない 라고 하지요. 예를 들면 値段が変わらない 가격이 차이가 없다, サイズが変わらない 사이즈가 비슷하다 처럼 사용하면 돼요.

A 化粧してもあまり変わらないね。
화장해도 비슷하네.

B え、それって誉め言葉？
뭐야, 그거 칭찬이야?

●●● 化粧 화장 ┃ 誉め言葉 칭찬

夢にも思わなかった 꿈에도 생각 못했다

꿈을 꾼다고 할 때 일본어에서는 夢を見る 꿈을 본다 라고 표현해요. 그러니까 '좋은 꿈 꿔!' 라고 말하고 싶으면 いい夢みてね！라고 말하세요. 이렇게 한국어랑 다른 표현도 있지만 완전히 똑같은 표현들도 있어요. 夢にも思わなかった 처럼요.

A ビョン様に会えるなんて夢にも思わなかった！
본사마(이병헌)을 만날 수 있다니 꿈에도 생각 못했어!

B いいな。4大韓流スターに会ってきたんだね！
좋겠다. 4대 한류스타를 만나고 왔구나!

●●● 会う 만나다 ┃ 夢 꿈 ┃ 思う 생각하다

涙を呑む 눈물을 머금다

분하거나 억울하거나 그립거나 애절할 때 涙を呑んで 눈물을 머금고…… ㅠㅠ

A かばん買った？
가방 샀어?

B 高すぎて、涙を呑んで買わずに帰った。
너무 비싸서 눈물을 머금고 안 사고 왔어.

●●● かばん 가방 ┃ 買う 사다 ┃ 高すぎる 너무 비싸다 ┃ 帰る 돌아오다

일본에서 가장 인기 있는 온천지

가나가와현 하코네 온천 (神奈川県 箱根温泉)

이용인원수, 숙박시설수 면에서 일본 제일의 온천. 약 20종류의 수질을 가진 온천.

인기숙소 센코쿠하라온천 리조트호텔 리카브하코네 (온천지 랭킹 7회 연속 1위, 일식/양식/중식 뷔페가 아주 유명한 리조트 호텔)

에히메현 도고 온천 (愛媛県 道後温泉)

도고 온천의 심볼 '도고 온천 본관'은 나라의 중요 문화재로 지정되어 있으며, 미야자키 하야오 감독의 '센과 치히로의 행방불명'의 배경이 된 온천으로도 유명.

인기숙소 올드 잉글랜드 도고 야마노테 호텔 (대온천장과 프랑스요리가 유명)

도치기현 키누가와 온천 (栃木県 鬼怒川温泉)

도쿄에서 1시간 30분이면 도착하는 키누가와 계곡에 위치한 온천. 사계절의 색다른 절경이 장관.

인기숙소 아사야호 (방에서 아로마를 즐길 수 있는 최고층의 디럭스 트윈과 전망을 한 눈에 내려다볼 수 있는 자쿠지가 딸린 최고층 디럭스 트윈 추천!)

시즈오카현 이토 온천 (静岡県 伊東温泉)

도쿄에서 약 1시간 거리에 위치. 원천(源泉)만 780여 곳이 있어 어디를 파나 온천이 나온다고 할 만큼 유량이 풍부한 온천. 물을 첨가하지 않은 원천수탕(욕조 등에 공급하는 탕수의 양을 컨트롤 하지 않고 원천으로부터 온천을 그대로 흘려보내는 형식)이 유명.

인기숙소 하토야 호텔 (70종류의 뷔페가 인기)

홋카이도 유노카와 온천 (北海道 湯の川温泉)

350여 년 역사를 지닌 홋카이도에서 가장 역사가 깊은 온천. 이곳의 온천수는 신경통과 류머티즘에 효과가 있어 인기가 높음.

인기숙소 라비스타 하코다테 베이 (최고층에 하코다테를 조망할 수 있는 대형 천연온천탕이 유명)

오이타현 벳푸 온천 (大分県 別府温泉)

우리나라 사람들에게 가장 유명한 온천. 2,800여 개의 원천수. 여러 온천을 돌아다니는 지옥순례가 유명.

인기숙소 벳푸 호텔 세이후 (옥상 노천온천에서 바다를 감상하며 온천을 만끽할 수 있는 것으로 유명)

오이타현 유후인 온천 (大分県 由布院)

일본 여성들이 가장 가고 싶어 하는 정갈하고 소박한 온천마을.

인기숙소 산소무라타 (유후인의 3대 고급 료칸으로 전 객실이 별채 스타일. 계절감을 살린 산골 마을의 창작요리가 일품)

본문에 나왔던 다음 단어의 발음을 써보세요.

1 해외여행 海外旅行 (　　　　　)　　　**5** 피부 肌 (　　　　　)

2 공중목욕탕 銭湯 (　　　　　)　　　**6** 계절 季節 (　　　　　)

3 초대 招待 (　　　　　)　　　**7** 우유 牛乳 (　　　　　)

4 입장료 入場料 (　　　　　)

빈칸에 적당한 일본어를 넣어보세요.

1 일본 여성 중에는 우리나라 여성들이 날씬한 것은 매운 김치를 먹기 때문이고 피부가 희고 고운 것은 목욕할 때 ＿＿＿＿＿를 하기 때문이라고 믿는 사람들도 있어요. 그런데 정말 그런 것일까요?

2 온천 하면 역시 자연풍광이 아름답고 탁 트인 야외에서 해방감을 느끼며 하는 ＿＿＿＿＿가 최고지요.

3 온천에 가면 온천수에 삶은 ＿＿＿＿＿를 꼭 드셔 보세요. 특히 하코네 같은 유황온천수에 삶은 달걀은 겉이 새까매서 黒卵^{くろたまご}검은 달걀이라고도 불러요. 한 개를 먹으면 7년씩 젊어진다는 이야기도 있어요. 믿거나 말거나~

일본 영화관은  너무 비싸

제가 태어나서 처음 본 일본영화는 '오겡키데스까'라는 대사로 너무나 유명한 '러브레터'였어요. 그 이후 조금씩 일본영화를 보긴 했지만 할리우드영화의 큰 스케일과 때리고 부수는 액션을 좋아하는 저에게 일본영화가 그다지 매력적으로 다가오지는 않았어요. 스산한 분위기의 일본식 공포영화를 제외하고는 한국에서 별로 흥행을 못하는 것을 보면 어쩌면 한국 정서와는 잘 맞지 않는 것 같기도 해요. 이상하게 드라마는 재밌는데 영화는 스토리가 잔잔하니 영화 보다가 늘 졸립고…… ^^;

일본에서 공부할 때 映画館영화관을 딱 한 번 가봤던 기억이 있어요. 왜 한 번밖에 안 가봤느냐고 물으신다면…… 첫째 일본영화는 전부 일본어로 하니까 못 알아

映画館 에가캉 영화관
むかつく 무카츠크 열받다
字幕 지마크 자막

들어 괜히 むかつく ^{화가 나기} 때문이고, 둘째는 할리우드영화는 일본어 字幕^{자막}이 있
어도 무용지물인데다 英語^{영어}는 더 못 알아들어 つらい ^{괴롭기} 때문이고, 셋째는 가
격이 비싸서 그 돈이면 맛난 것을 사먹고 말겠다는 굳은 신념이 있었기 때문이지요.
풋하하! 일본의 영화관은 정말 비싸요. 1,800엔 정도 하거든요. 우리나라에서는 친
구들 만나거나 데이트할 때 아님 ひまつぶし ^{시간 때우기}로 제일 만만한 것이 영화보
기인데요, 일본에서는 가격이 비싸다 보니 정말 보고 싶은 영화가 아니면 영화관
에 잘 가지 않는 것 같아요. 그래서 생겨난 것이 할인제도! 보통 매주 수요일은 レ
ディースディ ^{레이디스 데이} 라고 해서 레이디는 1,000엔으로 볼 수 있습니다. 그럼 맨
들은? 버럭!! 아…… 남자들은 1일 날 보시면 됩니다. 매달 1일도 '퍼스트데이'라
고 해서 1,000엔이거든요. 보통 학생들은 学生証^{학생증}을 보여주면 1,500엔으로 割
引き ^{할인}되고, 어린이나 노인 분들도 1,000엔으로 할인된 가격에 영화를 볼 수 있어
요. 그 밖에 영화관에 따라 일요일 최종회라든가 부부나 커플할인, 유학생 할인을
해주는 곳도 있어요.

英語 에-고 영어
つらい 쯔라이 괴롭다
ひまつぶし 히마쯔부시 시간 때우기
学生証 각세쇼 학생증
割引き 와리비키 할인

일본 영화관은 指定席^{지정석}도 있지만 自由席^{자유석}인 곳이 더 많아요. 혹시 여러분은 자유석을 아십니까? 아~ 그리워라 추억의 자유석! 아마 어린 학생들은 모를 테지만 제가 어렸을 때 멀티플렉스 같은 삐까번쩍한 영화관이 생기기 전에는 영화관들은 모두 자유석이었어요. 좋은 자리를 차지하려고 몇십 분씩 일찍 가서 줄서기를 하는 수고로움도 마냥 설레고 좋았던 시절이 있었답니다. 아무튼 일본영화관은 아직도 자유석이 많아 원하는 자리를 사수하려면 상영시간 한두 시간 전에 영화관에 들어가야 한다고 하니까 꼭 참고하세요. 그 밖에 우리나라와 다른 점은 予告編^{예고편}! 우리는 영화가 시작되기 전에 広告^{광고}와 예고편을 보여주고 지정된 영화시간에 맞춰 영화를 시작하잖아요. 일본영화는 지정된 영화시간이 되고 나서야 예고편이 10분이나 20분 이렇게 나가요. 그리고 우리나라에서는 성룡 영화의 재미있는 NG 장면을 보려고 엔딩크레딧에도 꼼짝없이 엉덩이를 붙이고 깔깔깔 웃어대는 경우를 제외하면 영화가 끝나자마자 주제가를 들으면서 영화관 밖으로 탈출을 시도하잖아요. 하지만 일본에서는 엔딩크레딧에 깨알 같은 스텝들의 이름이 다 지나가고 주제가가 끝난 후가 아니면 탈출은 무리! 아무도 안 나가니까 나만 혼자 나기도 무안할뿐더러 잘 나갈 수도 없어요. 왜냐면 불을 안 켜주니까. 우리나라처럼 영화 끝나자마자 빨랑빨랑 불도 켜주고 영화관 아르바이트생이 귀여운 손짓으로 出口^{출구}를 친절하게 알려주면 좋을 텐데 말이죠. ㅋㅋ 그래서 일본영화관 가서 영화 잘 보고 엔딩크레딧 때문에 울화통이 터졌다는 한국 사람들 많이 봤어요.

指定席 시테세키 지정석
自由席 지유세키 자유석
予告編 요코크헨 예고편
広告 코-코쿠 광고
出口 데구치 출구

그리고 일본 영화관은 洋画(요-가)외화의 경우 한국과 비슷하게 개봉하는 영화도 있지만 대부분 한두 달 정도 늦게 개봉하는 경우가 많아요. 이유는 확실히 모르겠지만 직배사와 관련이 있거나 수입 가격을 낮추기 위해서가 아닐까 싶어요. 안 그래도 영화비가 비싼 나라인데 모든 할리우드영화가 미국과 동시개봉이 되면 영화비가 더 비싸질 것 같다는 感じがする(칸)느낌이 드네요. 아닌가? ^^; 언젠가 세계 각국의 美女(비죠)미녀들이 잔뜩 나오는 모 TV프로그램에서 영화관에서 즐겨 먹는 음식이라는 주제로 토크를 하는 것을 본 적이 있어요. 중국에서는 찐 옥수수와 해바라기 씨를 먹고 콜롬비아에서는 극장 음식이 비싸서 집에서 삶은 감자나 계란을 가지고 오고, 일본에서는 술을 마셔도 된다는 이야기를 들었어요. 맥주를 좋아하는 나라라 역시 영화를 보면서도 한잔해주시는군요! ㅋㅋ 아무리 그래도 영화를 볼 때는 역시 ポップコーン팝콘에 コーラ콜라가 제격이지요.

洋画 요-가 외화
美女 비죠 미녀
ポップコーン 폿푸콘 팝콘
コーラ 코라 콜라

　　마지막으로 조금 특이한 영화관을 소개해드리자면 일본의 거리, 특히 신주쿠

이케부쿠로 駅^역 근처 골목을 어슬렁거리다 보면 시선을 확 끌어당기는 영화 포스

터를 볼 수 있을 거예요. 여기가 바로 핑크영화관입니다. ピンク映画^{핑크영화}란 흔

히 ロマンポルノ_{로망포르노}라고 불리는 일본에만 있는 독특한 영화장르인데요, 포르

노라기보다는 작품성이 있는 극장상영용 찐한 성인영화라고 보시면 돼요. 제작비

300만 엔, 러닝타임 60분, 법에서 허용하는 범위에서의 최고수위 베드신 등이 특징

인데요, 일본 거리엔 이런 핑크영화를 상영하는 성인전용극장이 버젓이 영업을 하

고 있답니다. 점점 폐관되는 곳이 늘어나 그 수가 전성기에 비해 많지는 않아도 분

명히 있긴 있어요. 그럼, 밤늦은 시간대에 케이블에서 해주는 '완전한 사육시리즈'

같은 영화를 말하는 건가요? 저도 영화관만 보고 안에 들어가 영화를 보지는 않아

서……. 식은땀 주르륵 ^^; 아무튼 비용은 일반 영화관이랑 비슷하다고 하니 일본

에서 색다른 이색체험을 원하신다면 이런 영화관을 방문해보는 것도……. 도대체

내가 지금 뭘 추천하는 건지! 오해는 마세요. 절대 입에 침이 마르게 おすすめ^{강추}

라고는 말씀 안 드렸어요. 하하하!

駅 에키 역

ピンク映画 핑크 에가 핑크영화

おすすめ 오스스메 추천

つらい 괴롭다

마음이 힘들고 괴로울 때 쓰는 표현입니다. 동사 ます형에 붙어서 '〜하기 거북하다, 〜하기 어렵다'라는 뜻으로도 써요. 노래를 너무 못 불러 聞きづらい 듣기 거북하다, 너무나 악필이라 読みづらい 읽기가 어렵다 등으로 쓰면 돼요.

A つらいよ〜、くるしいよ〜。涙が止まらないよ〜。
괴로워~ 고통스러워~ 눈물이 멈추질 않아.

B また浮気されたの？
남자친구 또 바람피웠니?

●●● くるしい 괴롭다, 고통스럽다 ┃ また 또 ┃ 浮気 바람

ひまつぶし 시간 때우기

일본어로 심심풀이라던가 시간 때우기라고 할 때는 暇 한가함+つぶし 부수기라고 표현해요. 여러분은 무슨 일을 하면서 ひまつぶし를 하나요?

A ひまつぶしに、お菓子でも食べようか？
시간 때우기로 과자라도 먹을까?

B そんなんだから、ダイエットできないんだよ。
그러니까 다이어트가 안 되는 거야.

●●● 菓子 과자 ┃ ダイエット 다이어트

感じがする 느낌이 들다

'간지난다' 어디서 많이 들어본 표현이죠? 바로 일본어 感じ 느낌에서 온 표현이에요. 보통 いい感じ 좋은 느낌이나 〜感じがする 〜느낌이 들다와 같이 많이 사용해요.

A あの二人夫婦なの。
저 두 사람 부부야?

B いや、なんか違う感じがする。
아니, 왠지 아닌 것 같은 느낌이 들어.

●●● 夫婦 부부 ┃ 違う 아니다, 다르다

□ 撮影（さつえい） 촬영

□ 俳優（はいゆう） 배우

□ 女優（じょゆう） 여배우

□ 役者（やくしゃ） 연기자

□ 監督（かんとく） 감독

□ メイクさん 메이크업 아티스트

□ エキストラ 엑스트라

□ 前売り（まえうり）チケット 예매티켓

□ ポップコーン 팝콘

□ 字幕（じまく） 자막

□ 観客（かんきゃく） 관객

□ 上映（じょうえい） 상영

□ 試写会（ししゃかい） 시사회

□ 映画館（えいがかん） 영화관

□ ボックスオフィス 박스오피스

□ 招待券（しょうたいけん） 초대권

□ 予告編（よこくへん） 예고편

□ チケット売り場（うりば） 매표소

□ 最新映画（さいしんえいが） 최신영화

□ 洋画（ようが） 외화

본문에 나왔던 다음 단어의 발음을 써보세요.

1 영화관 映画館 　　(　　　　　)　　**5** 자막 字幕 　　(　　　　　)

2 영어 英語 　　(　　　　　)　　**6** 출구 出口 　　(　　　　　)

3 학생증 学生証 　　(　　　　　)　　**7** 미녀 美女 　　(　　　　　)

4 지정석 指定席 　　(　　　　　)

빈칸에 적당한 일본어를 넣어보세요.

1 일본 영화관은 성인의 경우 1,800엔으로 비싼 편이에요. 그래서 수요일이면 여자들은 1,000엔으로 영화를 볼 수 있다거나 하는 다양한 ________제도가 있답니다.

2 일본 기차를 타면 우리나라와는 다르게 禁煙席금연석과 喫煙席흡연석 차량이 나누어져 있어요. 그리고 영화관은 우리나라처럼 지정석인 곳도 있지만 ________이 더 많은 것 같아요.

3 영화를 보는 즐거움 중에 ________도 한몫을 하지요. 그걸 보면서 다음번에 볼 영화를 찜하곤 합니다. 옛날에는 앞으로 개봉할 영화를 정말 여러 편 해준 것 같은데…… 요즘은 점점 편수가 줄어드는 느낌이 드는 것은 저만의 착각일까요?

휴대전화로  소설을 읽는다

넌 언제나 날 집착하게 하지. 절대 널 잡은 손은 놓지 않을 거야. 내가 없는 곳에서 너 혼자 울거나 몸을 부르르 떨게 하진 않을 거야! 애인이라도 생겼느냐고요? 아니요. 애인이 아니라 새 携帯_{휴대전화}가 생겼답니다. ㅋㅋ 본래 통화를 연결해주는 것이 주임무이지만 부가기능을 더 충실히 수행하는 나의 휴대전화. 朝が弱い_{아침잠이 많은} 나를 몇 번씩 깨워주는 알람으로, 頭がまわらない_{머리가 안 돌아가서} 계산이 안 될 때는 계산기로, 그리고 평소엔 묵묵히 시계역할을 하며 내 곁을 지키는 고마운 친구!

요즘은 정말 휴대전화 없이 살 수 없는 세상이 된 것 같아요. 일본에 갔을 때도 외국인등록증 만들고 通帳_{통장} 개설하고 그다음으로 한 일이 휴대전화 만들기였어요. 뭐 딱히 전화 올 곳도 할 곳도 없었지만 그냥 없으면 불안해서. ^^ 일본의 3

携帯 게타이 휴대전화
通帳 쯔쵸 통장
通話料 쯔와료 통화료
留学生 류각세 유학생
携帯メール 게타이 메루 휴대전화메일

대 휴대전화 통신사는 DoCoMo(도코모), AU(에이유), SoftBank(소프트뱅크)입니다. 그중에서 소프트뱅크는 가입자끼리 무료통화나 무료문자서비스 같은 제도가 잘 되어 있고, 기본 通話料통화료가 싸서 최근에 아주 인기에요. 특히 삼성 휴대전화도 취급해 한국어로 문자를 보낼 수 있으니까 우리나라 留学生유학생들도 많이 사용하는 것 같아요. 그리고 일본에서는 휴대전화 문자를 보내는 방법이 우리나라와 조금 다른데요, 우리나라처럼 전화번호만 꾹꾹 찍어서 보낼 수 있는 문자는 같은 통신사끼리만 가능해요. 그러니까 SK텔레콤 가입자는 SK텔레콤 가입자에게만 메시지를 보낼 수 있는 거지요. 다른 통신사의 휴대전화로 보낼 경우 반드시 상대방의 휴대전화 이메일 주소로 보내야 합니다. 그래서 일본에서는 휴대전화 메시지를 携帯メール휴대전화메일이라고 불러요. 이메일 주소는 쉽게 변경할 수 있고 장문의 메시지도 보낼 수 있어서 아주 편리해요. 단 무선인터넷을 사용해야 하니까 데이터요금제는 완전 필수겠지요.

　엄지족이라는 말을 다들 한 번쯤은 들어보셨을 거예요. 엄지족이란 빛의 속도로 버튼을 눌러 문자메시지를 보내는 놀라운 엄지손가락 신공을 보유한 신세대들을 일컫는 말이에요. 일본에도 이런 종족들을 親指_{엄지} + 族_족 즉 '오야유비조쿠'라고 불러요. 어떤 통계에서 봤는데 일본 사람들이 우리보다 휴대전화메일과 무선인터넷을 더 많이 사용한다고 하더라고요. 그러니 엄지족들도 일본이 훨씬 많을 것 같다는 느낌이 드네요. 아~ 그러고 보니 저는 일본에 있을 때 주로 휴대전화메일을 辞書_{사전}으로 이용했네요. 문자입력을 히라가나로 하면 漢字_{한자}로 자동 변환되니깐 한자 공부할 때 아주 요긴했던 것 같아요!

　휴대전화로 전화만 하던 시대는 이제 끝나고 손안의 작은 컴퓨터라고 불리는 시대가 되었어요. 휴대전화로 노래도 듣고, 영화도 다운받아 보고, TV시청은 물론 무선인터넷이 가능해 웹서핑도 언제 어디서나 자유롭게 할 수 있으니까요. 그러다 보니 젊은 학생들에게 성능 좋은 고가의 휴대전화는 宝物_{보물} 제1호나 마찬가지

親指 오야유비 엄지
辞書 지쇼 사전
漢字 칸지 한자
宝物 다카라모노 보물

예요. 그래서 일본에서는 젊은 여성들 사이에 휴대전화를 반짝반짝 귀엽게 꾸미는 デコ電데코덴이 유행이랍니다. 데코덴은 デコる장식하다 + 電話전화의 합성어로 큐빅이나 입체스티커 등을 이용해 개성 없이 밋밋한 휴대전화를 화려하고 블링블링하게 꾸미는 것을 말해요.

데코덴과 더불어 몇 년 전부터 일본의 젊은층 특히 10대에서 20대 초반의 젊은 여성들에게 폭발적인 지지를 받는 것이 있는데요, 바로 携帯小説휴대전화소설이에요. 우리나라 인터넷소설의 휴대전화 버전이라고 하면 될까요? ^^

魔法のｉらんど마법의ｉ랜드, 野いちご산딸기 같은 투고전문사이트에 휴대전화소설을 올리고 휴대전화로 다운받아 읽는 소설을 말해요. 일본의 책들은 縦書き세로쓰기가 기본인데 반해 휴대전화로 쓰고 보는 소설이니만큼 읽기 쉽게 横書き가로쓰기에다 4~5줄마다 행이 바뀌고 한자를 많이 사용하지 않는 특징이 있어요. 전문작가가 쓴 글이 아니라 젊은이들이 자신의 経験談경험담 위주로 쓰는 소설이다 보니 작품성은 그다지 없는 것 같아요. 대부분 간략한 상황설명과 대화체로 이루어져 있고 사랑하는 사람의 죽음, 성폭행, 짝사랑 등등 뻔한 연애스토리를 다루는 소설들이 대부분이에요. 저도 유명한 휴대전화소설 투고사이트에 들어가 읽어본 적이 있는데 몇 장을 못 읽고 화면창을 닫아버렸네요.

デコる 데코루 장식하다
電話 뎅와 전화
携帯小説 게타이 쇼세츠 휴대전화소설
魔法のｉらんど 마호노 아이란도 마법의 아일랜드
野いちご 노이치고 산딸기
縦書き 타테가키 세로쓰기
横書き 요코가키 가로쓰기
経験談 케켄단 경험담

역시 이런 소설을 읽기엔 제가 年나이를 너무 많이 먹은 듯. ^^; 하지만 감수성이 예민한 젊은층에는 크게 어필할 수도 있을 것 같다는 생각이 드네요. 왜냐면 제가 중고등학교 다닐 때 할리퀸이라는 로맨스시리즈가 있었는데요, 구릿빛 피부를 가진 부잣집 남자주인공과 남자주인공 키스 한 번에 정신을 잃어버리는 우윳빛 피부의 여자주인공이 험난한 현실 속에서 사랑을 완성해 나가는…… 지금은 읽기에도 민망한 유치짬뽕 로맨스소설을 선생님들한테 안 들키게 돌려 읽는 것이 대유행이었으니까요. ㅋㅋ

아무튼 우리나라에서도 인터넷소설이 인기 있으면 영화로 만들고 그러잖아요. 일본에서는 휴대전화소설로 인기를 끌면 단행본이 나오고 영화까지 만들어진다고 합니다. 恋空연공이나 赤い糸붉은 실같은 작품으로 유명한 필명 미카(美嘉)와 메이(メイ)같은 작가의 작품들은 단행본으로 나오면 100만 부 이상 팔리는 베스트셀러가 된다고 해요! 출판계가 불황인 요즘 유일하게 팔리는 책이 인터넷소설이라는 이야기도 있어요. 요즘은 휴대전화소설을 단순히 읽는 것에 그치지 않고 직접 참여해 몇 명씩 릴레이 형식으로 돌아가면서 소설을 쓰는 것도 붐이라고 합니다. 작품성과 뛰어난 문장력을 크게 필요로 하지 않는다면 저도 한번 애달팠던 片想い짝사랑 이야기를 휴대전화소설에 기고해 볼까요? 혹시 모르잖아요. 일본에서 대박이 날지. 하하하!

年 토시 나이
恋空 코이조라 연공
赤い糸 아카이 이토 붉은 실
片想い 카타오모이 짝사랑

朝が弱い 아침잠이 많다

朝が弱い를 직역하면 '아침에 약하다'지만 '아침잠이 많다'는 뜻이에요. 반대로 아침에 일찍 일어나 활동하는 사람들을 朝型人間아침형 인간이라고 하지요.

A 朝が弱い女って、ダメだよな。
아침잠이 많은 여자는 안 돼.

B なにそれ、男尊女卑！！
그게 뭐야? 남존여비!!

●●● 男尊女卑 남존여비

頭がまわらない 머리가 안 돌아간다

신체에 관한 관용어 중에는 한국어와 비슷한 표현이 참 많은 것 같아요. 頭を使う머리를 쓰다, 頭を冷やす머리를 식히다, 頭に入る머리에 들어가다, 기억하다, 이해하다 그리고 '머리 회전이 빠르다' 즉 '머리가 잘 돌아가다'는 頭がよくまわる, 반대로 머리가 잘 안 돌아갈 때는 頭がまわらない!

A さっき薬を飲んだから、頭がまわらないよ。
방금 약을 먹어서 머리가 안 돌아가.

B じゃ、ちょっと休んだら？
그럼, 좀 쉬는 게 어때?

●●● 薬を飲む 약을 먹다 ｜ 休む 쉬다

年をとる 나이 먹다

'나이를 먹다'는 年をとる 라고 해요. 남자들은 우리나라처럼 '먹다'라는 뜻의 食う를 사용해 年を食う라는 표현을 쓰기도 합니다.

A 最近、年とったって感じるときってどんなとき？
최근 나이 먹었다고 느끼는 때가 언제?

B え、いっぱいあるよ。最近の歌がわからなかったり・・・。
많이 있어. 요즘 노래를 모른다거나……

●●● 最近 최근 ｜ 感じる 느끼다 ｜ いっぱい 많이 ｜ 歌 노래

□ メールアドレス, メアド, アド 메일주소

□ 赤外線送信 적외선 송신

□ ダウンロード 다운로드

□ 写メ 포토메일

□ 着うた, 着メロ 착신벨, 벨소리

□ 着信拒否, ちゃっきょ 착신거부

□ 充電ぎれ 배터리 나감

□ 電源 オフ 전원 OFF

□ ワンセグ 원세그, DMB 방송

□ おさいふ携帯 모바일뱅킹 서비스

□ 待ち受け画面, まちうけ 대기화면

□ パケットし放題, パケホ 무제한 데이터 요금제

□ メロディコール 컬러링

□ ケータイメール 휴대전화메일

□ 絵文字 그림문자

□ 家族割り 가족할인

□ メル友 메일친구

□ 暗証番号 비밀번호

□ マナーモード 진동모드

□ 迷惑メール 스팸메일(문자)

본문에 나왔던 다음 단어의 발음을 써보세요.

1 통장 通帳　　　　（　　　　　　）　　5 한자 漢字　　　　（　　　　　　）

2 통화료 通話料　　（　　　　　　）　　6 보물 宝物　　　　（　　　　　　）

3 유학생 留学生　　（　　　　　　）　　7 경험담 経験談　　（　　　　　　）

4 사전 辞書　　　　（　　　　　　）

빈칸에 적당한 일본어를 넣어보세요.

1 엄지손가락이 안 보일 정도의 빠른 속도로 휴대전화 문자를 보낼 수 있는 사람
들을 ＿＿＿＿＿＿라고 해요.

2 큐빅 같은 인조보석을 블링블링하게 붙여 휴대전화를 럭셔리하고 화려하게 꾸
미는 것을 ＿＿＿＿＿＿이라고 합니다. 우리나라에서도 동대문이나 인터넷 쇼핑
몰을 통해 재료를 쉽게 구할 수 있으니까 낡은 휴대전화를 가지고 있다면 예쁜
패션아이템으로 한번 변신시켜보세요.

3 한때 일본에서도 긔여니 소설 같은 ネット小説^{인터넷소설}이 유행하다가 몇 년 전
부터는 젊은층 사이에서 휴대전화로 소설을 쓰고 읽는 ＿＿＿＿＿＿가 붐이랍니
다.

정답 1 つうちょう 2 つうわりょう 3 りゅうがくせい 4 じしょ 5 かんじ 6 たからもの
7 けいけんだん

정답 1 親指族 엄지족 2 デコ電 데코덴(예쁘게 장식한 휴대전화) 3 携帯小説 휴대전화소설

스님이 결혼을 ♡ 한다고?

일본에서는 '아기가 태어나면 신사에 가서 축원하고, 결혼식은 교회에서 현대식으로 화려하게 그리고 장례식은 불교식으로 치른다.'라는 이야기가 있어요. 이 이야기에서 알 수 있는 것처럼 일본은 종교에 대한 귀속감이 우리나라보다는 훨씬 덜한 것 같아요. 우리나라에서는 종교가 다르면 아무리 사랑해도 집안의 반대로 결혼도 못하고 헤어지는 경우도 많은데 말이죠.

일본의 젊은 사람들은 무교가 많은 것 같아요. 아니, 아예 종교에 관심이 없다고 하는 편이 더 맞을지도 모르겠어요. 어쨌든 물어보면 기본적으로는 집안이 불교라 불교이긴 한데 그렇다고 특별히 종교활동을 하거나 딱히 불교에 관심이 있는 것은 아니라고 대답을 하는 친구들이 많았어요. 그리고 神道신도라고 대답하는 친구가 간혹 있었지만 일본에서 신도를 우리나라의 仏教불교나 キリスト教기독교와 같은 종교로 보기에는 어려울 것 같아요. 일본 사람들은 대부분 새해 아침이 되면 初詣하츠모우데라고 해서 신사에 가서 첫 참배를 하는데 이런 것을 우리나라 사람들이 절에 가서 법회에 참석한다거나 기독교인들이 교회에 주말예배를 보러 가는 것과 같은 종교행사로 보기는 어렵다는 것이지요.

神道 신토 신도
仏教 붓쿄 불교
キリスト教 키리스토쿄 기독교

일본의 신도는 만물에 神様^신이 깃들여 있다는 사상인데 일본에는 八百万神^{야오요로즈노가미} 라고 해서 800만의 신이 있다고 해요. 그러니까 별별 신들이 다 있는 것이겠지요. 그 신들을 모시는 곳이 바로 神社^{신사}입니다. 일본 총리들이 참배하러 가서 늘 문제가 되는 야스쿠니 신사(靖国神社), 학문의 신을 모시고 있어 공부 잘하게 해달라고 빌러 오는 참배객이 유난히 많은 다자이후텐만구(太宰府天満宮), 그리고 행복과 결혼의 신을 모시는 이즈모다이샤(出雲大社)에는 수백만의 젊은 연인들이 변함없는 사랑을 지키려고 소원을 빌러 찾아와요. 그 이외에도 재미있는 신사가 많은데요, 제 친구 중의 하나는 남자 친구와 헤어지고 싶어서 신사에 다녀왔다고 그러는 거예요. 그래서 무슨 신사? 라고 물었더니 이별을 주관하는 신을 모신 신사가 있다며 이혼이나 애인이랑 헤어지고 싶을 때 가서 소원을 빌면 3개월 안에 헤어질 수 있다나 뭐 어쩐다나. ^^ 아무튼 신도는 특정한 신을 믿는다기보다는 일본 토속신앙으로 일본인들의 생활 속에 정착되어 있다고 보면 될 것 같아요. 그리고 일본의 집에는 先祖^{선조}에 대한 감사의 마음을 잊지 않도록 집안에 仏壇^{불단}을 만들어놓고 공양물을 올리고 기도 하는 풍습도 있어요.

이렇게 토속신앙이 일본인들의 생활에 뿌리 깊게 자리 잡고 있으니 기독교나 カトリック^{천주교}는 별로 번성하지 못하는 것 같아요. 教会^{교회}도 우리나라처럼 많지 않고요. 조금 과장해 우리나라에선 100미터마다 교회 십자가가 있다고 하지만

神様 카미사마 신
神社 진자 신사
先祖 센조 선조
仏壇 부쯔단 불단
カトリック 카토릭크 천주교
教会 쿄카이 교회

224

저는 일본에서 교회를 본 기억이 다섯 손가락 안에 드는 듯. ^^; お寺절은 많아요. 앞에서도 이야기했지만 일본 사람들은 장례식을 불교식으로 치릅니다. 그래서 절의 주된 기능이 불교 본연의 기능보다는 장례식 주관이나 납골당 관리에 더 力を入れている힘을 쏟고 있는 것 같다는 느낌이 들었어요. 그리고 혹시 일본에서는 스님들이 結婚결혼을 한다는 이야기 들어보셨나요? 우리나라에도 종파에 따라 결혼을 하는 경우가 일부 있긴 하지만 일본에서는 대부분의 お坊さん스님들이 결혼도 하고 아이도 낳아요. 그리고 다른 많은 직업처럼 세습하며 대를 잇지요. 제가 아는 사람 중에 아버지가 스님인 사람이 있는데 집안에 아들이 없어 딸인 자신이 집안을 잇게 되었다는 거예요. 그런데 문제는 신랑감 구하기! 대를 이어 절도 관리해야 하고 수행도 해야 하니까 일반인과의 결혼은 어렵겠지요. 그래서 같은 절 집안의 차남을 구해야 하는데 또 종파가 다르면 곤란하니까 아주 시집가기가 어렵다고 넋두리를 하더라고요. 여자의 경우는 이렇지만 남자는 신부 구하기가 그다지 어렵지는 않다고 해요. 파란 눈의 예쁜 외국인을 신붓감으로 얻은 스님 이야기를 TV에서 본 적도 있어요.

앗! 그리고 흔히 일본에는 お化け귀신이 많다는 이야기를 하잖아요. 그 이유를 제가 곰곰이 생각해 봤는데요, 일본에는 절에 거의 納骨堂납골당이 있고, 우리나라에서는 상상도 못할 일이지만 비석이 빼곡히 들어선 霊園공원식 공동묘지가 동네에 놀이터가 있는 것처럼 그렇게 자연스럽게 조성되어 있거든요. 그리고 800만이나 되는 별의별 귀신을 모시는 신사도 많고…… 그래서 귀신이 많다고 하는 것이 아닐까요? 어떻게 생각하세요. 후훗!

お寺 오테라 절
結婚 케콘 결혼
お坊さん 오보상 스님
お化け 오바케 귀신
納骨堂 노코츠도 납골당
霊園 레―엥 공원식 공동묘지

　여하튼 일본에 가면 우리나라에는 없는 신사에 한번 들러보세요. 먼저 신사랑 절이 비슷하게 생겼는데 어떻게 구분을 하냐면 절에는 스님 혹은 스님 부부가 계실 것이고 신사에는 악귀를 쫓는 신의 오른팔인 こま犬（いぬ）고마이누라는 개의 석상이 있어요. 그리고 신사 입구에는 鳥居（とりい）토리이라는 하늘 天(천)자와 비슷하게 생긴 문이 있으니까 보면 금방 아실 거예요. 신사에 가면 賽銭箱（さいせんばこ）사이센바꼬라는 상자에 동전을 휙~ 던져 넣고 소원을 빌어봅시다! 그리고 재미삼아 おみくじ점괘쪽지도 뽑아보시고요. 점괘가 나쁠 경우 お守り（まも）부적을 하나 사보는 것도 나쁘지 않을 것 같아요. 소원이 이루어지면 좋고 아니면 말지요 뭐! だめもと밑져야 본전 아니겠어요? ㅋㅋ

おみくじ 오미크지 점괘쪽지
お守り（まも） 오마모리 부적
だめもと 다메모토 밑져야 본전

力を入れている 힘을 쏟고 있다

지금 여러분이 제일 힘을 쏟고 있는 것은 무엇인가요? 就職취직, 恋愛연애, 健康건강! 저는 ダイエット다이어트! 뭐 늘 작심삼일이지만요! ¨¨

A 今力入れてることってなに？
지금 제일 힘을 쏟고 있는 게 뭐니?

B 決まってるじゃん、勉強だよ。
당연히 공부지!

●●● 決まる 결정되다 ｜ 勉強 공부

結婚していますか 결혼하셨어요?

일본에서는 '결혼하셨어요?'라고 물을 때 우리나라처럼 結婚しましたか라고 과거형으로 묻지 않아요. 이렇게 물어볼 경우 '예전에 결혼을 한 번 했었습니까?'라는 뉘앙스가 되어서 상대방에게 실례가 된답니다. 그러니 꼭 結婚していますか라고 물어봐 주세요.

A この前、「結婚してますか？」だって。ひどいよね。
요전에 "결혼했어요?" 라는 이야기 들었어. 심하지 않니?

B だって20歳には見えないもん。疲れた主婦って顔だよ。
20살로 안 보이니까 그렇지. 피로에 지친 주부의 얼굴이야.

●●● この前 요전에 ｜ ひどい 심하다 ｜ 見える 보이다 ｜ 疲れる 지치다 ｜ 主婦 주부 ｜ 顔 얼굴

だめもと 밑져야 본전

안될 거라는 걸 알면서도 혹시나 하는 마음에 해보는 것을 だめもと 라고 해요. どうせだめもとなんだから 어차피 밑져야 본전이니까 라는 표현을 자주 쓰네요.

A だめもとで、言っちゃおうかな。
밑져야 본전이니까 말해버릴까?

B そうだよ。女は度胸！！ がんばれ！！
그래. 여자는 배짱이야!! 힘내!

●●● 言う 말하다 ｜ 度胸 배짱 ｜ がんばる 분발하다, 힘내다

일본의 특이한 신사에 놀러 가기!

도치기현 사노야쿠요케다이시 (栃木県 佐野厄除大師)

이름처럼 액막이에 효험이 있는 신사. 우리나라에 3재라는 것이 있는 것처럼 일본은 일생 중 재난을 맞기 쉽다고 하는 운수 사나운 나이인 厄年야쿠도시가 있어요. 이 나이가 되면 새해에 이 신사를 찾아가 자신의 이름과 생년월일을 건네주고 액땜을 해요. 참고로 야쿠도시는 남자는 25, 42, 60세고 여자는 19, 33, 49세예요.

시마네현 이즈모다이샤 (島根県 出雲大社)

인연을 맺어주는 것으로 유명한 신사. 이 신사에서 결혼을 하면 두 사람의 사랑이 영원히 지속한다는 속설이 있어요. 신사 내에는 좋은 인연을 맺어주는 다양한 부적과 아기자기한 소품들이 많이 있어요. 커플들에게 강추!

교토 기타노텐만구 (京都 北野天満宮)

학문의 신을 모시고 있어서 수험생은 물론이고 학생들이 교토에 오면 꼭 방문하는 신사. 특히 입시 철에는 방문객 수가 급증! 자기가 가고 싶은 대학이나 고등학교의 이름을 적어서 내는데 욕심을 부려서 원하는 학교를 2개 이상 쓸 경우 효과가 없어진다고 알려져 있어요.

카나가와현 네노진자 (神奈川県 子之神社)

자식을 많이 두는 복을 지닌 신을 모시고 있어요. 일본판 삼신할머니라고 생각하면 좋을 듯. 관동지역에서 최고의 역사를 지닌 아기를 점지해주는 신사.

교토 야스이콘삐라구 (京都 安井金毘羅宮)

싫은 사람과의 인연을 확실히 끊어주는 것으로 유명한 신사. 이 신사에는 우물이 있는데 옛날 바람을 피운 애인에게 미칠 듯 질투를 한 여자가 남자를 우물에 빠뜨려 죽이려고 했지만 남자가 액막이를 해서 목숨을 구하자 여자가 대신 우물에 빠져 죽었다는 전설이 남아 있어요.

일본어 한자 읽기

본문에 나왔던 다음 단어의 발음을 써보세요.

1 불교 仏教 　　　（　　　　　）　　　**5** 교회 教会 　　　（　　　　　）

2 신 神様 　　　（　　　　　）　　　**6** 불단 仏壇 　　　（　　　　　）

3 신사 神社 　　　（　　　　　）　　　**7** 절 寺 　　　（　　　　　）

4 선조 先祖 　　　（　　　　　）

일본 상식 퀴즈

빈칸에 적당한 일본어를 넣어보세요.

1 일본에서는 동네 한가운데 공원처럼 만들어 놓은 __________가 있어요. 화장을 하니까 무덤은 없고 비석들이 을씨년스럽게 들어서 있어요, 주변에 사는 동네 사람들은 겁이 안 날까요? 우리나라에서선 상상도 못할 일이에요!

2 일본의 집에는 선조의 은혜를 잊지 않도록 __________을 만들어놓고 공양을 올립니다. 하지만 젊은 사람들의 가정을 중심으로 이러한 풍습이 점점 사라지는 추세라고 해요.

3 일본 불교는 우리나라와 교리가 달라서 __________이 대부분 결혼을 합니다. 그래서 절에는 알콩달콩 부부가 애를 낳고 살지요. 결혼을 해도 보통 부인들은 머리를 깎지 않아요. 일본의 __________은 종교인이라는 느낌보다는 직업인이라는 느낌이 강한 것 같아요.

정답 　1 ぶっきょう　2 かみさま　3 じんじゃ　4 せんぞ　5 きょうかい　6 ぶつだん　7 てら

정답 　1 靈園(れいえん) 공원식 공동묘지　2 仏壇(ぶつだん) 불단　3 お坊(ぼう)さん 스님

OIOI
OICITY
OICITY
OICITY
PARCO
SEIBU

Part 3
사회편
KARAOKE

이사를 자주 하면 거지가 된다?

일본에는 引っ越し貧乏라는 말이 있어요. 引っ越し이사를 많이 하면 할수록 貧乏가난뱅이가 된다는 재미있는 표현인데요, 실상은 재미있는 표현이라기보다는 이사 가기 두렵게 만드는 표현이라고 하는 것이 더 맞는 말이되겠네요. 한마디로 일본에서 이사하려면 돈이 잇빠이(?) 든다! 뭐 이런 이야기입니다. ㅋㅋ

왜 그렇게 돈이 많이 드냐면요, 우리나라는 방을 빌릴 때 전세도 있고, 월세도 있지 않습니까? 일본은 무조건 월세에요. 그리고 월세인데도 敷金보증금을 내야 한답니다. 우리도 내잖아? 네네, 맞습니다. 우리도 내긴 하지요. 그래도 契約계약이 끝나면 돌려받잖아요. 일본은…… 돌려주긴 하는데 거의 못 돌려받는다고 보시면 돼요.

引っ越し 힛코시 이사
貧乏 빈보 가난뱅이
敷金 시키킨 보증금
契約 케야끄 계약

VAIO
MITSUBISHI
SV·401
アーク引越センター
0120-03-0003
さわやか
0003
アーク引越センター
0120-03-0003

보통 계약이 끝나고 이사를 할 때 壁紙^{벽지}를 간다거나 鍵^{열쇠}를 바꾼다거나 하는 집 수리비를 자신이 낸 보증금에서 제한답니다. せこい^{치사해}! 그런 건 집주인이 다 だで^{공짜로} 해줘야 하는 것 아닌가! 쳇!

이 보증금이 보통 집세의 3개월치, 그리고 大家^{집주인}에게 '집을 빌려주셔서 고맙습니다'라는 사례의 뜻으로 주는 礼金^{사례금}이 집세의 1개월치, 이게 무슨 귀신 씨 나락 까먹는 소리냐고요? 어쩌겠습니까? 로마에 가면 로마법을 따라야지요.ㅠㅠ 보통 보증금이 2개월치면 사례금도 2개월치가 되는 경우가 많아요. 그리고 일반적으로 부동산에 手数料^{수수료}로 집세의 한 달치를 줘야 하니까 이사할 때마다 초기비용이 엄청나게 들어가게 되는 거지요.

壁紙 카베가미 벽지
鍵 카기 열쇠　　　　　　　　大家 오-야 집주인
せこい 세코이 치사하다　　　礼金 레-킨 사례금
ただで 타다데 공짜로　　　　手数料 테스료 수수료

　불현듯 일본에서 방을 못 구해 발을 동동 굴렀던 암울했던 저의 유학생 시절이 떠오르는군요. 먼저 학생이라 방을 찾는 첫 번째 조건이 家賃집세였어요. 그렇지만 싼 게 비지떡이란 말도 있잖아요. 방이 싸면 역에서 멀거나, 방이 지저분한 경우가 많았어요. 그래도 '난 무조건 싼 방을 구할 테야!'라는 굳은 결의를 하고 학교 근처를 굶주린 하이에나처럼 어슬렁거리다가 발견한 ちらし전단지 한 장. '보증금 사례금 필요 없음' 이게 웬 떡이래! 하며 찾아간 아파트를 보고 뜨악~ 오마이갓! 꼬질꼬질한 畳다다미에 코딱지만한 방, 그리고 화장실과 욕실은 남녀공용으로 사용해야 하는 곳이었어요. 싼 집세가 계속 눈에 밟히긴 했지만 과감히 포기하고 새로운 집을 알아봐야 했어요. 그다음으로 구한 집은 가격도 괜찮고 다 좋았는데 막상 계약을 하려니깐 保証人보증인이 있어야 한다는 거예요. 그것도 일본인 보증인이. 갑자기 일본인 보증인을 어디서 구하라는 거야? 또 한 번 절망. 결국 지인에게 부탁해 보증인을 구하긴 했지만 그땐 정말 目の前が真っ暗눈앞이 캄캄 했답니다.

家賃 야찡 집세
ちらし 치라시 전단지
保証人 호쇼닝 보증인

예전에는 外国人(외국인)에게 방을 빌려주지 않는 집주인들도 있었어요. 밤에 파티를 해서 시끄러워서 안 된다는 둥, 한 명이랑 계약했는데 언제부턴가 세 명이 살고 있어 깜짝 놀랐다는 둥, 요전 세입자가 다다미방인데 물청소를 해서 밑에 사는 사람들이 천장에서 물이 떨어진다며 한바탕 소동이 벌어졌다는 둥. 하지만 요즘에는 외국인이 많아져서 그런지 '외국인 OK!'라고 하는 부동산이나 집주인들이 많이 늘어났다고 해요. 그리고 혼자서는 집세가 부담되니까 룸쉐어를 할 수 있게 외국인 룸메이트를 찾아주는 부동산도 생겨났다고 하네요.

방을 계약할 때는 집주인에게 여러 가지 잔소리를 듣게 되는 경우도 많은데요, 일본은 湿気(습기)가 많으니까 자주 換気(환기)시켜주세요! 라든가 かび(곰팡이)가 생기면 즉시 닦아주세요! 라든가. 와~ 너무 빡빡하게 군다고 생각할지 몰라도 그렇게 말해주는 집주인이 좋은 집주인이에요. 그렇지 않고 집을 험하게 썼을 경우, 계약이 끝나고 보증금을 정산할 때 엄청난 수리비를 물지도 몰라요. 어쩌면 보증금을 다 공제하고도 돈이 모자라 돈을 더 지급하고 나와야 하는 어처구니없는 불상사가 생길지도 모르니까 꼭 기억해둡시다!

外国人 가이코쿠징 외국인
湿気 싯케 습기
換気 칸키 환기
かび 카비 곰팡이

ただで 공짜로

공짜 좋아하면 정말 はげ^{대머리}가 되는 걸까요? ^^ 일본어로 '공짜'는 ただ、ただでと
'공짜로'라는 표현입니다.

A あ、やっぱりストッキング伝線しちゃったよ。
아, 역시 스타킹 올이 풀려버렸어.

B だたでもらったから、すぐにダメになったんじゃない？
공짜로 받은 것이니깐 금방 잘못되는 것 아니야?

- ••• **やっぱり** 역시 | **伝線** (스타킹 등의) 줄이 나감 | **もらう** 받다 | **すぐに** 금방 | **だめになる**
  나쁘게 되다

せこい 치사하다, 쩨쩨하다

흔히 인색하거나 돈 문제로 치사하게 굴 때 せこい라고 합니다. 이렇게 돈에 쩨쩨한
사람 중에는 けち^{구두쇠}들이 많지요.

A あの人、無料サンプル4回ももらってるよ。
저 사람, 무료샘플을 4번이나 받더라.

B うわー、せこい。
우와. 치사해.

- ••• **無料** 무료 | **サンプル** 샘플

目の前が真っ暗 눈앞이 캄캄!

당황하거나 놀랐을 때 보통 頭の中が真っ白^{머릿속이 새하얗다} 혹은 目の前が真っ暗^{눈앞이}
^{캄캄하다}고 하잖아요. 어떤 상태가 더 심각한 것일까요?

A ねぇ、目の前が真っ暗ってどんなとき？
있잖아, 눈앞이 캄캄할 때는 어떤 때?

B トイレで大してて、ティッシュがなかったとき！
화장실에서 큰 거 보고 휴지가 없었을 때!

- ••• **目** 눈 | **前** 앞 | **真っ暗** 아주 캄캄한 | **とき** 때 | **トイレ** 화장실 | **大する** 대변보다 | **ティ**
  ッシュ 휴지

□ 部屋探し 방 구하기

□ 引っ越し先 이사 갈 곳

□ 荷造り 짐 꾸리기

□ 大掃除 대청소

□ おまかせパック 포장이사

□ 見積もり 견적

□ 大安 여행·결혼·이사 등 만사에 길하다는 날, 손 없는 날

□ 割増運賃 할증운임

□ 割れ物 깨지는 물건

□ 不用品 안 쓰는 물건

□ ダンボール 골판지

□ エアーシート 에어컵(뽁뽁이)

□ 不動産 부동산

□ 賃貸マンション 임대아파트

□ ワンルーム 원룸

□ 一人暮らし 자취

□ 間取り 방의 배치

□ 住宅情報誌 주택 정보지

본문에 나왔던 다음 단어의 발음을 써보세요.

1 가난 貧乏　　　(　　　　　)　　5 수수료 手数料　（　　　　　）

2 계약 契約　　　(　　　　　)　　6 환기 換気　　　（　　　　　）

3 벽지 壁紙　　　(　　　　　)　　7 집주인 大家　（　　　　　）

4 집세 家賃　　　(　　　　　)

빈칸에 적당한 일본어를 넣어보세요.

1 일본에는 ＿＿＿＿＿＿를 많이 하면 할수록 거지(?)가 된다는 이야기가 있답니다.
　저도 방 계약기간은 끝났지만 이사 비용 때문에 이사 갈 엄두를 못 내다가 결국
　일본인 친구 집에 잠시 얹혀산 적이 있어요.

2 한국에는 없는 독특한 이사 문화로 일본에서는 방을 빌릴 때 집주인에게
　＿＿＿＿＿＿이라는 사례금을 줍니다. 그거 꼭 줘야해? 안 주면 안 돼? 라고 생
　각하시는 분들도 계실 텐데요, 안 주면 방을 안 빌려 줄지도 몰라요. 지금까지
　관습상 누구나 다 주는 것이기 때문에 반드시 줘야 할 것 같아요.

3 일본은 ＿＿＿＿＿＿가 많아 방을 자주 환기시켜주지 않으면 눅눅해지고 냄새
　가 난답니다.

Unit 29

일본의 휴일과 휴가

새해 달력이 나오면 제일 먼저 하는 일은 바로 뭐? 그렇지요. 바로 빨간날을 체크하는 것이지요. 빨간날이 주말과 겹치지 않고 게다가 금요일이나 월요일에 와준다면 얼마나 행복할까요. 그렇지만 世の中そんなにあまくない 세상은 그리 만만치 않아요! 유난히 祝日 공휴일과 주말이 많이 겹치는 해는 정말 샐러리맨들에게는 악몽의 한해이지요. 크리스마스가 토요일에다 어린이날이 일요일이라니 정말이지 信じられない 믿을 수가 없어～～.

하지만 일본의 직장인들은 빨간날 하나에 울고 웃는 우리나라 직장인들의 이런 안타까운 사정을 이해하지 못할 거예요. 일본에는 振り替え休日 대체휴일이라는 것이 있어서 공휴일이 일요일과 겹치면 월요일 날 하루 더 쉬는 제도가 있어요. 그리

祝日 슈크지쯔 공휴일
信じられない 신지라레나이 믿을 수가 없다
振り替え休日 후리카에 큐지츠 대체휴일

고 2000년부터 ハッピーマンデー해피먼데이라는 제도가 도입되었는데요, 고정되어 있던 공휴일을 가까운 시기의 월요일로 확 바꿨어요. 예를 들면 성년의 날(1월 15일)을 1월 둘째 주 월요일로, 바다의 날(7월 20일)을 7월 셋째 주 월요일로 바꿨답니다. 완전 부러워요!!! 이렇게 월요일도 쉬고, 공휴일과 공휴일 사이에 샌드위치처럼 긴 날은 飛び石連休징검다리 연휴라고 해서 쉬고, 그래서 일주일 이상씩 쉬는 긴 연휴가 일본에는 많답니다.

ハッピーマンデー 핫피 만데 해피먼데이
飛び石連休 토비이시 렌큐 징검다리 연휴

일본의 3대 連休연휴라고 하면 먼저 연말부터 お正月설날까지 쉬는 年末年始연말연시 휴일이 있어요. 대부분 일주일 정도의 연휴가 된답니다. 일본사람들은 보통 12월 31일 즉 おおみそか그믐날 밤에 年越しそば토시코시 소바라고 해서 한 해를 넘기는 소바메밀국수를 먹어요. 일본인 친구들이 꼭 먹어야 한다고 해서 유학시절 저도 인스턴트 소바면을 12시 땡 칠 때 끓여 먹었던 기억이 나네요. 새해 아침에는 初詣하츠모우데라고 해서 お寺절이나 神社신사에 새해 첫 참배를 하러 가는 풍습도 있어요.

그리고 우리의 추석에 해당하는 お盆休み오봉이 있네요. 달력에 빨간날로 표시되는 국정 공휴일은 아니지만 비공식 휴일로 3일에서 일주일 정도 쉬는 곳이 많아요. 보통 里帰り귀성이라고 해서 고향에 내려가기도 하고 墓参り성묘를 하기도 한답니다. 재미있는 것은 보통 우리에게 추석은 수확의 계절, 가을이라는 이미지가 있는데 일본은 旧暦음력을 사용하지 않기 때문에 추석이 陽暦양력 8월 15일 한여름이라는 것!

連休 렌큐 연휴

お正月 오쇼가쯔 설날

年末年始 넨마츠넨시 연말연시

おおみそか 오미소카 그믐날 밤

お寺 오테라 절

神社 진자 신사

里帰り 사토가에리 귀성

墓参り 하카마이리 성묘

旧暦 큐레키 음력

陽暦 요레키 양력

마지막은 많이들 들어보셨지요. ゴールデン·ウイーク(Golden Week). 5월 초가 되면 '골든위크로 일본 관광객이 몰려온다!'와 같은 뉴스도 여기저기 들리고, 명동에 가면 정말 물 반 고기 반, 아니 상인들 반 일본관광객들 반이에요. 골든위크는 4월 29일 쇼와의 날, 5월 3일 헌법기념일, 5월 4일 식목일, 5월 5일 어린이날까지 연휴가 쭉 이어지는 주간을 말해요. 일주일부터 길게는 열흘까지 휴일이 이어지는 말 그대로 황금연휴지요. 그런데 쇼와의 날은 뭐 하는 날이래? 昭和쇼와는 예전 천황의 이름이고요, 쇼와 천황의 생일이 4월 29일인데 이날을 공휴일로 지정한 거랍니다. 天皇천황을 사랑하는 일본인들의 마음을 이런 데에서도 살짝 엿볼 수 있네요.

골든위크 기간에는 일본 국내의 유명한 遊園地유원지나 温泉온천 같은 관광지는 관광객들로 북적북적 인산인해를 이루지요. 그러니 혹시 이 시기에 일본 여행계획을 잡은 친구들이 있다면 여러분이 도시락 싸고 다니며 말리셔야 합니다. 부디. 항공권이나 호텔 잡기도 어렵고 게다가 성수기라 가격도 비싸거든요. 일본사람들은 이 시기에 국내여행도 많이 하긴 하지만 海外旅行해외여행을 더 많이 하는 것 같아요. 일본은 교통비가 아주 비싸서 국내여행보다 우리나라 같은 가까운 외국에 가는 것이 비용이 적게 들고 더 경제적이랍니다. 아하! 그래서 5월이면 그렇게 서울 시내에 일본인들이 넘쳐나는 거군요!

ゴールデン·ウイーク 고루덴 위크 골든위크
天皇 텐노 천황
遊園地 유엔치 유원지
温泉 온센 온천
海外旅行 카이가이 료코 해외여행

그러다 보니 일본 국내여행 활성화를 위해 여러 가지 안들이 나오기도 하는데요, ＥＴＣ라는 마크를 붙이면 공휴일이나 주말에 일본 고속도로 통행료가 일률적으로 1,000엔이 되는 제도도 생겼다고 하네요. 아무리 먼 곳을 가더라도 무조건 1,000엔! 기존의 통행료를 생각하면 安すぎる 완전 싸네요. 이 제도 도입 후 확실히 고속도로 이용객이 늘었다는 이야기를 들었어요.

휴일 이야기를 하다 보니까 '열심히 일한 자 떠나라'라고 했던 コマーシャル 광고가 생각나네요. 열심히 일해서 떠날 수 있다면 너무 좋겠지만 열심히 일했지만 떠날 환경이 안 되는 분들은 휴일동안 자신을 재충전할 수 있는 무언가를 찾아야 할 것 같아요. 그리고 휴일은 무조건 길다고 좋은 것은 아닌 것 같아요. 일본에는 五月病 오월병이라는 것이 있거든요. 월요일이면 학교나 회사에 가기 싫은 월요병처럼 5월 골든위크가 끝날 무렵 심신이 무기력해지고 급 우울해지는 현상인데요, 이게 다 연휴가 너무 길어서 그런 게 아닌가 싶어요. 그렇지만 이렇게 말하면서도 긴 연휴가 많은 일본의 공휴일이 자꾸 부러워지는 것은 왜일까요.

安すぎる 야스스기루 너무 싸다

コマーシャル 코마샤루 광고

五月病 고가츠뵤 오월병

世の中そんなに甘くない 세상은 그리 만만하지 않아!

일본사람들이 자주 쓰는 표현 중에 世の中そんなにあまくない라는 표현이 있어요.
직역하면 '세상은 그렇게 달지 않다'지만 '세상은 그리 만만하지 않다'는 뜻이랍니다.

A この財布、持ってるだけでお金が入ってくるんだって。
이 지갑 가지고 있는 것만으로 돈이 들어온대.

B バカじゃない? 世の中そんなに甘くないよ！
바보 아냐? 세상은 그리 만만치 않거든!

●●● 財布 지갑 | 持つ 들다, 가지다 | だけ 뿐, 만 | 入る 들어오다 | ばか 바보

信じられない 믿을 수 없다

信じられる는 信じる 믿다의 가능형입니다. 그러니까 믿을 수 없다는 뜻! 도무지 믿을
수 없거나 믿고 싶지 않을 때 이렇게 외쳐 봐요! 信じられない 믿어지지가 않아!

A あ、ヤバい！ ブラしてくるの忘れた。
아, 큰일 났다! 브라 하고 오는 거 잊어버렸다.

B 信じられない。あんたそれでも女？？
믿을 수 없어. 너 그래도 여자니??

●●● やばい 위태롭다 | ブラ 브라(속옷) | 忘れる 잊다 | 信じる 믿다 | あんた 너 | 女 여자

安すぎる 너무 싸다

동사나 형용사 뒤꽁무니에 すぎる가 붙으면 '지나치게 ~하다'라는 뜻이에요.
食べすぎる는 '과식하다', のみすぎる는 '과음하다', 高すぎる는 '너무 비싸다', 安す
ぎる는 '너무 싸다'에요.

A このダイヤモンド、10万円のを5000円で買ったの。
이 다이아몬드, 10만 엔짜리를 5천 엔에 샀어.

B 安すぎっ、つうか騙されたんじゃないの。
너무 싸!!! 라기보다 사기당한 것 아냐?

●●● ダイヤモンド 다이아몬드 | 買う 사다 | 安い 싸다 | つうか 그건 그렇고, ~っていうか의 줄
임말 | 騙される 속다

일본의 공휴일

元日 설날-1월 1일
설날엔 새해음식인 おせち料理오세치 요리를 먹고, 우리나라처럼 お年玉세뱃돈을 받는 풍습이 있어요.

成人の日 성년의 날-1월 둘째 주 월요일
만 20세가 된 것을 축하하는 성인식. 예쁜 기모노를 입고 각 지역단체마다 성인식을 치른답니다.

建国記念の日 건국기념일-2월 11일
일본의 신화상의 초대천황인 진무천황이 즉위한 것을 기념한 날.

春分 춘분-3월 21일경
낮과 밤의 길이가 같아지는 날. 이날 이후로 낮이 더 길어져요. 가족들이 모여 성묘를 가기도 해요.

昭和の日 쇼와의 날-4월 29일
예전 천황인 쇼와천황의 생일.

憲法記念日 헌법기념일-5월 3일

みどりの日 식목일-5월 4일

子供の日 어린이날-5월 5일
보통 5월 5일은 어린이날 겸 단오입니다. 남자아이가 있는 집에서는 아이가 건강하게 자라기를 바라는 마음에서 투구를 쓴 五月人形오월인형이나 こいのぼり 잉어모양 깃발을 장식하기도 합니다.

海の日 바다의 날-7월 셋째 주 월요일
바다의 날이니 만큼 바다 관련 이벤트를 많이 해요.

敬老の日 경로의 날-9월 셋째 주 월요일

秋分 추분-9월 20일경
낮과 밤의 길이가 같아지는 날. 이날 이후로 밤이 더 길어져요. 가족들이 모여 성묘를 가기도 해요.

体育の日 체육의 날-10월 둘째 주 월요일
도쿄 올림픽을 기념해서 만든 날.

文化の日 문화의 날-11월 3일
예전 천황인 메이지 천황의 생일.

勤労感謝の日 근로 감사의 날-11월 23일

天皇誕生日 천황 탄생일-12월 23일
크리스마스는 공휴일이 아니지만 지금 천황인 평성 천황의 생일은 공휴일이랍니다.

본문에 나왔던 다음 단어의 발음을 써보세요.

1 공휴일 祝日 　　　（　　　　　　）　　　5 음력 旧暦 　　　（　　　　　　）

2 신사 神社 　　　（　　　　　　）　　　6 유원지 遊園地 　　（　　　　　　）

3 연말연시 年末年始 （　　　　　　）　　　7 온천 温泉 　　（　　　　　　）

4 추석 お盆 　　　（　　　　　　）

빈칸에 적당한 일본어를 넣어보세요.

1 일본은 대체휴일이라던가 해피먼데이 제도가 있어 한국보다 ＿＿＿＿＿＿＿가 많아요. 보통 3일 이상 쉬는 휴일을 일컫지요.

2 5월에 있는 긴 연휴 끝에 앓는 병으로 이름도 ＿＿＿＿＿＿＿라고 한답니다. 증상으로는 만사가 귀찮고 무기력해지는 것으로, 누구나 다 앓는 것이 아니라 심하게 앓는 사람이 있는가 하면 전혀 앓지 않는 사람도 있어요. ^^

3 보통 4월 말부터 5월 첫 주까지 공휴일들이 걸쳐져 있어 한꺼번에 쭉 쉬는 황금연휴를 ＿＿＿＿＿＿＿라고 불러요.

일본인들의 수입과 직업

ビックマック指数〔빅맥지수〕라고 들어보신 적이 있으세요?

빅맥지수는 맥도날드 햄버거인 빅맥(Big Mac) 가격에 기초해 120여 개국의 物価〔물가〕 수준과 통화가치를 비교하는 주요 지수인데요, マック〔맥도날드〕는 세계 어디를 가도 있잖아요. 이런 식으로 각국의 물가를 비교하니까 경제의 경자도 모르는 저도 이해가 쉽더라고요.

일본의 バイト代〔아르바이트비〕는 물론 지역이나 직종에 따라 다르지만 도쿄의 경우 보통 時給〔시급〕 900엔부터 시작하는 곳이 많아요. パチンコ〔파친코〕라던가 夜間〔야간〕에 하는 아르바이트는 일이 힘든 만큼 시급도 세지니깐 1,200엔 정도는 되는 것 같아요. 꽤 짭짤(?)한 수입원이지요.

자, 그럼 '빅맥지수'를 살짝 응용해 볼까요. 일본에서 빅맥 하나에 300엔이 조금 안 될 거예요. 그럼 1시간 아르바이트하면 빅맥을 대충 3개쯤 사먹을 수 있는데 반면, 우리나라는 보통 아르바이트비가 4000원쯤 되니까 빅맥 하나 사 먹고 콜라를 마시기에는 조금 모자라는 おつり〔잔돈〕이 남겠네요. 먹는 걸로 설명해 드리니까 이해가 쏙쏙 되시죠? 나만 그런가??;; 여하튼 일본의 아르바이트비가 한국보다 2.5배에서 3배쯤 비싸다는 것이죠! 그러니까 일본으로 유학 간 친구 중에 자신은 たくあん〔다꾸앙, 단무지〕만 먹으며 아르바이트로 학비랑 생활비를 모두 충당했노라며 그런 자신이 얼마나 대견한지 보라는 등의 무용담이 빈말은 아니라는 말씀. ^^;

그래서 일본 젊은이 중에는 フリーター〔후리타〕가 많은 것인지 몰라요. 후리타는 후리(free의 일본식 발음)+아르바이터(アルバイター)의 줄임말로 정식으로 職業〔직업〕을 가지지 않고 아르바이트로 생계를 이어가는 사람들을 말해요. 일본의 미래

ビックマック指数〔しすう〕 빅그막그 시스 빅맥지수　　時給〔じきゅう〕 시큐 시급
物価〔ぶっか〕 붓카 물가　　夜間〔やかん〕 야깡 야간
マック 막그 맥도날드　　おつり 오쯔리 잔돈
バイト代〔だい〕 바이토다이 아르바이트비　　職業〔しょくぎょう〕 쇼크교 직업

를 짊어지고 나가야 할 2, 30대들이 아르바이트만 하려 들다니 일본의 사회문제가 될 만하네요. 일본의 기성세대들이 이런 젊은 층을 바라보는 마음은 뼈 빠지게 뒷바라지해서 공부시켜놨더니, 就職취직 안 하고 빈둥거리는 자식을 바라보는 답답한 부모의 마음과 같을 것 같아요.

아르바이트비가 2~3배 차이 나니까 직장인들의 年俸연봉도 그렇게 차이가 나나? 라는 생각이 드실 텐데요, 그건 또 아닌 것 같아요. 일본의 20대 초반의 연봉이 대략 250만엔, 20대 후반이 350만엔, 30대 전반은 400만엔, 후반은 470만엔, 40~50대는 500만엔 정도인 것 같아요. 환율에 따라 달라지겠지만 대략 우리나라 大手企業대기업 수준 정도인 것 같네요. 흔히 일반 정규직으로 비교했을 때는 한국과 1.2배~1.5배 정도의 차이가 난다고 보시면 됩니다. 물가를 생각하면 큰 차이는 아닌 것 같은데 역시 최저임금은 우리나라 쪽이 많이 낮은 것 같아요.

그럼 여기서 문제 하나! 일본에서 연봉이 센 직업은 무엇일까요? 当^あててみて 알
맞혀 보세요! 두구두구둥~ 正解^{せいかい}정답은 바로 野球選手^{やきゅうせんしゅ}야구선수! 평균연봉 3,000만엔 이상,
1군 선수들의 평균은 6,000만엔 이상이라네요! 開業医^{かいぎょうい}개업의가 2,500만엔 이상, 弁^{べん}
護士^{ごし}변호사 2,000만엔, パイロット^{파일럿} 1,700만엔, 大学教授^{だいがくきょうじゅ}대학교수가 1,100만엔 정
도라고 합니다. 우와 정말 억~ 소리 나는 연봉이네요. 이런 걸 바로 高収入^{こうしゅうにゅう}고수입이
라고 하는 거군요. 부러워요…….

연봉이 많으면 많을수록 좋겠지만 직업을 꼭 연봉으로만 결정하는 것은 아니니
까 人気^{にんき}인기가 있는 직업은 조금 다른 것 같아요. 昔^{むかし}も今^{いま}も 예나 지금이나 최고 인기 직
업은 역시 公務員^{こうむいん}공무원! 給料^{きゅうりょう}급료도 안정되어 있고, 출근했는데 자기 책상이 없어져
버리는 リストラ 구조조정을 겪을 확률도 일반회사보다는 적으니까 안정적인 면에서
다들 선호하는 것 같아요. 흔히 공무원 하면 '철밥통'이라는 이미지가 있는데요, 요
즘은 일본이건 한국이건 공무원의 인원 감축이네, 보너스 감축이네 해서 공무원이
마냥 철밥통만은 아닌 것 같아요. 공무원 이외에도 파나소닉, 도요타, 소니 같
은 대기업은 말할 필요도 없이 선망의 직업이고요.

正解^{せいかい} 세카이 정답

野球選手^{やきゅうせんしゅ} 야큐센슈 야구선수

開業医^{かいぎょうい} 카이교―이 개업의

弁護士^{べんごし} 벤고시 변호사

パイロット 파이롯또 파일럿

大学教授^{だいがくきょうじゅ} 다이가크 쿄쥬 대학교수

高収入^{こうしゅうにゅう} 코슈뉴 고수입

人気^{にんき} 닌키 인기

昔も今も^{むかし　いま} 무카시모 이마모 예나 지금이나

公務員^{こうむいん} 코무잉 공무원

給料^{きゅうりょう} 큐료 급료

リストラ 리스토라 구조조정

우리나라와 비교했을 때 선호도면에서는 그다지 차이가 없는 것 같은데요, 한 가지 특이한 점은 우리나라는 여성 직업 중에 학교 선생님을 꽤 선호하잖아요! 신 붓감 직업으로 항상 1, 2위를 다투고. 하지만 일본에서는 교사의 인기가 いまいち 그저 그래요. 사고 친 학생들 뒷일을 수습해야지요, モンスターペアレント 몬스터 페어런츠 눈치 봐야지요. 몬스터 페어런츠? 괴물부모? 자기 자식을 위해 학교에 무리한 요구를 하는 비상식적인 부모를 지칭하는 표현인데요, 예를 들면 학생이 말썽을 일으켜 담임선생님이 가볍게 주의를 줬을 경우 학교에 찾아와 난동을 부린다거나 교육위원회에 선생님의 파면을 요구한다거나! 오오오~ 살벌한데요! 요즘 이런 몬스터 페어런츠로 학교관계자들이 골머리를 앓는다고 해요. 그래서 그런지 일본에서 선생님은 이래저래 힘든 직업이라는 인식이 강해 연봉대비 별로 인기가 없답니다.

いまいち 이마이치 그저 그렇다

当_あててみて 알아맞혀 봐!

꼭 별것 아닌 일인데도 이야기해달라고 하면 알아맞혀 봐! 라고 말하는 사람들이 있지요.

저는 그럴 때 '칫! 이야기 안 해줘도 돼!'라며 언제나 いじわる^{심술}을 부린답니다.

A 好_すきな人_{ひと}できたの。当_あててみて！
좋아하는 사람이 생겼어. 맞춰봐!

B ごめ～ん、興味_{きょう み}ないよ。
미안～ 관심 없다.

> ●●● できる 생기다, 가능하다 ｜ 興味_{きょう み} 흥미, 관심

昔_{むかし}も今_{いま}も 예나 지금이나

말 그대로 옛날이나 지금이나 라는 뜻!

A 昔_{むかし}も今_{いま}も変_かわらないのは私_{わたし}の心_{こころ}だけ・・・。
예나 지금이나 변하지 않는 것은 내 마음뿐…….

B 何_{なに}? 詩_しでも作_{つく}ってるの？
뭐야? 시라도 쓰는 거야?

> ●●● 変_かわる 변하다 ｜ 心_{こころ} 마음 ｜ 詩_し 시 ｜ 作_{つく}る 만들다

いまいち 그저 그렇다

いまいちは 今一つ_{いまひと}と같은 표현으로 뭔가가 조금 부족한 모양을 나타내는 말이에요.

보통 '그저 그렇다, 기대한 것보다는 별로다'라는 뜻으로 말할 때 사용하면 됩니다.

A 明日_{あした}、待_まちに待_まった合_{ごう}コンなの！この服_{ふく}どうかな？
내일 기다리고 기다리던 미팅이야! 이 옷 어떨까?

B うーん、いまいち。
음… 그저 그래.

> ●●● 明日_{あした} 내일 ｜ 待_まつ 기다리다 ｜ 合_{ごう}コン 미팅 ｜ 服_{ふく} 옷

□ 会社員 회사원	□ 建築家 건축가
□ サラリーマン 샐러리맨	□ 美容師 미용사
□ 公務員 공무원	□ 芸能人 연예인
□ 教師 교사	□ 音楽家 음악가
□ 医者 의사	□ 歌手 가수
□ 看護婦 간호사	□ 俳優 배우
□ 銀行員 은행원	□ お笑い 코미디언
□ 警察官 경찰관	□ 画家 화가
□ 消防士 소방관	□ 作家 작가
□ 弁護士 변호사	□ 運動選手 운동선수

본문에 나왔던 다음 단어의 발음을 써보세요.

1 연봉 年俸　　　（　　　　　　）　　**5** 대기업 大手企業　（　　　　　　）

2 시급 時給　　　（　　　　　　）　　**6** 고수입 高収入　（　　　　　　）

3 야간 夜間　　　（　　　　　　）　　**7** 급료 給料　　　（　　　　　　）

4 직업 職業　　　（　　　　）

빈칸에 적당한 일본어를 넣어보세요.

1 __________는 아르바이트로 생계를 꾸려 나가는 젊은이들을 가리키는 말이에요. 우리나라에서는 아르바이트만으로 생활하기에는 경제적으로 어렵게 때문에 일본만큼 __________가 많이 생겨날 우려는 별로 없을 것 같네요. ^^

2 아주 몰상식적이고 자기 자식만 생각하는 이기적인 학부모를 일본에서는 __________라고 해요. 같은 이름의 일본 드라마도 있으니 한번 보시면 실태를 파악하는 데 도움이 될 거예요.

3 기업들이 한 번씩 __________를 단행하면 명예퇴직자들이 속출하지요. 이번 문제는 조금 어렵나요? 그럼 본문 한 번 더 읽어보고 오기!

Unit 31

여직원 중에는 정직원보다 파견사원이 더 많다

이름은 오오마에 하루코. 契約^{계약} 기간은 3개월, 勤務^{근무} 시간은 월요일부터 금요일, 오전 9시부터 오후 6시까지. 残業^{잔업}과 休み出勤^{휴일출근} 없고, 계약기간 연장도 없음. 시급은 3,000엔.

特技^{특기}는 스테플러 빨리 박기, 러시아어, 검도, 화물차 운전, 엘리베이터 점검 등등 총 26개의 資格^{자격증}!

누구냐고요? 바로 일본 드라마 ハケンの品格^{파견의 품격}에 나오는 여주인공의 履歴書^{이력서}를 살짝 훔쳐봤어요. 정말 저런 사람이 있어? 그러게요. 어디까지나 드라마는 드라마니까요. 드라마라는 게 원래 남자주인공은 잘생기고 꼭 외제차를 몰아야 하는 거잖아요! 하하하. 흔히 파견이라면 추적 ○○분, ○○수첩 같은 사회고발

契約 케야끄 계약
勤務 킨무 근무
残業 잔교 잔업
休み出勤 야스미슛킨 휴일출근

特技 토크기 특기
資格 시카크 자격증
ハケンの品格 하켄노 힌카크 파견의 품격
履歴書 리렉쇼 이력서

프로그램에서 비정규직 문제를 취급할 때 많이 접하던 단어였는데 파견의 集団解雇집단해고도 아니고, 파견의 差別待遇차별대우도 아니고 '파견의 품격'이라는 말이 참 신선하네요.

派遣社員파견사원은 파견회사에 등록 후 소개받은 회사에서 계약기간만큼 근무하는 사원을 말하는데요, 일본에서는 최근 몇 년 고용시장이 크게 변해 회사들이 人件費인건비 절감 등을 이유로 정직원의 수를 줄이고 필요에 따라 전문적인 技術기술을 가진 파견사원을 고용하는 사례가 늘고 있다고 해요. 300만 파견사원 없이는 회사가 유지되기 어려울 정도라는 이야기도 있어요. ㅋㅋ 특히 OL(Office Lady, 사무직 여성) 중에는 正社員정직원보다 파견사원이 더 많다고들 합니다. 보통 給料급료는 시급형태로 월 1회나 2회 지급되며 1,600엔 정도라고 해요.

集団解雇 슈단 카이코 집단해고
差別待遇 사베츠 타이구 차별대우
派遣社員 하켄샤잉 파견사원
人件費 징켄히 인건비
技術 기쥬쯔 기술
正社員 세샤잉 정직원
給料 큐료 급료

일본도 不景気^{불경기}로 취업하는 것이 어려워져 어쩔 수 없이 파견을 선택하는 경우와 정직원이 되면 여러 가지 責任^{책임}을 질 일도 많고, 하고 싶은 일이 있을 때 좀처럼 그만둘 수 없다는 이유로 파견을 선호하는 경우가 있는 것 같아요. 私的には^{제 개인적으로는} 정직원이 훨씬 좋은 것 같아요. 보너스가 나오잖아요. 안정적이기도 하고. ^^

하지만 여성들은 정직원이 되어도 여러 가지로 회사의 눈치를 자주 봐야 하는 상황인 것 같아요. 일본에서 OL들의 定年退職^{정년퇴직}이 35세라는 말이 있더라고요. 30세가 넘으면 왠지 회사에 있기가 어려워지는 분위기를 은근히 조성하기도 한답니다. 농담 섞인 말투로 '아직 결혼 안 해?'라고 말하는 上司^{상사}도 분명히 있을 거예요. ひどい^{너무해}! 한창 일할 나이인데, 이건 여성차별에다 セクハラ^{성희롱}이라고도 할 수 있어요! 으흐흐 むかつく^{열 받아}! 어이어이 진정하세요. 어이쿠, 또 제가 흥분하고 말았군요.

不景気 ^{ふけいき} 후케ー키 불경기
責任 ^{せきにん} 세키닝 책임
定年退職 ^{ていねんたいしょく} 테넨 타이쇼크 정년퇴직
上司 ^{じょうし} 죠ー시 상사

ひどい 히도이 심하다

セクハラ 세크하라 성희롱

むかつく 무카츠크 열받다

259

아무튼 요즘 우리나라에서도 30대에 자발적으로 퇴직을 선택하는 프리커족이 늘어나고 있다는 기사를 본 적이 있는데요, 프리커족은 프리(free)+워커(worker)의 합성어로 1, 2년 동안 직장생활을 해서 모은 돈으로 1, 2년 동안 쉬면서 자기계발이나 취미, 여가생활을 누리는 사람들을 말해요. 일본에서는 파견의 품격에 나오는 오오마에 하루코 같은 슈퍼 파견사원들이 이런 프리커족에 해당하겠네요. 그렇지만 원할 때 일할 수 있고, 원할 때 쉴 수 있으려면 엄청난 実力실력에 화려한 経歴경력이 필요할 것 같아요. 再就職재취업이 확실히 보장되어 있다면 저도 몇 년 열심히 일하고 몇 년 여행 다니고 그렇게 살고 싶네요. 하지만 프리커족으로 이렇게 자유롭게 살 수 있는 사람들이 과연 우리 사회에 얼마나 될까요.

実力 지쯔료쿠 실력
経歴 케-레키 경력
再就職 사이슈쇼크 재취업

私的には 내 개인적으로는

私的には는 '내 개인적으로는, 내가 보기에는'이라는 뜻이에요. 남자들은 僕的には, 혹은 俺的には라고도 해요.

A 私的には、胸毛オッケーなんだけど。
내 개인적으로는 가슴털 괜찮은데.

B あなた的にはでしょ? 私にはだめ、だめ!
너한테 그렇지. 나는 안 돼, 안 돼!

●●● 胸毛 가슴털 ｜ オッケー 오케이 ｜ だめ 좋지 않음

ひどい 심하다

ひどい는 '심하다'는 뜻으로, 상대방의 말이나 행동이 정도를 지나쳤을 때 사용한답니다.

A 彼ったら、100日記念忘れてたの。ひどくない?
내 남자친구 말이야, 100일 기념 잊어버렸다. 심하지 않니?

B それはひどいよ! 記念日は女にとって重要なのに!
그건 심해! 기념일은 여자에게 있어 중요한데!

●●● 忘れる 잊다 ｜ 記念日 기념일 ｜ 重要だ 중요하다

むかつく 열 받아!

보통 '화가 나다, 열 받다'라고 할 때 자주 쓰는 표현 3종 세트! むかつく!, 頭にくる!, 腹が立つ! 조금 더 강도가 높은 표현은 きれる가 있는데 우리식으로 표현하면 '뚜껑 열린다, 진짜 열 받는다' 정도의 뉘앙스랄까요?

A 昔の彼女から、まだ彼に電話があるの。
남자친구 옛날 여자 친구한테 아직 전화가 와.

B うわ、むかつく。彼の電話に出ちゃえば?
우와, 열 받아. 남자친구 전화 받아버려.

●●● 昔 옛날 ｜ 彼女 여자 친구 ｜ 電話に出る 전화를 받다

□ **会社** 회사

□ **本社** 본사

□ **支社** 지사

□ **出勤** 출근

□ **退勤** 퇴근

□ **社長** 사장

□ **課長** 과장

□ **上司** 상사

□ **部下** 부하

□ **会議** 회의

□ **残業** 잔업

□ **ボーナス** 보너스

□ **給料日** 월급날

□ **雇う** 고용하다

□ **働く** 일하다

□ **勤める** 근무하다

□ **キャリアを積む** 경력을 쌓다

□ **入社する** 입사하다

□ **退職する** 퇴직하다

□ **転職する** 이직하다

□ **首になる** 해고되다

□ **昼休み** 점심시간

본문에 나왔던 다음 단어의 발음을 써보세요.

1 계약 契約　　（　　　　　）　　**5** 기술 技術　　（　　　　　）

2 잔업 残業　　（　　　　　）　　**6** 불경기 不景気　　（　　　　　）

3 특기 特技　　（　　　　　）　　**7** 경력 経歴　　（　　　　　）

4 이력서 履歴書　　（　　　　　）

빈칸에 적당한 일본어를 넣어보세요.

1 정직원이 아닌 계약사원을 ＿＿＿＿＿＿사원이라고 하지요. 남성보다는 여성들이 많은 편이며 일본에서는 300만 명이 넘는 이런 사원들 없이는 회사가 돌아가지 않는다는 이야기도 해요.

2 영어 ＿＿＿＿＿＿은 オフィスレディー^{오피스 레이디}의 이니셜로 일본에서는 사무직 여사원들을 ＿＿＿＿＿＿이라고 불러요.

3 오늘 퀴즈엔 영어가 많이 나오네요. ^^; ＿＿＿＿＿＿는 sexual harassment(섹슈얼 허레스먼트)를 일본식으로 줄여서 표현한 것입니다. 우리나라에선 흔히 성희롱이라고 부르지요.

간판에 호스트의 사진이 인기순으로

가끔 일본어를 배우는 분들에게 운동하세요? 라고 물으면 はい、ヘルス에. 헬스!
라고 대답을 하는 경우가 많아요. 그러면 저는 혼자 당황하며 다시는 이런 대답이
나오지 않도록 서둘러 침을 튀겨가며 설명을 한답니다. 일본에서 ヘルス는 그 헬
스가 아니고 성 매매업을 그렇게 불러요. 보통 ホテヘル(ホテルヘルス호텔 헤루스)와
쭉쭉 빵빵 글래머 언니들의 エロい섹시한 사진이 찍힌 명함을 보고 연락을 하는 デ
リヘル(デリバリーヘルス출장 헤루스)가 대표적이에요. 그러니까 절대로 일본어로
는 '헤루스를 많이 했더니 体がだるい몸이 찌뿌듯해!'같은 표현은 금물이에요! 헬스장
은 ジム(gym), 헬스를 한다고 할 때는 筋トレ(筋肉トレーイニング근육 트레이닝)을 한
다고 표현해 주세요. ^^

ジム 지무 체육관
筋トレ 긴토레 근육 트레이닝

일본에서는 유흥업을 風俗^{풍속}이라고 불러요. 방문 잠가놓고 몰래 보던 일본 AV(성인비디오)의 영향인지는 몰라도. ㅋㅋ 일본의 밤문화는 왠지 퇴폐적일 것 같다는 이미지가 강한데요, 실제로도 이상야릇한 섹스산업이 발달한 것은 사실인 것 같아요. 일본의 歡樂街^{환락가}를 걷다 보면 다양한 유흥업소 看板^{간판}을 볼 수가 있는데요, 우리나라에서는 없는 이색적인 풍경으로 술집 입구에 호스티스나 호스트의 프로필과 사진을 랭킹별로 진열해놓은 것이 있어요. 일본에서는 직접적인 성행위 이외에는 不法^{불법}이 아니므로 호스트나 호스티스가 당당한(?) 직업으로 인정받는 듯해요. 심야방송을 보면 유명한 호스티스나 호스트의 집을 찾아가서 인터뷰하거나 인기비결을 24시간 밀착 취재하는 그런 방송도 아무렇지 않게 방송이 된답니다. 상상이 안 되시지요? 저도 처음 볼 땐 뭐야 저게? 그랬는데 자꾸 보니까 적응이 되더라고요. ㅋㅋ 자주 봤다고?? 이런 エッチ^{변태}!

흔히 가장 대중적인 일본의 유흥업소로는 ホストクラブ호스트쿠라브, キャバクラ 캬바쿠라, クラブ쿠라브가 있어요. 호스트쿠라브는 우리나라에서는 호스트바, 흔히 호빠라고 하지요. 젊고 잘생긴 호스트들이 있는 곳이에요. 일본에서는 역시 新宿신주쿠가 호스트쿠라브의 메카라고 할 수 있어요. 신주쿠 歌舞伎町가부키쵸의 잘나가는 호스트 중에는 한 달 수입이 수천만 원에서 억대가 되는 사람들도 있다니 정말 대단한걸요.

쿠라브 하면 역시 金座긴자! 쿠라브에서 일하는 여성들을 ホステス호스테스라고 부르는데 화술, 의상, 행동 하나하나까지 신경을 써서 품격 있게 손님을 接待접대한답니다. 보통 손님 한 명에 호스티스 한 명이 접대를 하는데 그 비용이 만만치 않다고 해요. 우리나라에 강남의 텐프로 룸살롱이 있다면 일본에는 긴자의 럭셔리 쿠라브가 있다고 할 수 있겠네요.

風俗 후조크 풍속, 유흥업
歓楽街 칸라크가이 환락가
看板 칸반 간판
不法 후호 불법

エッチ 엣치 변태
接待 셋타이 접대

그리고 마지막으로 캬바쿠라는 쿠라브보다는 캐주얼한 느낌의 유흥업소입니다. 여기서 일하는 여성들은 섹시함과 젊음을 무기로 손님들과 함께 술을 마셔주는데요, キャバ嬢캬바죠라고 불러요. 그러니까 건물에 에로틱한 사진을 도배해 퇴근하는 남성들의 발길을 잡는 것은 엄밀히 말하면 호스티스라기보다는 캬바죠라고 할 수 있지요. 요즘에는 캬바쿠라의 남자버전인 メンズキャバクラ맨즈 캬바쿠라 즉 メンキャバ맨캬바도 많이 생겨났는데요, 호스트와 다른 점은 맨캬바 선수들은 최저 급료는 보장되어 있고 그다음에는 자신의 실력으로 돈을 버는 방식이고, 호스트는 완전히 자력으로 수입을 올리는 것이지요. 맨캬바가 세미프로라면 호스트는 프로의 세계라고 할 수 있겠네요. 하하하!

우리나라에서는 상상도 할 수 없는 일이지만 일본에서는 인기 있는 캬바죠나 호스트들의 写真集사진집이나 雑誌잡지가 발행되기도 하고 지역방송의 경우 밤늦게 TV를 켜면 아찔한 의상을 입은 초절정 몸짱, 얼짱 언니들이 몽환적인 목소리로 '어서 놀러 오시와용~'라는 식의 캬바쿠라와 쿠라브 광고가 나오기도 한답니다.

그리고 호스트나 호스티스를 주제로 한 드라마들도 있는데요, 한국에서도 많은 남성팬을 가진 아오이 소라(일본 유명 AV 배우)가 출연한 嬢王양왕, 가부키쵸 넘버 원 호스트가 되려는 주인공의 이야기를 다룬 夜王야왕같은 드라마를 보시면 그들의 문화를 이해하는 도움이 되지 않을까요? 뭐 별로 도움은 안 되려나? ^^; 여하튼 드라마에도 이런 대담한 소재를 사용하다니 さすが역시 일본은 우리나라보다는'性에 너그러운 문화'인 것만은 확실한 것 같아요.

写真集 샤신슈 사진집
雑誌 잣시 잡지
嬢王 죠오 양왕
夜王 야오 야왕
さすが 사스가 역시

体が<ruby>からだ</ruby>だるい 몸이 찌뿌듯해

体が<ruby>からだ</ruby>だるい라고 하면 몸이 천근만근 무겁거나 찌뿌듯하거나 만사가 귀찮을 만큼 몸이 나른하다는 뜻입니다. 남자들은 だるい 노곤하다를 약간 터프하게 だりー로 발음하기도 합니다.

A 朝<ruby>あさ</ruby>から体<ruby>からだ</ruby>がだるい！
아침부터 몸이 무거워.

B それって、昨夜<ruby>ゆうべ</ruby>お酒<ruby>さけ</ruby>飲<ruby>の</ruby>みすぎたんじゃない？
그거, 어젯밤에 너무 과음한 것 아냐?

●●● 朝<ruby>あさ</ruby> 아침 | 昨夜<ruby>ゆうべ</ruby> 어젯밤 | お酒<ruby>さけ</ruby> 술 | 飲<ruby>の</ruby>みすぎる 과음하다

エッチ 변태

흔히 エッチ는 変態<ruby>へんたい</ruby> 변태의 로마자표기 hentai에서 머리글자를 따온 것이므로 변태라는 뜻으로 쓰여요. 또 エッチする H 하다는 일본에서 'SEX 하다'는 뜻입니다.

A お前<ruby>まえ</ruby>の胸<ruby>むね</ruby>ってけっこうあるな。
너 가슴 꽤 크네.

B バカ、どこ見<ruby>み</ruby>てるのよ! エッチ。
바보, 어딜 보는 거야! 변태!

●●● お前<ruby>まえ</ruby> 너 | 胸<ruby>むね</ruby> 가슴 | けっこう 상당히 | ばか 바보 | 見<ruby>み</ruby>る 보다

さすが 역시, 과연

さすが는 생각했던 대로 역시 그렇다! 라고 감탄할 때 주로 씁니다. 맛집이라고 소문이 났다더니 さすがうまい 역시 맛있나!라던가, 미인대회 출신이라더니 さすがきれい 역시 예쁘다!와 같이 쓰시면 돼요.

A 新入生<ruby>しんにゅうせい</ruby>のイケメン、チェックしておきました！
잘생긴 신입생들 체크해놨어요!

B さすが！ 今<ruby>いま</ruby>から、見<ruby>み</ruby>に行<ruby>い</ruby>こう！
역시! 지금 보러 가자!

●●● 新入生<ruby>しんにゅうせい</ruby> 신입생 | イケメン 잘생긴 남자 | チェックする 체크하다 | おく 두다

19금 유흥업소 관련 어휘

노조키 (のぞき)

우리 늑대님들! 야동 보면서 '노조키'라는 말을 들어본 적이 있을 거예요. のぞき^{엿보기} 즉 몰래카메라로 찍은 성인물을 말하지요. 그리고 이케부쿠로나 신주쿠에 가면 のぞき部屋^{노조키 방}이라는 간판을 자주 볼 수 있는데, 바로 이름에서 알 수 있듯이 무엇인가를 엿보는 퇴폐업소예요. 특수유리로 칸이 나누어진 밀실 안에서 <u>으ㅎㅎㅎ</u>! 도대체 뭘 훔쳐본다는 거지??

소프 (ソープ)

소프란드(ソープランド) 혹은 소프(ソープ)라고 불러요. 목욕서비스와 더불어 야시시한 서비스를 받을 수 있는 특별한(?) 목욕탕이랍니다.

SM쿠라부 (SMクラブ)

S는 사디스트(sadist)를 뜻하고 M은 마조히스트(masochist)를 말하지요. 그럼 SM쿠라부에서는 무슨 일이 일어날까요? 힌트는 가죽띠, 쇠사슬, 수갑, 노끈과 같은 무시무시한 고문 기구, 뭐 이 정도만 이야기할게요.

이메쿠라 (イメクラ)

イメクラ^{이미지클럽}은 전철, 비행기, 학교, 사무실, 병원 같은 세트를 지어놓고, 원하는 상황이나 장소에 맞춰 여접대부와 남자손님들이 각자 코스프레를 하고 즐기는 변태 업소. 가장 인기가 높은 상황 설정은 역시 지하철이나 비행기 안에서의 역할놀이. 남성들의 성적호기심을 자극한다나 뭐래나!

스카우트맨 (スカウトマン)

일본에만 있는 독특한 직업으로 AV(성인용 비디오) 배우나 성인용 잡지 화보에 출연할 グラビア^{그라비아} 모델, 유흥업소에서 일할 젊은 여성을 스카우트하러 다니는 남자를 말해요. 주로 길거리 헌팅 방식이 많아요.

본문에 나왔던 다음 단어의 발음을 써보세요.

1 운동 運動　　　（　　　　　）　　　5 불법 不法　　　（　　　　　）

2 근육 筋肉　　　（　　　　　）　　　6 접대 接待　　　（　　　　　）

3 환락가 歡樂街　（　　　　　）　　　7 사진집 写真集　（　　　　　）

4 간판 看板　　　（　　　　　）

빈칸에 적당한 일본어를 넣어보세요.

1 일본에서는 性성과 관련된 유흥업을 ________라고 합니다. 그리고 우리나라에서도 흔히 술집을 속된말로 '물장사'라고 하듯이 일본에서도 마찬가지로 水商売라는 표현을 써요.

2 일본어로 이야기할 때 헬스장을 ヘルスクラブ헬스 클럽이라고 하시면 변태로 오해받기 쉽습니다. フィットネスクラブ휘트니스 클럽 혹은 체육관이란 뜻의 ________라는 표현을 써주세요! 제발~

3 일본 전통극인 가부키를 보려면 신주쿠 ________에 가서는 안 됩니다. 하지만 잘생긴 호스트들을 보고 싶다면 꼭 여기를 가야겠지요.

일본 남자에게 눈썹 손질은 기본?

남자가 眉毛(마유게)눈썹을 손질한다고? 그럼요. 제 일본친구 중에는 눈썹 손질은 기본이고 머리색에 맞춰 눈썹 염색도 하는데요, 뭘. 남자다움을 최고의 미덕으로 여기는 터프한 한국남자들이 들으면 완전 きもい(재수 없다)고 할지는 몰라도 일본 남자들은 눈썹 손질을 합니다. 유행이나 패션에 민감한 젊은 애들뿐만 아니라 동네 슈퍼 아저씨도 눈썹은 다듬을걸요. 풋하! 개인적으론 남자들도 지저분한 숯검정이 눈썹보다는 깔끔하게 정리된 눈썹이 더 보기 좋은 것 같아요. 그렇다고 해서 너무 실처럼 얇은 눈썹은 ヤンキー(양키) 같아 보이니까 제발 좀 참아주세요. 아, 일본에서 양키는 우리나라처럼 미국인을 지칭하는 것이 아니라 コンビニ(편의점) 앞에서 삼삼오오 煙草(담배)꼬나물고 앉아있는 좀 노는 무서운 아이들을 일컫는 말이에요. 한마디

眉毛(마유게) 마유게 눈썹
きもい 키모이 재수 없다
コンビニ 콤비니 편의점
煙草(타바코) 타바코 담배

로 불량 청소년입니다.

옛날에는 일본에서도 筋肉^{근육} もりもり^{울퉁불퉁} 남성미가 물씬 풍기는 몸짱 マッチョ^{마초} 스타일이라던가 男らしい^{남자다운} 남성이 최고의 매력남이었는데 요즘은 추세가 많이 달라진 것 같아요. 최근 몇 년 우리나라로 치면 얼짱남에 해당하는 イケメン(イケてる^{멋있다}+Men)이 멋진 남자를 대표하는 단어였다면 요즘 가장 급부상하는 인기남은 草食男子^{초식남}과 オトメン^{오토멘}이 아닐까 해요.

우리나라 매스컴에서도 자주 접하게 되는 초식남이라는 단어는 일본의 여성 칼럼니스트 후카사와 마키가 인터넷 연재칼럼인 'U35 남자 마케팅 도감'에서 처음 사용한 말인데요, 대표적인 特徴^{특징}으로는 자상하고, 취미생활과 여가를 중시하며, 자신을 치장하는 것을 좋아하고, 멋진 스타일을 위해 다이어트로 슬림한 몸을 유지하는 것 등이 있어요. 그리고 연애할 때 짐승 같은 집착(?)을 보이지 않는다는 것이 대표적인 특징이래요. 남자는 다 狼^{늑대}라던데, 초식남의 경우는 예외인가봐요.

筋肉 킨니꾸 근육
もりもり 모리모리 울퉁불퉁
男らしい 오토코라시이 남자답다
イケてる 이케테루 멋있다
草食男子 소쇼크단시 초식남
特徴 토크쵸 특징
狼 오－카미 늑대

　스키니진에 스타일리쉬한 티셔츠를 입고 한쪽 어깨에 커다란 에코백을 메고 한 손에 DSLR 카메라를 든 젊은 남자가 카페에서 와플에 홍차를 우아하게 마시는 모습이 전형적인 초식남의 모습이 아닐까 잠깐 상상해봤어요. 애인이 아니더라도 여자 친구들과 브런치도 먹으러 다니고, 엄마 팔짱 끼고 백화점 쇼핑도 따라 다녀주고. 와훗 다정하여라! 남자분들 중엔 絶対無理절대 무리! 죽었다 깨어나도 저렇게는 못해! 라고 생각하시는 肉食男子육식남들도 계실 텐데요, 요즘은 이런 부드러운 초식남이 여자들에게 인기가 있다잖아요. 한번 도전해보시는 것도? むりだっつうの무리라니깐!

絶対無理 젯따이 무리 절대 무리
肉食男子 니쿠쇼크단시 육식남

오토멘은 일본 만화 乙男^{オトメン}에서 나온 말로 소녀라는 일본어 乙女^{おとめ}에 Men(남자)를 합성한 말이에요. 外見_{외모}는 남자답고 카리스마 넘치며 머리도 좋고 운동도 잘하는 남자 중의 남자인데 소녀만화, 귀여운 소품, 달콤한 과자를 좋아하는 등 소녀적 趣味_{취미}와 感性_{감성}을 지닌 남성을 일컫는 표현이에요. 남성스러움과 여성스러움이 공존하는 캐릭터네요. 이것도 뭐 나쁘지 않네요! 므훗 ^-^

부드럽고 센스 있는 초식남이 인기가 있다고 해도 연애나 결혼에 소극적이고, 자신을 리드해주지 않는 것에 うんざりする _{질려버린} 여성들은 더욱더 완벽한 남자들을 원하게 되는 것 같아요. 그래서 태어난 신인종이 平成雑食 メンズ_{헤세잡식멘즈}에요. 단어에서 유추를 해보자면 平成_{헤세}는 현재 일본 연호인데 1989년부터가 평성이니까 그 이후에 출생한 남자로 잡식이니까 초식남과 육식남의 요소를 모두 갖춘 형태라고 할 수 있겠네요. 그러니까 초식남에서 살짝 남자다움이 부각된 캐릭터인 것 같아요. 예를 들면 초식남이 데이트 나올 때 아무 생각 없이 나온다면 잡식남들은 인터넷으로 데이트 코스를 사전 조사하고 나오는 차이라고 할까요? ^^

乙女 _{おとめ} 오토메 소녀
外見 _{がいけん} 가이켄 외모
趣味 _{しゅみ} 슈미 취미
感性 _{かんせい} 칸세 감성
うんざりする 운자리스루 질려버리다

시대에 따라 그 시대가 요구하는 여러 종류의 남성상들이 생겨났다 사라지곤 하는 것 같아요. 한국이나 일본이나 몸짱이 대세일 때는 다들 초콜릿 腹筋^{복근}을 가지려고 헬스클럽에서 땀을 바가지로 흘리기도 했었고, 꽃남이나 훈남 열풍이 거세게 불 때도 있었고, 온화한 초식남이나 애완남이 인기가 있기도 하고, 와일드한 魅力^{매력}이 폴폴 풍기는 짐승남이 여심을 흔들기도 하고. 여성 여러분은 어떤 타입이 이상형이세요? 저는 細マッチョ^{마른 몸짱}에 옷 입는 스타일은 초식남, 그리고 성격은 ちょいダメ男^{살짝 나쁜 남자}가 좋은데. ㅋㅋ 눈이 너무 높다고요? 어디까지나 이상형은 이상형일 뿐 꿈도 못 꾸나요 뭐!

腹筋 훗킨 복근
魅力 미료쿠 매력
細マッチョ 호소마초 마른 몸짱

きもい 재수 없다

きもい는 気持ち悪い^{기분 나쁘다}를 줄인 속어로 흔히 '재수 없다, 역겹다'라는 뉘앙스로 사용됩니다.

A 今の男、パンティ売り場の前で、ニヤニヤしてた。
지금 그 남자, 팬티 매장 앞에서 음흉하게 웃고 있었어.

B うわ、きもい。
우와, 재수 없어.

● ● ● 売り場 매장 | にやにや 히죽히죽

むりだっつうの 무리라니깐!

〜っつうの는 〜っていうの의 회화체 줄임말입니다. 보통 '〜라니깐!'이라고 해석하면 돼요. 약간 신경질적으로 말할 때 자주 사용해요. むりだっつうの^{무리라니깐!}, うるさいっつの^{시끄럽다니깐!} 등으로요.

A 明日までに漢字100個覚えてきて！
내일까지 한자 100개 외워와!

B むりだっつうの。
무리라니깐!

● ● ● 明日 내일 | 漢字 한자 | 個 〜개 | 覚える 외우다

うんざりする 지긋지긋하다, 진절머리난다

매일 똑같은 점심메뉴도, 매번 약속시간에 늦게 오는 친구도, 늘 잔소리를 하는 상사도 모두다 うんざりする^{진절머리 나요}. 흑흑!

A 彼って、仕事の愚痴ばっかり。うんざりする。
남자친구 말이야, 일에 대해 불평만 하고. 지겨워.

B そういわないで、聞いてあげなよ。
그렇게 말하지 말고 잘 들어줘.

● ● ● 仕事 일 | 愚痴 푸념 | 聞く 듣다 | あげる 주다

일단 체크해보는 초식남 테스트

- ☐ 出世출세하는 것에 흥미가 없다.

- ☐ 가족을 소중히 여기며 誕生祝い생일선물을 한다.

- ☐ 여자랑 買い物쇼핑가는 것을 좋아한다.

- ☐ 룸싸롱 같이 여자와 함께 마시는 술집에 興味흥미가 없다.

- ☐ 飲み会술자리에 가는 것 자체가 피곤하다.

- ☐ 格闘技격투기의 재미를 모르겠다.

- ☐ 少女漫画소녀만화를 좋아한다.

- ☐ 귀여운 ゆるキャラ마스코트 캐릭터를 좋아한다.

- ☐ 일하는 중에도 お菓子과자를 상비한다.

- ☐ 肌피부를 위해 자기 전에 化粧水스킨을 바른다.

- ☐ 미팅에서 初対面첫 대면 상대랑 말할 자신이 없다.

- ☐ 자신이 먼저 여자를 口説く꼬신 적이 없다.

- ☐ 積極的적극적인 여성을 보면 겁난다.

- ☐ 평탄하고 평화로운 인생을 憧れる동경한다.

- ☐ 無駄遣い쓸데없는 지출은 하지 않는다.

12개 이상	8개 이상	4개 이하	0개
완전한 초식남	머지않아 초식남이 될 가능성 큼!	초식남과 거리가 먼 육식남	여성들에게 늑대나 짐승이라고 불리는 시베리안 야생 호랑이 같은 남자

본문에 나왔던 다음 단어의 발음을 써보세요.

1 담배 煙草 　　　（　　　　　）　　5 외모 外見 　　　（　　　　　）

2 근육 筋肉 　　　（　　　　　）　　6 감성 感性 　　　（　　　　　）

3 특징 特徴 　　　（　　　　　）　　7 매력 魅力 　　　（　　　　　）

4 무리 無理 　　　（　　　　　）

빈칸에 적당한 일본어를 넣어보세요.

1 여성분들 중에는 화장을 지우면 ＿＿＿＿＿＿가 반밖에 없어서 すっぴん^{맨얼굴}을 본 남자들을 공포에 떨게 하는 분들도 계시지요!

2 우리나라에서는 ＿＿＿＿＿＿ 가 미국사람이나 미군의 속된 표현으로 사용되지만 일본에서는 전혀 그런 뜻이 없고, 그저 불량스런 청소년들을 그렇게 부른답니다.

3 잡지나 매스컴에 자주 등장하는 신조어로 초식동물처럼 온순하고 여성스러운 성품을 지닌 남자를 ＿＿＿＿＿＿라고 합니다.

일본에는 여러 족의 여자가 있다

일본에서 꼭 경험해보고 싶었는데 용기가 나지 않아 결국 포기한 것이 있어요. 바로 ガングロ강구로 스타일인데요, 2000년대 중반 이후로 급격히 그 수가 줄어들었지만 2000년대 초반만 해도 시부야, 신주쿠, 하라주쿠에는 ガングロ강구로들로 넘쳐 났었지요. 강구로는 顔얼굴 + 黒검정에서 온 표현으로 말 그대로 검은 얼굴! 피부를 日焼けサロン태닝샵에서 새까맣게 태우고 머리는 ブリーチ탈색으로 최대한 밝게 만들어요. 그리고 굵은 아이라인에 하얀색 립스틱을 발라주는 센스를 꼭 발휘해야만 해요. 허걱! 하얀색 립스틱! 보통 여자들이라면 시도조차 안 해볼 바로 그 색상을 과감히 사용하네요. 화장인지 분장인지 모를 이런 けばい요란한 화장에 울트라 초미니스커트! 예쁘냐고요? 음, 예쁘다기보다는 많이 무서웠지요! ㅋㅋ 처음 봤

日焼けサロン 히야케사롱 태닝샵

ブリーチ 브리치 탈색

けばい 케바이 요란하다

化粧品 케쇼힌 화장품

을 때 받았던 그 문화적 충격이란…… 꿈에 나올까 두려울 정도였어요. 그런데 왜 해보고 싶었냐 하면 이유는 간단! 우리나라에서는 절대 할 수 없는 패션이니까요.

강구로에서 조금 더 과격하게 발전한 형태가 ヤマンバ야만바! 원래 야만바는 깊은 산중에 사는 백발마귀할멈으로 사람을 잡아먹고 산다는 일본의 민화 속의 인물인데요, 행색이 이 야만바랑 꼭 닮았다고 해서 붙여진 이름입니다. 강구로 패션에서 당최 이해가 되지 않았던 하얀색 립스틱에 이어 이제 눈 주위에도 하얀색 아이라인을 굵게 그리고 콧대에도 하얗게 선을 긋고. 저런 化粧品화장품을 어디서 사나? 저건 분명히 화장품이 아니고 페인트인 게야! 이런 생각이 들 정도였어요. 심장이 약하신 분이나 노약자, 임산부에게는 정말 보여주고 싶지 않은 스타일이에요! 하지만 이런 야만바를 동경하는 남자들도 있었으니 바로바로 センターGUY센타가이! 야만바의 남자버전으로 시부야 센터거리에서 자주 출몰해서 붙여진 이름 같아요. 하하하!

　　강구로와 야만바의 화려한 全盛期(ぜんせいき)전성기가 막을 내리면서 나타난 것이 小悪魔(こあくま)ageha소악마 아게하족이에요. 소악마 아게하는 일본 최고의 패션 잡지 이름인데요, 여기에 나오는 카리스마 모델들을 アゲ嬢(じょう)아게죠라고 불러요. 이 아게죠 스타일이 요즘 일본의 젊은 여성들 사이에서 최고 핫아이콘입니다. 아게하가 되기 위한 필수조건으로는 젓가락처럼 가는 몸과 큰 머리. 아! 오해하지 마세요. 절대로 큰 얼굴이 아니라 큰 머리입니다. 미인대회 머리처럼 盛(も)る부풀려 세운 사자머리 헤어스타일을 추구해요. 왜? 얼굴이 상대적으로 작아 보여야 하니까. ㅋㅋ 그리고 무엇보다 중요한 것은 얼굴의 반을 눈으로 만드는 특수 메이크업! 깜짝 놀랄 정도로 아이라인을 굵게 그리고 그 위에 付(つ)けまつ毛(げ)인조 속눈썹도 반드시 붙여야 돼요. 쉽게 생각하면 バービー人形(にんぎょう)바비인형처럼 꾸민다고 생각하면 될 것 같아요.

全盛期(ぜんせいき) 젠세키 전성기
小悪魔(こあくま) 코아쿠마 소악마
盛(も)る 모루 부풀려 세우다
付(つ)けまつ毛(げ) 츠케마츠게 인조 속눈썹
バービー人形(にんぎょう) 바비닝교 바비인형

바비인형이 되고 싶은 아게하족이 헤어와 메이크업에 온 정성을 다 쏟는다면 의상에 많은 돈을 쓰는 ロリータ로리타족도 있어요. 줄여서 ロリ로리라고 표현하기도 해요. 일반적인 로리 스타일이라고 하면 깜찍한 에이프런에 풍성한 드레스, 프릴이 잔뜩 달린 나풀거리는 원피스, 그리고 厚底통굽 부츠가 대표 아이템이에요. 그리고 햇볕이 강한 날에는 레이스가 달린 우아한 日傘양산을 써 주는 것도 로리만의 사랑스러운 스타일이지요. 우리나라에서는 보통 아줌마들이 花柄꽃무늬 양산을 쓰는데. ㅋㅋ

로리도 好み취향에 따라 또 종류가 나누어져요. 달콤하고 로맨틱한 분위기를 연출하는 甘ロリ아마로리가 있고, 좀 더 세분화하면 선호하는 색상에 따라 白ロリ시로로리, 흰로리, 黒ロリ쿠로로리, 검정로리, ピンクロリ핑크로리 등이 있어요. 그 밖에도 꽃무늬를 많이 사용하고 머리에 보석 박힌 왕관을 쓰고 다니는 姫ロリ공주로리, 짙고 검은 화장에 어둡고 음침한 분위기를 연출하는 ゴスロリ고스로리, 일본 전통 기모노를 로리에 접목시킨 和ロリ와로리 등등, 그 種類종류도 참 다양해요. 이런 로리 스타일을 일본사람들은 참 좋아하나 봐요. 게임 캐릭터며 만화의 여주인공들도 이런 로리 패션을 많이 하고 있는 걸 보면요.

그리고 일본에는 아게죠나 로리처럼 화려한 종족들만 있는 것은 아니랍니다. 연애는 面倒くさい귀찮아를 외치며 연애세포가 건어물처럼 바짝 말라버린 干物女건어물녀들도 많이 있어요. 스타일은 기본적으로 ジャージ츄리닝! 일이 없는 날은 온종일 츄리닝을 입고 집에서 ごろごろ뒹굴뒹굴, 간단한 식사는 부엌에서 그냥 대충 때우고, 휴일에는 ノーブラ노브라, ノーメイク노 메이크, 겨울철에는 털 관리를 하지 않아 ヮ

厚底 아츠조코 통굽
日傘 히가사 양산
花柄 하나가라 꽃무늬
ジャージ 쟈-지 츄리닝
好み 코노미 취향

種類 슈르이 종류
面倒くさい 멘도크사이 귀찮다
干物女 히모노 온나 건어물녀
ごろごろ 고로고로 뒹굴뒹굴

ワキ毛げ겨드랑이 털 덥수룩 상태. 어랏, 이거 내 이야기잖아! 라고 뜨끔하신 여성분들이
계실 텐데요, 보통 퇴근 후나 휴일에 집에 있을 때는 다 이렇지 않나요?? 연예를 귀
찮아하는 것 빼고는 지극히 평범한 모습인 것 같은데……. 집에서 큐빅 박힌 반짝
이 속눈썹 붙이고 머리를 미스코리아처럼 부풀리고 있는 게 더 무서울 것 같지 않
나요? ㅋㅋ

뭐 아게하 스타일이건 로리 스타일이건 자신이 만족만 하면 되는 것 아닐까요?
남에게 피해를 주는 일이 아니니까 당당하게 개성을 들어내는 것도 좋을 것 같아요.
그리고 삶의 活力활력을 위해 가끔은 변신도 필요한 것 같아요. 그러니까 무릎 나온
츄리닝을 입고 방바닥에 납작하게 붙어계신 건어물녀님들은 지금 당장 레이스치
마에 마스카라를 바르고 외출이요! 혹시 알아요? 바짝 말라버린 연애세포가 팔팔
하게 살아날지도 모르잖아요.

ワキ毛げ 와키게 겨드랑이 털
活力かつりょく 카츠료크 활력

けばい 화장이나 치장이 요란하다

꾸밈 등이 '요란하다, 야하다'는 뜻의 けばけばしい의 줄임말입니다. 보통 화장을 진하게 떡칠(?)했을 경우 자주 사용해요.

A 化粧がけばい女を彼女にしたくないね。
화장이 진한 여자를 여자 친구로 삼고 싶지 않아.

B はぁ？お前の彼女も十分けばいよ。
뭐? 네 여자 친구도 충분히 화장이 요란하거든!

●●● お前 너 ｜ 十分 충분히

髪を盛る 머리를 부풀리다

원래 盛る는 '쌓아 올리다'라는 뜻이지만 젊은 층에서는 헤어왁스나 스프레이 등을 이용해 머리를 세워 크게 부풀리는 것을 말해요.

A 盛る頭にしてみたら？
부풀린 머리 해보면 어때?

B 髪が短いから、できないんだよね。
머리가 짧으니까 안 돼.

●●● 頭 머리 ｜ 髪 머리카락 ｜ 短い 짧다 ｜ できる 가능하다

面倒くさい 귀찮아

面倒くさい는 '귀찮다, 성가시다'는 뜻. 남자들은 터프하게 めんどくせー라고 발음하기도 하지요. 그리고 귀차니즘에 빠진 '귀찮음쟁이'를 面倒くさがり屋라고 합니다.

A あんたって本当にめんどくさい男だな。
너 진짜 귀찮은 남자구나.

B お互い様じゃね？
피차일반 아냐?

●●● あんた 너 ｜ 本当に 정말로 ｜ お互い様 피차일반

□ ファッション 패션

□ おしゃれ 멋쟁이

□ 流行り 유행

□ 最新トレンド 최신 트랜드

□ セレクトショップ 셀렉트 숍, 편집매장

□ コンサバ 콘사바, 보수적이라는 영어 conservative에서 따온 말로 유행을 좇지 않는 보수적인 패션을 말함

□ マキシ丈 발목까지 내려오는 스커트

□ トレンカ 뒷굽이 트인 고리 레깅스

□ レギンス 레깅스

□ ニット帽 니트로 된 모자, 비니

□ スキニー 스키니

□ セレブファッション 세레부 패션, 유명인사나 스타들이 입는 고급브랜드 스타일

□ 勝負服 승부옷, 데이트 같이 중요한 날 입는 옷

□ バギーパンツ 배기팬츠, 통이 넓은 바지

□ 千鳥格子 새가 줄지어 나는 것처럼 보이는 격자무늬, 스카프 등에 많이 사용되는 인기 있는 무늬

□ コスプレ 코스프레, 유명인 혹은 게임이나 만화 캐릭터의 복장을 입는 것

□ ウラハラ系 우라하라계, 하라주쿠 뒷골목에 패션전문점과 잡화점이 많이 모여 있는데 이 지역의 패션 스타일을 지칭함. 힙합, 구제 스트리트 패션이 주류

본문에 나왔던 다음 단어의 발음을 써보세요.

1 악마 悪魔　　　　（　　　　　）　　5 꽃무늬 花柄　　　（　　　　　）

2 전성기 全盛期　（　　　　　）　　6 종류 種類　　　（　　　　　）

3 통굽 厚底　　　（　　　　　）　　7 활력 活力　　　（　　　　　）

4 양산 日傘　　　（　　　　　）

빈칸에 적당한 일본어를 넣어보세요.

1 최근 일본의 젊은 여성들 사이에 가장 인기가 있는 헤어메이크&패션지는 바로
　　　　　　입니다. 이 잡지의 アゲ嬢^{じょう}아게죠라고 불리는 모델들도 상당한 팬들
을 보유하며 인기 급상승 중입니다.

2 　　　　　　패션은 소녀다움을 강조하기 위해 리본이나 프릴, 레이스를 자주
이용해요. 下妻物語^{しもつまものがたり}불량공주 모모코라는 영화에서 후카다 쿄코가 입고 다니는 스타
일이 대표적인 　　　　　　패션이지요.

3 평일은 회사에서 돌아와 혼자 맥주를 마시며 만화를 읽고, 휴일에는 츄리닝 차
림으로 뒹굴고 연애에는 도통 관심이 없는 여자를 　　　　　　라고 합니다. 일
본 만화와 드라마 ホタルノヒカリ^{호다루의 빛}의 여자주인공 캐릭터에서 따온 말
입니다.

우동집도 대를 잇는 일본

　서울 종로 일대를 걷다 보면 대를 이어 伝統전통을 지켜오는 유명한 가게들을 볼 수가 있어요. 100년 이상 서민들의 배를 든든하게 채워준 이문 설렁탕, 1939년 창업 이후 3대째 365일 가마솥에 불이 지핀다는 청진동 해장국의 원조 청진옥, 70년간 외할머니 어머니 딸로 이어지는 낙원상가의 유명한 낙원떡집. 하지만 요즘은 이렇게 대를 이어 전통과 맛을 지키는 가게가 점점 사라져 가는 추세라고 하니 정말 안타까운 실정이에요. 꼭 식당뿐만이 아니라 우리나라 전통장인들도 전통의 명맥을 이을 あとつぎ후계자가 없어 난감해한다는 이야기를 많이 들었어요.

　이에 반해 일본은 집안의 대를 잇는 것에 대해 자부심을 느끼고 있고, 실제로 家業가업을 잇는 젊은이들도 많다고 합니다. 동네 구석 조그만 약방, 우동가게, 붕어빵

伝統 덴토 전통
あとつぎ 아토츠기 후계자
家業 카교 가업

가게도 몇 대씩 집안의 전통을 지키는 모습을 보면 역시 職人精神^{しょくにんせいしん}장인정신이 살아있는 나라구나 하며 감탄을 하게 됩니다. 일본에서는 이렇게 선대부터 번창하여 대를 이어오는 유명한 가게를 老舗^{しにせ}시니세라고 하는데요, 이런 시니세 중에는 3대, 4대 아니 10대째 가업이 이어지는 곳도 많다고 하네요.

　대체로 일본에서 가업이 이어지는 분야는 お豆腐^{どうふ}두부, そば屋^や소바가게, うどん우동, お煎餅^{せんべい}전병, 전통과자, 着物^{きもの}기모노나 浴衣^{ゆかた}유카타, こいのぼり코이노보리, 雛人形^{ひなにんぎょう}히나인형, 歌舞伎^き가부키, 狂言^{きょうげん}쿄겐, 대사와 몸짓으로 이루어지는 일본의 대표적인 전통 연극, 能^{のう}노, 탈을 사용하는 전통 가무극 등이 있어요. 이런 전통을 이어나가는 집안에서 태어난 사람은 어릴 때부터 그런 환경에 노출되어 있으니까 자연스럽게 장인으로서의 자각이 몸에 배지 않나 싶어요.

職人精神^{しょくにんせいしん} 쇼크닌 세신 장인정신
豆腐^{どうふ} 도후 두부
そば屋^や 소바야 소바가게
煎餅^{せんべい} 센베 전병, 전통과자
雛人形^{ひなにんぎょう} 히나닝교 히나인형

일본 전통문화 가운데 외국인들이 가장 접해보고 싶어하는 것은 바로 歌舞伎^{かぶき}가부키가 아닐까요? 가부키는 일본 전통연극으로 얼굴을 하얗게 칠하는 화장으로 유명하지요. '패왕별희'같은 중국의 경극처럼 가부키도 여자역할을 모두 남자배우가 하는 것이 특징인데요, 이 가부키도 가부키가문이 있어서 대를 이어 가부키배우를 한답니다. 가부키가문은 일본에서 명문가 대접을 받고, 가부키배우들의 위상도 상당히 높아요. そういえば^{그러고 보니} 최근에는 이치가와 에비조, 나카무라 시도우 같은 売れっ子^{잘나가는} 가부키배우들이 가부키 이외의 영화나 드라마, 광고에서도 큰 活躍^{かつやく}활약을 펼치고 있네요.

가부키 외에 또 뭐가 있을까요. 코이노보리나 히나인형도 외국인들이 좋아하는 일본 전통 아이템일 텐데요, 코이노보리는 잉어모양의 깃발로 5월 5일 어린이날에 남자아이가 있는 집에서 아이의 무병과 성공을 기원하며 장대에 달아 걸어두지요. 이 코이노보리도 요즘은 대량생산으로 수작업하는 곳이 점점 줄고는 있지만 여전히 전통을 지키며 일일이 손으로 鯉잉어를 그리는 장인들이 남아있다고 합니다. 3월 3일 여자아이들의 축제인 雛祭り히나마쯔리에 장식하는 히나인형도 공장에서 뚝딱 만들어지는 것도 있지만 장인의 손으로 만들어진 것이 더 가치가 높지요. 가격은 20~30만 엔 정도로 상당히 부담스럽긴 하지만요. ^^;

그럼 여기서 궁금한 것 하나! '가업은 꼭 남자가 이어야 하는 건가요?'라는 것인데요, 보통은 長男장남이 잇는 경우가 많지만 장남이 원하지 않을 경우는 次男차남이나 末っ子막내가 이을 수도 있어요. 그럼 집안에 남자가 없는 경우는요? 무슨 걱정이에요. 娘딸이 이으면 되지요. 딸이라기보다는 婿사위가 대를 잇는 경우가 많아요. 일본은 결혼하면 남편의 名字성을 따르는데 이럴 때는 남편이 부인의 성을 따르고 집안의 가업을 잇는다고 보시면 됩니다. 일종의 데릴사위 개념이지요.

そういえば 소이에바 그러고 보니
売れっ子 우랫코 잘 팔리는(나가는) 사람
活躍 카츠야크 활약
鯉 코이 잉어
長男 쵸―난 장남

次男 지난 차남
末っ子 스엣코 막내
娘 무스메 딸
婿 무코 사위
名字 묘―지 성

  그런데 아무리 전통을 잇는 것을 중요하게 여기는 일본이라고 해도 여전히 풀리지 않는 미스터리가 있어요. 명문대학까지 나와서 왜 라면가게를 이어받고 아사쿠사에서 센베이를 굽는 걸까요? 전통이라 仕方ない어쩔 수 없어! 이렇게 포기하고 억지로 하는 걸까요? 요즘이 어떤 시대인데 단순히 使命感사명감 때문에 그렇게 하지는 않을 것 같아요. 물론 좋은 전통을 지키고 싶고 가업을 좋아해서 잇는 경우가 대부분이겠지만 역시 가업을 잇는 것이 더 경제적이기 때문에 잇는 경우도 있을 것 같다는 생각이 드네요. 그렇지 않을까요? 일본은 나라는 부자지만 국민은 가난하다는 말도 있잖아요. 샐러리맨으로 받는 박봉보다는 이미 기반을 잡은 가업을 선택하는 것이 수입 면에서도 낫고 안정적인 생활을 할 수 있기 때문이지요. 일본의 장인정신은 너무 すばらしい훌륭해요! 이렇게 결론이 내려져야 하는데 마무리가 너무 현실적인 이야기로 되어버렸네요. ^-^ 그래도 화려하고 멋진 것만을 쫓지 않고 가업을 이어받으려고 노력하는 일본의 젊은이들에게는 정말 박수를 쳐주고 싶어요.

仕方ない 시카타나이 어쩔 수 없다
使命感 시메-칸 사명감
すばらしい 스바라시이 훌륭하다

そういえば 그러고 보니

そういえば는 '그 말을 하니까, 그러고 보니'라는 뜻입니다. 말하는 도중에 어떤 것이 갑자기 생각나거나 할 때 쓰는 말이지요.

A あ、そういえば、今日山田さんの誕生日だね。
아, 그러고 보니 오늘 야마다씨 생일이네.

B そうだっけ？じゃ、プレゼント買わなきゃ。
그래? 그럼 선물사야겠네.

●●● 誕生日 생일 ｜ プレゼント 선물 ｜ 買う 사다

売れっ子 잘나가는 연예인, 잘나가는 ○○

우리나라에서도 속된 표현으로는 '잘 팔리는 연예인' 이런 말 쓰잖아요. 売れる 가 '팔리다'니까 売れっ子라고 하면 '잘 팔리는' 즉 잘나가는 연예인이라는 뜻입니다. 요즘에는 뜻이 확대되어 売れっ子作家 잘나가는 작가 이런 식으로도 사용한답니다.

A あの売れっ子芸人も離婚したら、売れなくなってきたな。
저 잘나가던 연예인도 이혼하더니 인기가 없네.

B 元カノと浮気なんかするからだよ。
옛날 여자 친구랑 바람 같은 거 피우니까 그렇지.

●●● 芸人 연예인 ｜ 離婚 이혼 ｜ 元カノ 옛날 여자 친구 ｜ 浮気する 바람피우다

仕方ない 어쩔 수 없어

아무리 해도 어찌할 방도가 없을 때 한숨을 쉬며 이렇게 이야기하지요. 仕方ない 어쩔 수 없어! 친구들끼리 가볍게 사용할 때는 しょうがない도 많이 씁니다.

A おい、このままじゃ、クリスマスは一人だぞ！
야, 이대로라면 크리스마스는 혼자 보내야 돼!

B しかたない、ナンパするか！
어쩔 수 없네. 헌팅 하자!

●●● このまま이 대로 ｜ 一人 혼자 ｜ ナンパ 헌팅

일본의 전통 맛집 ♡

스시 가게 (すし屋)

긴자 큐베에　銀座久兵衛

두말할 필요도 없는 일본 최고의 스시집. 스시장인들이 다수.

新橋(신바시)역 도보 3분

http://www.kyubey.jp

벤텐야마 미야코즈시 본점　弁天山 美家古寿司総本店

에도시대부터 오리지널 스타일을 고수하고 있는 도쿄를 대표하는 에도마에 스시집.

도쿄메트로 金座線(긴자선) 7번 출구 도보 3분

일본 요리 (日本料理)

신주쿠 다이코쿠　新宿の大黒

창업 38년의 전통 일본요리 전문점.

新宿西口(신주쿠니시구치)역 도보 5분

http://www.shinjuku-daikoku.co.jp

술 (酒)

마루모토 주조　丸本酒造

오카야마현에 있는 마루모토 주조는 1867년에 창업 이래 일본 전통주를 빚어오고 있대요.

http://www.kamomidori.co.jp

일본 과자 (和菓子)

교토 이토큐에몬　京都伊藤久右衛門

녹차파르페, 녹차 초콜릿, 녹차케이크 등 녹차디저트 가게.

ＪＲ宇治(우지)역 도보 15분

http://www.itohkyuemon.co.jp

소혼케 스루가야　総本家駿河屋

600년 전통의 일본 화과자의 명가. 특히 羊羹(양갱)으로 유명해요.

http://www.souhonke-surugaya.co.jp

본문에 나왔던 다음 단어의 발음을 써보세요.

1 전통 伝統 (   )   5 장남 長男 (   )

2 가업 家業 (   )   6 딸 娘 (   )

3 장인정신 職人精神 (   )   7 사명감 使命感 (   )

4 활약 活躍 (   )

빈칸에 적당한 일본어를 넣어보세요.

1 여자어린이의 축제인 히나마쯔리 때 집안에 장식하는 인형을 __________라고 해요. 보통 일주일 정도 장식한 뒤 3월 3일날 바로 치워야 해요. 그렇게 하지 않으면 딸이 시집을 늦게 간다는 속설이 있어요. ^^

2 일본 전통연극인 __________는 유네스코 세계무형유산으로도 지정되어 있답니다. 독특한 화장법으로도 유명한데 흔히 우리나라에서도 얼굴을 과하게 하얗게 화장하면 화장이 이것 같다며 놀림을 받기도 하지요. ㅋㅋ

3 일본에서는 대대로 가업으로 내려온 유명한 점포를 __________라고 한답니다.

우리와 다른 일본의 대중교통

どきどき_{두근두근} 거리가 멀어지면 멀어질수록 점점 불안해져요. 원거리연애라도 하냐고요? 아니요, 일본에서 버스를 타면 여러분도 이런 불안감을 온몸으로 느낄 수 있을 거예요.

일본의 バス_{버스} 요금은 우리나라처럼 정액제가 아니라 距離_{거리}에 따라 料金_{요금}이 늘어나거든요. 버스를 탈 때는 꼭 뒷문으로 타시고 승차권을 뽑으세요. 버스 앞 창 위에 보면 깜박깜박 숫자와 요금이 표시되어 있는 게 보일 거예요. 내릴 때 자기 승차권에 적혀 있는 숫자의 요금만큼 내고 앞문으로 내리면 돼요. 몇 정거장 안 갔는데도 요금이 덜컥덜컥 올라가니깐 처음 버스를 타면 가슴이 조마조마해질걸요. 후훗!

일본의 交通費_{교통비}가 비싸다는 이야기는 너무나 유명한 이야기. 일본여행계획을 세울 때도 늘 교통비가 얼마나 들게 될지 목적지까지 어떤 교통수단이 쌀지 꼼꼼히 챙기게 되고 그렇잖아요. 정말 그런 것 같아요. 가끔 사람들이 저에게 유학할 때 일본여행 어디어디 다녔어요? 라고 물으면 전 정말 할 말이 없습니다. ぶっちゃけ_{솔직히} 가본 곳이 별로 없거든요. 정말 살인적인 교통비! 상상초월이었답니다. 처음 일본물가에 적응하지 못해 캔커피 하나 뽑는데도 손이 떨렸던 그때, 저의 지갑을 가장 많이 압박하던 녀석이 바로 교통비였어요. 유학생활 처음에는 寮_{기숙사}에서 학교까지 往復_{왕복} 1시간 반을 매일 걸어 다녔답니다. 운이 좋은 날은 自転車_{자전거}를 타고 통학하는 학교친구를 만나 자전거 뒷자리를 얻어 타기도 했지만요. ^^ 왜 일본사람들이 자전거를 많이 타는지 알겠더라고요.

どきどき 도키도키 두근두근   ぶっちゃけ 붓차케 솔직히
距離 쿄리 거리   寮 료 기숙사
料金 료킨 요금   往復 오후쿠 왕복
交通費 코츠히 교통비   自転車 지뗀샤 자전거

자전거 이야기가 나왔으니까 하는 말인데, 장 보러 가거나 가까운 거리의 출퇴근은 자전거를 이용하는 경우가 많아요. 비가 오는 날 우산을 받쳐 들고 자전거를 타는 진풍경도 일본에서는 흔한 일이지요. 일단 자전거는 인도로 다녀도 되고, 인도와 차도 사이에 자전거 도로가 있어서 비교적 안전하게 다닐 수가 있어요. 그리고 인도에 凸凹울퉁불퉁한 턱이 없어 자전거로 다니기가 아주 편리해요. 차들도 성질 급한 우리나라 차들처럼 쌩쌩 달리지 않으니까 덜 위험하고요. 도심의 駅역 주변을 보면 자전거주차장이 많은데 일단 집에서 자전거를 타고 역까지 와서 乗り換え환승하는 경우도 많답니다.

버스는 앞에서 말했듯이 기본요금이 210엔 정도로 비싼 편이고 시간도 많이 걸리니까 일반적으로 가장 많이 이용되는 교통수단은 電車전철이에요. 전철은 보통 JR(국철)과 私鉄사철로 나누어져 있어요. 山手線야마노테센, 丸ノ内線마루노우치센 같이 지역이름을 붙은 것이 보통 JR이고요, 도심을 이동할 때 가장 편리하게 이용할 수 있어요. 기본요금은 130엔+알파(거리)에요. 사철은 민영전철로 小田急線오다큐우센, 京王線케이오센등이 있고 기본요금은 150엔+알파(거리)입니다.

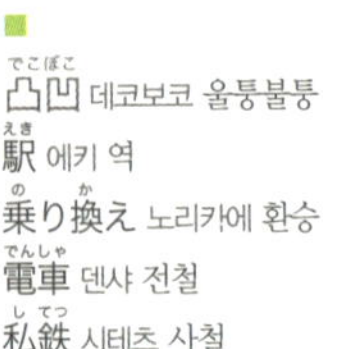

凸凹 데코보코 울퉁불퉁
駅 에키 역
乗り換え 노리카에 환승
電車 덴샤 전철
私鉄 시테츠 사철

우리나라에서는 전철과 地下鉄^{지하철}을 별 구분 없이 사용하지만 일본에서는 차이가 있답니다. 간단히 말하면 창밖에 풍경이 보이면 전철, 안 보이면 지하철입니다. 그러니까 지상으로 다니는 것은 전철, 지하로 다니는 것은 지하철이에요. 지하철은 東京メトロ^{도쿄메트로}와 都営^{도에이}가 있는데 전철보다 기본요금이 살짝 비쌉니다. 도쿄메트로는 기본요금이 160엔, 도에이 170엔이에요. 일본은 이렇게 전철과 지하철회사가 여러 개다 보니 라인을 갈아탈 때 요금을 別々に^{따로따로} 내야 해요. 그러니까 JR 타고 가다 지하철로 갈아타고 다시 사철을 타면 요금을 각각 세 번 다 내야 한다는 이야기입니다. 전철라인이 많다 보니 설명도 도쿄 전철노선도 마냥 얽히고설켜 복잡하네요.

처음부터 지금까지 교통비가 계속 비싸다는 이야기니까 タクシー^{택시}는 뭐 설명드릴 필요도 없겠지요. 보통 기본요금이 710엔이고 22시~05시까지는 20% 야간할증이 붙습니다. 신주쿠에서 하라주쿠까지 JR야마노테센 타면 130엔 기본요금에 갈 것을 택시 타면 1,300엔~1,500엔을 내야 해요. 그러니까 한국에서처럼 술 마시고 전철 끊겼다고 가벼운 마음으로 손들고 택시를 잡으면 큰 낭패를 본다는 말씀. 그리고 일본 택시는 자동문이라는 거! 손님의 안전을 위해 그렇게 하는 거니까 택시를 탔을 때는 아저씨가 문 열어줄 때까지 잠깐만 참기에요!

마지막으로 일본의 일반 서민들은 출퇴근할 때 차를 잘 가지고 다니지 않아요. 매년 치솟는 기름값도 기름값이지만 1년에 한 번 車税^{자동차세}를 내야만 하고 2년에 한 번 車検^{자동차 검사}를 해야 하는데 그 비용도 만만치 않답니다. 자동차 검사비만 10만 엔은 족히 들 거예요. 그리고 우리나라와 다른 재미있는 점은 일본은 차를 살

地下鉄 치카테츠 지하철
別々に 베쯔베쯔 따로따로
車税 샤제 자동차세
車検 샤켄 자동차 검사

때 駐車場주차장이 없으면 차를 살 수가 없어요. 그래서 그런지 일본 住宅街주택가에는 골목주차를 해놓은 차가 거의 없네요. 일본 주택가를 찍은 사진들이 깨끗하고 예뻐 보이는 이유가 바로 이것 때문일 수도 있겠어요. 어쨌든 이렇게 차량 유지비가 많이 드니까 가까운 거리는 자전거로, 먼 거리는 전철 같은 대중교통수단을 이용하는 것 같아요. 교통비가 비싸다고는 하지만 꼼꼼히 살펴보면 교통비를 節約절약할 수 있는 방법도 있어요. 전철이나 지하철 定期券정기권을 끊으면 그 지정한 구간 안에서는 몇 번을 다녀도 상관없고, 학생들은 学生割引학생할인을 받으니까 半額반액 정도에 정기권을 끊을 수 있답니다. 그러니까 일본으로 유학을 가는 학생님들은 가자마자 자전거를 사거나 정기권을 끊으세요. 꼭이요~~

駐車場 츄샤죠 주차장
住宅街 쥬타크가이 주택가
節約 세츠야크 절약
定期券 테키켄 정기권
学生割引 각세 와리비키 학생할인
半額 한가크 반액

ドキドキ 두근두근

면접시험 전이나 로또 번호 맞춰볼 때, 짝사랑하는 사람이 날 보고 웃어줄 때 심장이 벌렁벌렁하지요. ドキドキ는 이렇게 불안하거나 긴장이 되어서 가슴이 두근거릴 때 사용합니다.

A 彼を見るとドキドキするの。恋してるってことかな。
그 사람을 보면 두근거려. 좋아하는 건가.

B またかよ。
또야?

●●● 恋する 사랑하다 ┃ また 또

ぶっちゃけ 솔직히

ぶっちゃけ는 '폭로하다'는 뜻의 うちあける의 변형된 표현으로 '솔직히'라는 뜻입니다. ぶっちゃけた話 솔직히 딱 까놓고 이야기하면 도 비슷한 표현이에요.

A 好きです！僕とつきあってください。
좋아해요! 저랑 사귀어주세요.

B ぶっちゃけ、タイプじゃないの、ごめんね。
솔직히 내 타입이 아니야. 미안.

●●● 好きだ 좋아하다 ┃ 僕 나(남자) ┃ つきあう 사귀다

別々に 따로따로

別に는 '별로, 특별히'라는 뜻이고요, 別々に는 '따로따로'라는 뜻이에요. 헷갈리지 마세요. ^^

A 会計のとき、男が「別々に」っていうのどう思う？
계산할 때 남자가 '따로따로'라고 말하는 거 어떻게 생각해?

B そんな男はいらないね。
그런 남자는 필요 없다. 그지.

●●● 会計 계산 ┃ 思う 생각하다 ┃ いる 필요하다

□ 車 ^{くるま} 차

□ バス 버스

□ 電車 ^{でんしゃ} 전철

□ 地下鉄 ^{ちかてつ} 지하철

□ 自転車 ^{じてんしゃ} 자전거

□ バイク 오토바이

□ トラック 트럭

□ 救急車 ^{きゅうきゅうしゃ} 구급차

□ 飛行機 ^{ひこうき} 비행기

□ 船 ^{ふね} 배

□ 新幹線 ^{しんかんせん} 신칸센

□ 高速道路 ^{こうそくどうろ} 고속도로

□ 交通事故 ^{こうつうじこ} 교통사고

□ 交差点 ^{こうさてん} 교차로

□ 渋滞 ^{じゅうたい} 교통체증

□ 通り ^{とお} 길

□ 横断歩道 ^{おうだんほどう} 횡단보도

□ 信号 ^{しんごう} 신호

□ 歩道橋 ^{ほどうきょう} 육교

□ ガソリンスタンド 주유소

본문에 나왔던 다음 단어의 발음을 써보세요.

1 교통비 交通費   (   )   **5** 역 駅   (   )

2 거리 距離   (   )   **6** 학생할인 学生割引 (   )

3 기숙사 寮   (   )   **7** 반액 半額   (   )

4 왕복 往復   (   )

빈칸에 적당한 일본어를 넣어보세요.

1 신도림역은 서울의 대표적인 _________역이지요. 출 퇴근시간 얼마나 사람이 많고 복잡한지 지옥철이란 말이 저절로 나온다니까요. ^^

2 일본에서 _________ 없이는 차를 사지 못해요. 아파트에 사는 사람들이야 괜찮지만 일반주택의 경우 집에 주차공간이 없으면 외부 주차장을 등록해야만 차를 살 수 있답니다.

3 일본에 놀러 가서 교통비가 걱정되신다면 프리패스를 끊으세요. JR 도쿠나이 프리킷부는 730엔, 메트로 1일 승차권 710엔, 도에이 1일 승차권 700엔, JR, 메트로, 도에이를 다 이용할 수 있는 도쿄 프리킷부는 1,580엔입니다. 그리고 유학이나 취업으로 장기체류할 때는 꼭 _________을 끊으셔야 교통비를 절약할 수 있답니다.

합숙까지 하며 따는 운전면허

저는 어릴 때부터 車酔い차멀미가 정말 심했답니다. 차를 타면 머리가 어찔어찔, 금방이라도 토할 것 같은 기분이 들곤 했지요. 어린 마음에 커서 난 운전도 못 하겠네! 라며 속상해하는데, 글쎄, 귀가 번쩍 뜨이는 이야기. 자기가 운전하면 멀미를 안 한다는 겁니다. 오호! 그리고는 늘 꿈꿨지요. 멀미 없이 차를 모는 그날만을. 드디어 그날이 왔고 밤샘공부로 筆記試験필기시험을 우수한 성적으로 합격! 학원에서 배운 매뉴얼 달달 외워 기능시험 보고, 너무 緊張긴장해 어찌 봤는지 기억은 안 나지만 도로주행도 아슬아슬 통과! 그렇게 運転免許운전면허를 땄지요.

우리나라에서는 운전면허를 따는 데 보통 빠르면 한 달, 사람이 많은 대도시라도 두 달 정도면 따는 걸로 아는데요, 일본은 조금 더 많은 돈과 시간이 듭니다. 시

車酔い 쿠르마요이 차멀미
筆記試験 힛키시켄 필기시험
緊張 킨쵸 긴장
運転免許 운뗀멘쿄 운전면허

간이라기보다는 돈이 많이 든다는 표현이 맞겠군요.

　일본에서 오토바이는 16살, 자동차는 18살이면 면허를 딸 수 있어요. 남자들이란 원래 애인만큼 차를 사랑하는 종족이잖아요. 그래서 보통 고등학교를 졸업하자마자 면허를 따는 남학생들도 많아요. 옛날에는 여름방학이나 겨울방학을 이용해 면허를 취득했지만 10여 년 전부터는 合宿免許^{합숙면허}가 대세가 되었어요. 우리가 수동이라고 부르는 MT 즉 マニュアル車^{매뉴얼 차}의 경우는 시간이 좀 더 걸리겠지만, AT 즉 オートマチック車^{오토매틱 차}의 경우에는 1~2주면 딸 수가 있다고 하네요. 비용은 30만 엔 정도입니다. 합숙을 하지 않고 집에서 自動車教習所^{자동차 교습소}를 다니며 딸 경우는 두세 달 정도 걸리고 비용은 20만 엔 정도라고 해요. 합숙은 합숙비까지 포함되어 있는 비용이라 비싸도 어쩔 수가 없네요.

■
合宿免許 갓슈크멘쿄 합숙면허
マニュアル車 마뉴아루 쿠르마 수동 차
オートマチック車 오토마칙크 쿠르마 오토매틱 차
自動車教習所 지도샤 쿄슈죠 자동차 교습소

합숙소의 방은 대체로 깨끗하고 식당도 꽤 이용할 만하다고 합니다. 최근에는 主婦주부들이 안심하고 면허를 딸 수 있게 託児所탁아소까지 만들어 놓은 학교도 많다고 하니 역시 서비스 왕국다운 면모를 보이네요. 우리나라에도 속성운전학원이 있다는 이야기는 들었지만 운전이 어디 2박 3일 練習연습해서 되는 건가요! 이런 불법연습장 말고 체계적으로 합숙시스템을 가진 일본식 합숙면허는 꽤 괜찮을 것 같다는 생각이 드는데 여러분 생각은 어떠신지요.

그럼 이제 일본의 운전면허 종류에 대해 잠깐 살펴볼게요. 운전면허 학원에 다니지 않고 독한 마음을 먹고 독학으로 면허를 따고자 할 경우 운전면허시험장에서 技能試驗기능시험과 学科試驗학과시험을 치면 됩니다. 이런 걸 一発試驗일발시험이라고 해요. 하지만 혼자서 준비해야 하니까 아무래도 불합격할 확률이 높겠지요. 그래서 보통은 지정 자동차 교습소에 입학해서 운전연습을 해요. 장내 코스시험에 합격하면 仮免가면허가 주어지고 도로주행실습과 또 한 번의 필기시험을 본 후 마지막으로 卒業検定졸업검정에 합격하면 끝!

장내 코스시험을 볼 때 우리나라처럼 센서가 있어 자동으로 채점이 이루어지는 것이 아니라 옆에 감독관이 타서 손으로 採点채점을 한답니다. 그렇지 않아도 긴장되는데 옆에서 연필로 뭘 막 쓰고 그러니까 긴장감은 200배 증가. 타이밍에 맞춰 進路よし진로 OK, みぎよし오른쪽 OK, ひだりよし왼쪽 OK라며 고개를 크게 확확 돌려주면서 소리를 질러줘야 해요. 안 그랬다가는 이것도 다 감점요인. ^^

■

主婦 슈후 주부
託児所 타쿠지쇼 탁아소
練習 렌슈 연습
技能試驗 키노시켄 기능시험
学科試驗 각카시켄 학과시험
一発試驗 잇파츠시켄 일발시험
仮免 카리멘 가면허
卒業検定 소츠교겐테 졸업검정
採点 사이텐 채점
進路よし 신로요시 진로 OK
みぎよし 미기요시 오른쪽 OK
ひだりよし 히다리요시 왼쪽 OK
外免切替 가이멘 키리카에 외국면허교환

뭐 우리는 굳이 일본에 가서 이렇게 면허를 딸 필요는 없을 것 같아요. 혹시 일본에서 면허증이 필요할 때는 한국 면허증을 가지고 와서 外免切替^{がいめんきりかえ}외국면허교환 신청을 하면 일본 면허증을 만들어줍니다. 한국운전면허증의 일문번역공증본, 여권, 외국인등록증, 사진, 영문운전경력증명서 등의 서류와 수수료가 필요합니다. 국제면허증도 괜찮지만 기간이 1년이고, 장기체류자의 경우 외국인등록증이 나오면 국제면허 효력이 상실되는 약간 특이한 시스템이므로 반드시 일본 면허를 받아두는 게 좋으실 것 같아요. 또 하나 주의해야 할 것은 한국에서 운전면허 따고 곧바로 일본으로 오면 면허교환이 불가능하다는 것! 면허 취득 후 한국에서 3개월 이상 체재해야 한다는 것이 최소 자격조건이에요.

　　일본의 차는 우리나라와 운전석 위치가 반대, 당연히 운전 신호체계도 반대에요. 그러니까 일본에서 운전할 때는 気をつけてください^{조심하세요}! 내 의지와는 상관없이 핸들 잡은 손이 습관적으로 움직여 아찔한 역주행을 경험하게도 될지도 모르니까요. 하지만 너무 겁먹으실 필요는 없어요. 일본 운전자들은 아주 何て言うか^{뭐랄까} 좋은 말로 하면 신사적으로 운전을 해요. 웬만해서는 경적도 안 울리고, 무리한 追い越し^{추월}이나 車線変更^{차선변경}도 하지 않는답니다. 물론 안전거리와 안전속도도 정말 잘 지키고요. 하지만 스릴과 스피드를 즐기는 우리나라 사람들은 솔직히 조금 もどかしい^{답답해} 속이 터질 수도 있다는 점도 미리 말씀드려요. 하하하!

何て言うか 난떼이우카 뭐랄까
追い越し 오이코시 추월
もどかしい 모도카시이 답답하다

気をつけてください 조심하세요

気をつける는 '조심하다', 그러니까 気をつけてください는 '조심하세요'라는 뜻이 되는 거지요. 여러분~ 밤길, 감기, 사기꾼, 틀리기 쉬운 문제 모두 気をつけてください!!

A 風邪ひかないように、気をつけてください。
감기 걸리지 않게 조심하세요.

B はい、分かりました。ありがとうございます。
예, 알았습니다. 고마워요.

••• **風邪をひく** 감기 걸리다 | **分かる** 알다

何て言うか 뭐랄까

표현하고자 하는 말이 금방 떠오르지 않을 때 자주 쓰지요. 젊은 친구들은 なんつうか라고도 합니다.

A 何ていうか、君に一目ぼれなんだよね。
뭐랄까, 너한테 첫눈에 반했어.

B ありがたいんだけど、彼いるの。
고맙지만, 남자친구 있어.

••• **君** 너 | **一目ぼれ** 첫눈에 반함 | **彼** 그, 남자친구

もどかしい 답답하다

좁은 공간이나 연기 같은 것 때문에 숨을 쉴 수 없어 답답한 것은 息苦しい! 일처리 같은 것을 속 터지게 답답하게 할 때는 もどかしい나 じれったい! 소화불량으로 속이 답답할 때는 胃がもたれる!

A 彼に気持ちを伝えたいけど、怖くてできないよ。
그 사람한테 마음을 전하고 싶은데 무서워서 못하겠어.

B あ、もどかしいな〜 大丈夫だって! 勇気出して。
아〜답답하다. 괜찮아! 용기 내.

••• **気持ちを伝える** 마음을 전하다 | **怖い** 무섭다 | **勇気を出す** 용기를 내다

□ 左折 좌회전

□ 右折 우회전

□ 徐行 서행

□ 制限速度 제한 속도

□ センターライン 중앙선

□ 駐車する 주차하다

□ 洗車する 세차하다

□ 一時停止 일시정지

□ 転回, Uターン 유턴

□ 急制動 급제동

□ 免許取消し 면허취소

□ 無免許運転 무면허운전

□ 飲酒運転 음주운전

□ 路肩走行 갓길주행

□ スピード違反 속도위반

□ ひき逃げ 뺑소니

□ ブレーキをふむ 브레이크를 밟다

□ エンジンをかける 시동을 걸다

□ ガソリンを入れる 기름을 넣다

□ ハンドルをきる 핸들을 꺾다

본문에 나왔던 다음 단어의 발음을 써보세요.

1 필기시험 筆記試験 (　　　　　　)　　5 연습 練習　　(　　　　　　)

2 긴장 緊張　　　(　　　　　　)　　6 채점 採点　　(　　　　　　)

3 주부 主婦　　　(　　　　　　)　　7 진로 進路　　(　　　　　　)

4 탁아소 託児所　(　　　　　　)

빈칸에 적당한 일본어를 넣어보세요.

1 예전에 방송에서 봤는데 __________가 심한 사람은 선글라스를 끼면 이것이 훨씬 덜 하대요. 아니면 직접 운전하는 것도 좋은 방법이고요.

2 일본에서는 요즘 집에서 운전면허학원에 다니면서 면허를 따는 형태보다 수험생들이 같이 먹고 자면서 운전연습을 하는 _________가 더 인기 있다고 합니다.

3 운전하다가 성질이 욱하고 올라올 때는 언제? 바로 ウィンカー^{깜빡이} 안 켜고 __________하는 차를 봤을 때!

일본에도 ♡ 지역감정이 있다?

에스컬레이터를 탈 때 오른쪽에 설 것이냐 왼쪽에 설 것이냐…… 무슨 이야길 하는 거야! 당연히 오른쪽에 서야지. 안전을 위해서 두 줄 서기를 해달라는 간곡한 표지판이 보이지만 습관이라는 것이 어디 하루아침에 바뀌나요. 다들 오른쪽에 한 줄로 쫙 서 있는데 혼자만 왼쪽에 서 있기란 참 용기가 필요한 일이지요. 그런데 뜬금없이 무슨 이야기냐고요. 일본에서는 도쿄가 중심도시인 関東간토 지방과 오사카가 중심도시인 関西간사이 지방이 서로 에스컬레이터에서 서는 위치가 달라요. 도쿄쪽은 오른쪽이 추월선이고 오사카쪽은 왼쪽이 추월선이랍니다. 그러니까 도쿄에 놀러 갔을 때는 예전 한국에서처럼 아무 생각 없이 오른쪽에 서 있다가는 뒤통수가 따가울지도 모를 일입니다. ^^

일본에도 지역감정이 있을까 하시겠지만 아주 없다고는 할 수 없을 것 같아요. 예로부터 일본 歷史역사와 文化문화의 중심은 간사이 지방이었어요. 도쿄는 주목받지 못하던 시골에 불과했었지요. 그런데 도쿠가와 이에야스가 권력을 잡고 나서 수도를 교토에서 江戸에도 즉 지금의 도쿄로 옮겨버렸대요. 그래서 간사이 사람들이 자존심에 傷ついた상처를 받은걸까요. 아무튼 그때부터 눈에 보이지 않는 지역감정이 쌓인 것 같아요.

제 친구 중에는 오사카나 교토 출신의 간사이 친구들이 많은데요, 확실히 자신이 関西人간사이 사람이라는 것에 대한 자부심이 대단해요. 그리고 어디까지나 제 생각이지만 간사이는 간토를 살짝 バカにする무시하는 경향이 있는 것 같고 간토는 간사이에 대해 별로 気にしない신경은 안 쓰지만 살짝 촌뜨기 취급을 하는 것 같아요. ^^

歷史 레키시 역사
文化 분카 문화
バカにする 바카니스루 바보 취급하다
気にしない 키니시나이 신경을 안 쓰다

억양이나 말투도 약간 차이가 나는데요, 大阪弁^{おおさかべん}오사카 사투리가 표준어보다 억양이 투박하고 빨라요. 우리나라 경상도 사투리 같은 느낌이랄까요. 일본 버라이어티 프로를 보면 걸쭉한 오사카 사투리가 많이 나오는데 그건 일본 연예인들이 간사이 출신이 많기 때문이지요. 그리고 간사이 출신 연예인들은 사투리를 고치지 않고 방송을 한답니다. 아마 그런 것도 간사이에 대한 프라이드 때문이 아닐까 해요. 후훗!

그럼 여기서 일본 쇼프로를 잘 보기 위한 1분 오사카 사투리 강좌 들어갑니다. 오사카 사투리는 속도도 속도지만 말끝에 붙는 어미가 다르답니다. 예를 들면 표준어 ない없다는 へん, だよ이다는 やで가 돼요. 그러니까 やらない안하다는 やらへん, すきだよ좋아해는 すきやで가 된답니다. 단어 자체도 다르게 쓰는 경우가 많아요. 아~ 그러고 보니 제가 처음 맥도날드를 マック막그라고 불렀을 때 간사이 친구들에게 얼마나 구박을 받았던지요. しくしく흑흑. 도쿄쪽에서는 맥도날드를 막그라고 하지만 간사이는 マクド마쿠도라고 불러요. 몇 개 더 예를 들자면 '어머니'를 표준어로는 おかあさん, 오사카 사투리는 おかん, '정말'은 표준어로는 本当^{ほんとう}, 오사카 사투리는 ほんま, '고맙다'도 표준어는 ありがとう, 오사카 사투리는 おおきに입니다. 오사카 사투리가 조금 거친 느낌은 있지만 사람들은 정도 많고 친절하고 화끈한 것 같아요. 물건을 살 때 도쿄는 에누리없는 정찰제지만 오사카는 말만 잘하면 막 깎아주기도 한답니다.

음식의 취향에도 차이를 보이는데요, 우리나라 청국장같이 생긴 낫또를 간토사람들은 별로 안 좋아하고 간사이에서는 즐겨 먹어요. 음식의 간도 간토는 濃口^{こいくち}진한

おかあさん오카-상 어머니
本当^{ほんとう} 혼또 정말
濃口^{こいくち} 코이구치 진한 맛

 간사이는 薄口^{싱거운 맛}이 기본 베이스라서 도쿄쪽은 음식이 짜고 오사카쪽은 담백합니다. 그래서 소바를 먹을 때 도쿄는 つゆ^{장국물}에 찍어만 먹고 오사카는 국물까지 후루룩 다 마신답니다. 맵고 짠 걸 좋아하는 우리 입맛에는 도쿄쪽 음식이 더 맞을지도 모르겠네요.

여러 가지 소소한 차이가 있지만 간토와 간사이의 대표적인 대결구도는 역시 프로야구 아닐까요. 도쿄 연고지인 요미우리 자이언츠와 오사카 연고지인 한신 타이거즈! 숙명의 라이벌이지요. 각자 자기 팀에 대한 열정이 대단해요. 우승이라도 하는 날에는 정말 난리가 나요. 가게들이 막 축하세일 들어가고 완전 축제의 도가니탕이에요! 우리나라에서는 롯데가 우승했다고 부산에 있는 가게들이 50% 할인하거나 음식점에서 공짜로 맥주 서비스 나가고 뭐 그렇게까지는 하지 않잖아요. 그리고 제 개인적인 느낌으로는 한신팬들은 한신이 다른 팀에 이기는 것도 중요하지만 자이언츠가 다른 팀에 지는 것을 더 즐거워한다는 느낌도 받았어요! 뭐 이건 저만의 勘違い^{착각}일수도 있고요. 하하하!

薄口 우스구치 싱거운 맛

つゆ 쯔유 장국물

勘違い 간치가이 착각

　일본도 지역마다 그 지방의 독특한 지역색이 있는 것 같아요. 앞에서 이야기한 도쿄와 오사카뿐만 아니라 나고야는 けち 구두쇠가 많은 걸로 유명하고, 규슈 지방 남자들은 우리나라 경상도남자처럼 무뚝뚝하지만 남자답다고 알려져 있어요. 그리고 일본에서 가장 예쁜 여자가 많은 곳을 꼽으라면 역시 아키타! 일본 북쪽 아키타 지방은 피부가 희고 고운 미인들이 많다고 해요. 秋田美人아키타 미인이라는 말이 있을 정도니까요. 남남북녀라는 말은 일본에서도 통하는군요. 우리 늑대님들도 언제 산 좋고 물 맑은 아키타 旅行여행을 한번 계획해 보시는 것도 좋을 것 같네요. 여행도 하고 예쁜 일본 미인들도 만날 수 있고, 뽕도 따고 님도 보고, 一石二鳥일석이조 아니겠어요?

けち 게치 구두쇠
秋田美人 아키타 비징 아키타 미인
旅行 료코 여행
一石二鳥 잇세키니쵸 일석이조

傷ついた 상처받았다

물건에 흠집이 나면 '기스났다'고 표현하는 경우가 있는데 기스는 바로 '상처, 흠집'이라는 일본어 傷입니다. 보통 '사람 마음에 상처 줬다'는 傷つけた, '상처받았다'는 傷ついた라고 해요.

A 少し太った？
조금 살쪘니?

B え、体重減ったんだよ。マジ、きずついた・・・。
어, 체중 줄었는데. 진짜 상처 받았어…….

●●● 少し 조금 | 太る 살찌다 | 体重 체중 | 減る 줄다 | マジ 진짜

バカにする 무시하다

흔히 무시한다고 할 때 無視する라고 많이 쓰는데 無視する는 못 본 체하거나 의견 등을 수용하지 않고 무시할 때 주로 쓰고, 얕잡아 보거나 바보취급하면서 무시할 때는 バカにする를 씁니다.

A 部長が、「この漢字読める？」だって。
부장이 "이 한자 읽을 수 있어?"이러는 거야.

B いくらなんでも、それはバカにしすぎてるよね。
아무리 그래도 그건 너무 무시하는 거 아냐.

●●● 部長 부장 | 漢字 한자 | 読める 읽을 수 있다, 読む의 가능형

気にしない 신경 안 쓴다

気にする는 '신경을 쓰다', 気にしない는 '별로 마음에 두지 않는다, 신경을 쓰지 않는다'는 뜻입니다. '신경 쓰지 마'는 気にしないで 혹은 気にするな로 말하면 돼요.

A 気がつくと、私ももう３４なんだよね。
그러고 보니 나도 벌써 34살이야.

B え、見えない。そんなこと気にしないでよ。
그렇게 안 보여. 그런 거 신경 쓰지 마.

●●● 気がつく 정신이 들다 | 見える 보이다

일본에 가면 꼭 먹어볼 지역별 명물

센다이 (仙台): 소 혀 요리 牛タン

나고야 (名古屋): 새우튀김 주먹밥 てんむす, 닭날개 튀김 手羽先

우쯔노미야 (宇都宮): 만두 餃子

아사쿠사 (浅草): 몬쟈야키 もんじゃ焼き (오코노미야끼의 도쿄 버전)

아키타 (秋田): 쌀로 만든 어묵 きりたんぽ

미에현 (三重県): 마츠사카소 松阪牛 (일본 3대 고급 소고기)

아이치현 (愛知県): 잘게 썬 장어덮밥 ひつまぶし

카가와현 (香川県): 사누키우동 さぬきうどん

아오모리현 (青森県): 사과 りんご

홋카이도 (北海道): 대게 カニ (해산물은 다 싸고 양 많고 맛좋음)

오사카 (大阪): 타코야끼 たこ焼き

히로시마현 (広島県): 오코노미야끼 お好み焼き (오코노미야끼의 원조는 오사카가 아니라 히로시마! 소바나 우동을 넣어서 굽는 것이 특징)

후쿠오카 (福岡): 돈코츠라면 トンコツラーメン, 볶음라면 焼きラーメン

나가사키 (長崎): 짬뽕 ちゃんぽん, 카스테라 カステラ

카고시마 (鹿児島): 흑돼지 黒豚

쿠마모토현 (熊本県): 마사시=말고기 육회 馬刺し

본문에 나왔던 다음 단어의 발음을 써보세요.

1 역사 歷史 　　　　　(　　　　　)　　5 여행 旅行 　　　　　(　　　　　)

2 문화 文化 　　　　　(　　　　　)　　6 짜고 진한 맛 濃口 (　　　　　)

3 정말 本当 　　　　　(　　　　　)　　7 싱겁고 담백한 맛 薄口

　　　　　　　　　　　　　　　　　　　　　　　　　　(　　　　　)

4 오사카 사투리 大阪弁

　　　　　　　　　　(　　　　　)

빈칸에 적당한 일본어를 넣어보세요.

1 일본 중부지방의 대표도시인 나고야에는 ＿＿＿＿＿＿가 많기로 유명하답니다.
　그래서 나고야 토박이 중에는 알부자들이 많다고 해요.

2 우리나라는 대구에 미인이 많다고들 하지요. 일본에서는 아키타현에 미인이 많
　다고 하네요. 직접 가서 눈으로 봐야겠지만 ＿＿＿＿＿＿이라는 말이 있을 정도
　니 정말 예쁜 여자들이 많긴 많은가 봐요.

3 우리나라에도 있는 속담이지요. 꿩 먹고 알 먹고, 도랑 치고 가재 잡고 이런 게
　다 ＿＿＿＿＿＿지요. ^-^

Unit 39

이지메와 히키코모리

우리나라 부모들이 아이에게 가장 많이 하는 말은 바로 '공부 열심히 해라', 그
럼 일본의 부모들이 가장 많이 하는 말은 '남한테 민폐를 끼치지 마라'. 우스갯소
리로 하는 말이지만 듣자마자 충분히 공감이 됐어요. 일본사람들에게 있어서 남에
게 迷惑민폐를 끼치면 안 된다는 사고는 거의 생활화되어 있는 것 같아요. 회사에
서 사적인 전화도 안 하고 전철에서 큰소리로 떠들지도 않고 길에서 몸이라도 살
짝 부딪히기라도 하면 뭐 저렇게까지 하나 싶을 정도로 몇 번이나 머리 조아려 사
과하고. 그런데 정말 理解이해가 안 되는 것은 이렇게 남을 극도로 배려하는 사회에
서 왜 남을 괴롭히는 いじめ이지메를 할까요? 일본 드라마 같은 것을 봐도 정말 너
무 ひどい심하다 싶을 정도로 왕따를 시키는 모습을 자주 보셨을 거예요. 왕따로 인

迷惑 메-와크 민폐
理解 리카이 이해
ひどい 히도이 심하다

한 자살률도 높고요. 비단 학생들뿐만 아니라 다 큰 어른들도 회사에서 仲間外れ 나카마하즈레라고 해서 무리에서 따돌리는 철딱서니 없는 행동을 한답니다.

　제 経験경험을 이야기해보면 중국으로 語学研修어학연수를 갔을 때 저희 반에 일본남자애들이 좀 많이 있었고 여자애가 한 명 있었어요. 우리나라 남자들 같았으면 한 명뿐인 여자애의 환심을 사려고 완전 공주 대접을 했을 텐데, 뭐 꼭 그런 下心흑심이 없더라도 같은 나라 사람이니까 당연히 잘 챙겨줬을 거예요. 그렇지만 일본 남자애들은 거의 아는 체도 안 하고, 여자애 挨拶인사도 잘 안 받아주고 그러는 거예요. 너무 이상해 물어봤더니 왜 친구도 아닌데 우리가 제를 챙겨야 하냐는 거예요. 같은 일본사람 아니냐 했더니 그게 무슨 상관이냐며. 冷たいやつら차가운 녀석들. 그때 아~ 저런 게 仲間入り 무리에 들어가기를 못하는 사람에 대한 일본식 왕따구나 라는 생각을 했답니다.

経験 케-켄 경험
語学研修 고가쿠켄슈 어학연수
下心 시타고코로 흑심
挨拶 아이사츠 인사
仲間入り 나카마이리 무리에 들어가기

　일본에서 이지메를 가장 많이 당하는 케이스는 바로 튀는 사람입니다. 일본은 화합을 중시하는 집단주의가 어느 나라보다 강해요. 그러니까 무리에서 유독 튀는 행동을 하면 화합이 깨지므로 이런 사람들을 왕따 시키는 것이지요. 튀는 사람이란 너무 調子にのる 잘난 척하는 사람, 성격이 너무 内気 내성적인 사람, 오타쿠, 몸에 흉터가 있거나 해서 외모적으로 자신들과 다른 사람 등등이에요. 꽃보다 남자에서 우리의 금잔디도 자신들과 다른 가난한 집 아이라는 이유로 집단 따돌림을 받잖아요. 아, 뇨~ 정말 性格わるっ 못됐어!

調子にのる 쵸시니 노루 잘난 척하다
内気 우치키 내성적

　　화합을 중시하기 때문에 자행되는 이지메라…… 어째 좀 씁쓸하네요. 이런 관습은 에도시대부터 있었다고 해요. 일본은 섬나라라서 태풍이나 지진 등 자연재해가 유독 많았겠지요. 이를 극복하려면 마을 사람들이 똘똘 뭉쳐 단결해야 했어요. 그래서 마을 일에 비협조적이거나 도움이 안 되는 사람을 村八分(무라하치부)라고 해서 철저히 소외시키고 따돌리는 관습이 있었다고 해요. 일본 사람들이 자신의 本音(속마음)을 숨기고 늘 웃으면서 좋은 척 たてまえ(겉치레)로 사람을 대하는 것도 어쩌면 집단에서 배척받지 않으려는 이런 오래된 관습이 身についている(몸에 배어 있기) 때문은 아닐까 하는 생각이 드네요.

　　이지메만큼 심각한 社会問題(사회문제)로 대두되고 있는 것이 있는데 그건 바로 ひきこもり(히키코모리)에요. 히키코모리는 '틀어박히다'는 뜻의 ひきこもる에서 나온 말입니다. 우리나라에서는 '은둔형 외톨이'라는 감성적인 이름을 붙여줬네요. 외부와 철저히 단절한 채 방콕상태로 생활하는 젊은이들이 일본인구의 1%, 100명 중의 1명이나 된다니 정말 사태가 심각하군요. 왜 이들은 방에서 나오고 싶지 않은 걸까요? 원인은 여러 가지가 있겠지요. 왕따일 수도 있고, 사회생활의 스트레스일 수도 있고, 경제불황으로 말미암은 실업이 원인일 수도 있고요. 문제는 이런 히키코모리 상태가 심해지면 うつ病(우울증)이나 自殺(자살)로 발전한다는 데 있어요. 그리고 외부와의 교류 없이 골방에서 외롭게 지내오면서 쌓인 怒り(분노)와 寂しさ(외로움)이 通り魔(묻지마 살인) 같은 극단적인 방법으로 발전할 수 있다고 하니 다들 관심을 가져야 할 문제인 것 같아요.

本音 혼네 속마음
たてまえ 타테마에 겉치레
社会問題 샤카이 몬다이 사회문제
うつ病 우쯔보 우울증

自殺 지사츠 자살
怒り 이카리 분노
寂しさ 사비시사 외로움
通り魔 토오리마 묻지마 살인

　이런 히키코모리가 이제는 남의 나라 이야기만은 아닌 것 같아요. 히키코모리 중에는 인터넷 중독자도 많은데 우리나라에서도 사이버 폐인이라고 해서 인터넷과 사랑에 빠져 혼자 놀기의 진수를 보여주는 젊은이들이 많잖아요. 그러니까 내 친구 혹은 내 자녀가 책상 앞에 앉아 온종일 게임을 한다거나 밖에 나가 노는 것을 극도로 귀찮아하고 방콕상태를 지속하려고 한다면 지금이라도 여러분이 따뜻한 관심을 보여줘야 할 것 같아요.

　사람을 기분 좋게 만드는 미소, 친절한 태도, 남을 배려하는 따뜻한 마음…… 일본에서 이런 좋은 것만 가지고 오고, 이지메, 히키코모리, 묻지마 살인 같은 것은 공짜로 준다고 해도 뻥하고 차버립시다!!!

調子にのる 우쭐해지다, 잘난 체하다

調子는 '상태, 컨디션'이라는 뜻으로 흔히 調子がいい컨디션이 좋다, 調子がわるい컨디션이 나쁘다로 많이 써요. 調子にのる는 '일이 순조롭게 진행되다'는 뜻도 있지만 '우쭐대거나 잘난 척하다'는 의미로도 쓰니 외워둡시다.

A 少しチヤホヤされてるからって、調子にのってるよね！
조금 떠받들어준다고 해서 잘난 체하고 있어.

B ホント。そのうち嫌われるよ。
진짜, 머지않아 미움 받을 거야.

●●● **ちやほや** 응석을 받아주는 모양 ｜ **ホント** 정말 ｜ **そのうち** 머지않아 ｜ **嫌われる** 미움 받다

性格わるっ 성격 나빠! 못됐어!

말 그대로 性格がわるい성격이 나쁘다입니다. わるい를 わるっ라고 발음한 것은 굵고 짧게 발음해 강조하는 뉘앙스를 준 것입니다.

A いい男だけど、性格わるっ！
좋은 남자지만 성격이 나빠!

B だから彼女も友達もいないんだ。
그러니까 여자친구도 친구도 없는 거야.

●●● **男** 남자 ｜ **彼女** 여자친구 ｜ **友達** 친구

身についている 몸에 배여 있다

세 살 버릇 여든까지 간다고 하잖아요. 이에 해당하는 일본 속담은 三つ子の魂、百まで로, 직역하면 '세 살 근성이 백 살까지'입니다. 이렇듯 한번 몸에 밴 습관은 좀처럼 고치기가 어려워요.

A プレイボーイの彼は、女性へのマナーが身についてるね。
플레이보이라서 여자를 대하는 매너가 몸에 배여 있네.

B だからモテんだ！
그러니까 인기가 있지.

●●● **プレイボーイ** 플레이보이 ｜ **女性** 여성 ｜ **マナー** 매너 ｜ **モテる** 인기 있다

이지메 관련 일본 드라마

라이프 (ライフ)

키타노 키이, 후쿠다 사키 | 2007년 후지테레비
잔인함과 폭력이 난무하는 이지메의 막장을 보여주는 드라마.

인간실격 (人間失格)

도모토 츠요시, 도모토 코이치 | 1994년 TBS
킨키키즈(KinKi Kids)의 츠요시와 코이치가 나오는 이지메 드라마의 정석.
보고 있으면 화가 나고 급우울해지며 후유증이 길게 남는 드라마.

노부타를 프로듀스 (野ブタ。をプロデュース)

카메나시 카즈야, 야마시타 토모히사, 호리키타 마키 | 2005 일본 NTV
불량그룹에 이지메를 당하는 전학 온 여학생을 최고의 인기녀로 프로듀스 하기 위한
얼짱남들의 고군분투기!

우리들의 교과서 (わたしたちの教科書)

칸노 미호, 이토 아츠시, 시다 미라이 | 2007 후지 TV
학교에서 이지메가 원인으로 추정되는 여학생 추락사건이 발생.
변호사 역을 맡은 칸노 미호가 학교가
가진 다양한 문제에 대해 진실을 파헤
쳐가는 진지한 사회고발 드라마.

본문에 나왔던 다음 단어의 발음을 써보세요.

1 이해 理解　　　（　　　　　）　　　5 사회문제 社会問題（　　　　　）

2 경험 経験　　　（　　　　　）　　　6 자살 自殺　　　（　　　　　）

3 인사 挨拶　　　（　　　　　）　　　7 분노 怒り　　　（　　　　　）

4 내성적 内気　　（　　　　　）

빈칸에 적당한 일본어를 넣어보세요.

1 일본 사람들을 보고 흔히 겉과 속이 다르다고 하지요. 그건 본심에서 우러나온 말인 ＿＿＿＿＿와 겉으로 내세우는 말인 たてまえ를 구분해서 쓰기 때문이에요. 일본사람들은 솔직하게 본심을 말해 상대방에게 상처를 주기보다는 때로는 솔직하지 않은 게 더 미덕이라고 생각하는 것 같아요.

2 ＿＿＿＿＿는 에도시대부터 있었던 동네따돌림의 일종이에요. 농사, 혼례, 출산, 병의 수발, 수해, 장례, 화재 같이 마을 사람들이 단결해서 치러야 하는 10가지 사항 중에서 장례와 화재진압을 제외한 8가지 사항에 대해서 철저히 소외시키는 관습입니다.

3 흔히 마음의 감기라고 부르는 ＿＿＿＿＿. 우울한 기분인 우울감이 2주 이상 지속되면 꼭 병원에 가서 상담을 받아보는 것이 좋다고 해요.

조총련과 민족학교

　제가 처음 일본에서 공부한 곳은 오사카였어요. 처음에는 일본도 외국인지라 온통 새롭고 신기해 ホームシック^{향수병}이 걸릴 틈이 없었어요. 그러다가 일본생활이 조금 익숙해지니까 슬슬 한국이 그리워지더군요. 한국 음식도 너무 먹고 싶고……. 그래서 찾아간 곳이 바로 鶴橋^{쯔루하시}. 쯔루하시는 오사카에 있는 한인타운으로 우리나라의 재래시장 같은 곳이랍니다. 그때 쯔루하시에서 먹었던 비빔밥 맛은 지금도 忘れられない^{잊을 수가 없네요}! 일본에서 이렇게 한인상가가 크게 형성되어 있는 곳은 오사카 쯔루하시와 도쿄의 新大久保^{신오쿠보} 코리아타운이 있어요. 여행을 가서 이런 지역을 한번 둘러보는 것도 재일한국인의 생활을 엿볼 수 있어 좋은 것 같아요.

■

ホームシック 호무식크 향수병(homesick)

　일본에 사는 재일교포들을 흔히 在日^{ざいにち}자이니치라고 부른답니다. 자이니치는 크게 두 가지 부류로 대한민국 국적을 가진 민단과 조선(북한)국적을 가진 조총련계가 있어요. 이들은 일제 강점기 때 일본으로 건너가 고국으로 돌아오지 못하고 일본에 정착하여 살게 되었지요. 이들에게는 일본에서 계속 거주할 수 있는 특별영주권이 나와요. 그리고 민단계열 중에는 뉴커머(newcomer)라고 해서 80년대 우리

나라의 해외자유화 정책으로 일본으로 건너가 살게 된 교포들도 있어요.

　여러분은 조총련 하면 어떤 것이 연상되시나요? 저는 일본에 가기 전까지만 해도 조총련은 북한사람, 무섭다, 간첩 뭐 이런 나쁜 인식이 강했답니다. 혹시 조총련계 사람을 만나면 어떡하지? 덜컥 겁이 나기도 했고요. 그런데 지금은 그런 인식이 많이 바뀌었답니다. 多分아마도 고마웠던 그분들의 영향 때문인지도 모르겠어요. 제가 일본에서 학교를 진학할 때 학교 측에서 보증인이 필요하다고 그러더군요. 그리고 보증인의 재정확인을 할 수 있는 증명서도 떼어오라고 하고. 정말 청천벽력 같은 이야기였지요. 그래서 울면서 몇 날 며칠을 고민하다가 아르바이트 주인아저씨께 이야기했더니 두말없이 보증을 서 주셨어요. 학교 가서 공부 열심히 한다는 약속을 하고. 한국인 유학생들을 유난히 예뻐해 주고 세심히 챙겨주시던 그 아르바이트 주인아저씨와 아줌마는 조총련계였어요. 그리고 故郷고향이 제주도라는 거예요. 깜짝 놀랐지요. 단순히 조총련 하면 연고지가 북한이라고만 생각했거든요.

多分 타분 아마도
故郷 후루사토 고향

　　재일교포 1세대의 경우 90% 이상이 한국이 고향이며, 조총련계 또한 지역 연고가 대부분 남한이라고 해요. 저는 고향이 남쪽인데 왜 친북성향의 조총련에 가입하는 거지? 라는 의문을 떨칠 수가 없었어요. 역사적인 배경을 조금 살펴보자면 해방 직후 재일교포들은 머지않아 고국으로 돌아갈 수 있다는 希望희망으로 학교를 세워 우리나라 말과 글을 가르쳤다고 해요. 그러다가 비극적으로 남북이 분단되어버렸지요. 그 당시 재일교포의 일본 내 差別차별과 재정적 압박이 심했는데 한국 政府정부에서 차마 도움의 손길을 주지 못하고 있을 때 북한에서 많은 경제적 援助원조를 해줬다고 해요. 그 지원으로 학교를 유지하고 일본사회에서 재일교포가 기반을 잡았다고 하더군요. 아하! 그래서 친북성향이 된 것이군요. 하지만 제 생각이긴 해도 재일교포 1세대는 그랬을지 몰라도 일본에서 태어나 사는 3세대 4세대 젊은이들이 꼭 친북성향은 아니라고 봐요. 그냥 한국계 일본인이라고만 생각하지 않을까요?? よく知らないけど잘은 모르겠지만요.

　　일본에서는 민단에서 세운 우리 학교는 그리 많지 않아요. 대부분 민단 출신들은 일본학교에 다니며 일본인처럼 생활하는 경우가 많습니다. 조총련에서 세운 조선학교에서는 민족주의 교육을 바탕으로 우리말과 글을 가르치니까 우리말을 잊지 않고 쓰는 것 같아요. 하지만 北朝鮮북한이 일본과 미수교국이라서 일본사회에서 정식 교육기관으로 인정받지 못하는 실정이고 교육시설 또한 열악한 경우가 많아요. 그래서 장래 대학진학이나 취업을 위해 일반 일본학교로 進学진학하는 경우도 있다고 합니다.

■

希望 키보- 희망
差別 사베츠 차별
政府 세-후 정부
援助 엔조 원조
北朝鮮 키타쵸센 북한
進学 신가크 진학

언젠가 제가 국제교류파티에서 한복을 입은 적이 있었는데요, 그때 한국어를 전혀 모르는 일본인 친구들이 치마저고리라고 그러는 거예요. 너무 신기해 그 단어를 어떻게 아느냐고 그러니까 치마저고리를 입는 학교가 있어서 안다고 그러더군요. 그때 알았어요. 朝鮮学校조선학교 여학생들 교복이 치마저고리라는 걸. 저도 몇 번 본 적이 있는데 옛날 유관순 누나가 입었던 것 같은 그런 '흰 저고리와 검정 치마'를 입더라고요. 요즘은 조선학교 수도 점점 줄고 일본 우익에 의해 교복이 찢기는 '치마저고리 사건' 같은 불미스러운 사건도 있고 해서 점점 치마저고리가 사라져가는 추세라고 해요.

자신의 나라가 아닌 外国외국에서 기반을 잡고 살기란 참 어려운 일이에요. 조총련이건 민단이건 일본에서 꿋꿋이 살아가는 재일교포들에게는 우리가 모르는 나름의 많은 문제와 고민이 있지 않을까요. 일일이 우리가 그들의 事情사정을 다 이해할 수는 없겠지만 같은 뿌리의 한민족이잖아요. 조금 더 따뜻한 마음과 균형적인 시각으로 그들을 바라보는 자세가 필요할 것 같아요.

朝鮮学校 쵸센각코 조선학교

外国 가이코쿠 외국

事情 지죠 사정

忘れられない 잊을 수가 없다

여러분도 뭔가를 자주 깜박깜박 잊어버리시는지요. 하지만 절대로 忘れられない^{잊을} ^{수가 없는} 일들도 많지요. 첫사랑이라든가, 애인의 배신이라든가, 사기당한 일이라든가.

A 男の人って、よく初恋の人忘れられないっていうよね。
남자들은 대부분 첫사랑을 못 잊는다고 하잖아.

B うん、普通そういうね。
응, 보통 그렇다고들 하지.

●●● 初恋 첫사랑 ｜ 忘れる 잊다 ｜ 普通 보통 ｜ 言う 말하다

多分 아마

多分이나 おそらく는 '아마', もし는 '만약'입니다. 가끔 헷갈려 바꿔 쓰는 경우가 있으니 조심합시다!

A 本山さんはまだきてないの。
모토야마씨 아직 안 왔어?

B たぶんもうすぐ来るんじゃない。
아마 곧 오지 않을까?

●●● まだ 아직 ｜ もうすぐ 이제 곧 ｜ 来る 오다

よく知らないけど 잘은 모르겠지만……

확신이 없을 때 대충 얼버무리면서 하는 표현이지요. 직접적으로 말하기보다 빙빙 돌려 말하기를 좋아하는 일본사람들이 입버릇처럼 자주 쓰는 표현이지요.

A 最近、あの先生機嫌悪くない？
최근 저 선생님 기분이 안 좋지 않니?

B 恋人とケンカが多いみたいよ、よく知らないけど。
애인이랑 싸움이 잦은 것 같아. 잘은 모르겠지만……

●●● 最近 최근 ｜ 機嫌悪い 기분이 나쁘다 ｜ 恋人 애인 ｜ 喧嘩 싸움 ｜ 多い 많다

재일교포의 이야기를 그린 일본 영화

박치기 (パッチギ!)

제작연도: 2004년 | 감독: 이즈츠 카즈유키

교토가 배경이며 일본인 소년과 재일 한국인 소녀 사이의 사랑을 다룬 청춘영화.

흰색 적삼에 검은색 치마를 입고 플루트를 부는 사와지리 에리카의 청순한 매력도 영화의 볼거리 중 하나라고 할 수 있지요. 영화개봉당시 많은 반향을 불러일으켰으며 일본 영화제에서 많은 상을 받은 수작이기도 합니다.

고 (GO)

제작연도: 2001 | 감독: 유키사다 이사오

조총련계 초, 중등학교에 다녔으나 국적을 한국으로 바꾸고 나서 현재 일본 고등학교에 다니고 있는 주인공. 혼란스러운 정체성을 가진 주인공이 자유로운 젊은이의 모습으로 변화하는 과정을 유쾌하게 묘사한 영화.

한국에서도 많은 팬을 가지고 있는 잘생긴 쿠보즈카 요스케와 너무 매력적인 시바사키 코우가 주연이에요.

피와 뼈 (血と骨)

제작연도: 2005 | 감독: 최양일

재일 교포 출신인 감독과 일본의 최고의 만능 엔터테이너인 기타노 다케시의 만남.

제주도에서 오사카로 건너온 괴물이라고 불렸던 한 남자의 충격적인 일생을 그려 화제가 된 영화입니다. 재일 조선인의 피폐한 삶을 엿볼 수 있으며, '메종 드 히미코'로 한국 여성들의 마음을 흔들어 놓았던 오다기리 죠가 기타노 다케시의 아들역으로 나오는데 그의 반항적인 연기도 무척 인상적이에요.

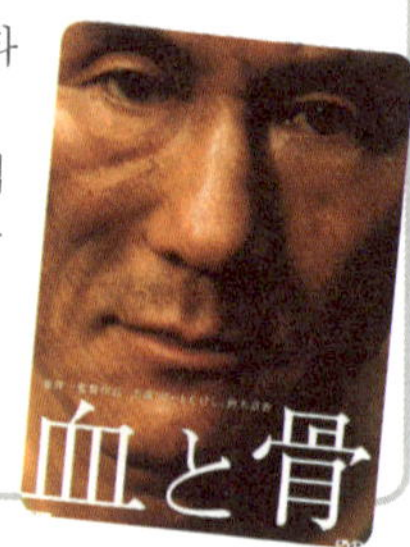

본문에 나왔던 다음 단어의 발음을 써보세요.

1 희망 希望　　　　（　　　　　）　　　**5** 북한 北朝鮮　　　　（　　　　　）

2 차별 差別　　　　（　　　　　）　　　**6** 외국 外国　　　　（　　　　　）

3 정부 政府　　　　（　　　　　）　　　**7** 사정 事情　　　　（　　　　　）

4 원조 援助　　　　（　　　　　）

일본 상식 퀴즈

빈칸에 적당한 일본어를 넣어보세요.

1 ＿＿＿＿＿＿는 향수를 담는 병이 아닙니다. ㅋㅋ 스미마셍…… 이런 몹쓸 말장난을. 보통 유학 초기에는 생기지 않다가 생활에 적응되고 긴장이 조금 풀리기 시작하면 슬슬 발병한답니다.

2 일본에서 생활하는 재일 교포를 흔히 ＿＿＿＿＿＿라고 부릅니다.

3 일본에 있는 조총련계 학교를 ＿＿＿＿＿＿라고 합니다. 예전에는 교복으로 치마저고리를 많이 입었지만 요즘은 여러 가지 이지메 문제도 있고 해서 점점 입지 않는 추세라고 해요.

정답 1 きぼう 2 さべつ 3 せいふ 4 えんじょ 5 きたちょうせん 6 がいこく 7 じじょう

정답 1 ホームシック 향수병 2 在日 자이니치 3 朝鮮学校 조선학교

일본에는 영주권이 없다?

秋山成勳^{아키야마 요시히로}. 한국이름 추성훈. 재일교포 4세로 한국 国籍^{국적}을 가지고 있었지만 자신의 꿈인 유도를 위해 일본으로 帰化^{귀화}해 한국국적을 포기한 걸로 유명하지요. 몇 년 전 한 토크쇼에 나와 여성들의 심금을 울리는 노래와 재일한국인으로서 일본으로 귀화할 수밖에 없었던 솔직한 이야기로 인기를 한 몸에 받기도 했고요.

일본에서는 추성훈처럼 일본 귀화를 택하는 재일교포가 매년 점점 더 늘어난다고 해요. 한국에 가도 한국인이 아니고 일본에서는 재일교포로 차별대우를 받기 때문에 이런 결정을 한다고 하니 胸が痛い 가슴이 아프네요. 재일교포 2, 3세의 경우에는 일본에서 태어나서 자라왔기 때문에 조금 특별한 경우이지만 일반적으로 일본으로 귀화해 일본국적을 가지기는 상당히 어렵다고 해요. 일본 귀화법을 보면 자격조건이 20세 이상으로 본국법에 따라 능력이 있는 사람이라고 정하고 있어요. 그러니까 특출한 能力 능력이나 才能 재능을 가지고 있어서 일본의 국익에 도움이 되는 사람만을 뽑겠다! 뭐 그런 이야기이네요. なるほどね 역시 그렇군요!

그럼 永住権 영주권 취득은 쉬울까요? 일반적으로 영주권이란 외국인이 그 나라에서 국적 변경 없이 영원히 살 수 있는 권리를 말합니다. 보통 일본은 영주권이 없다는 분도 계시는데 永住ビザ 영주비자를 받아 살 수가 있어요. 이 영주비자를 받는 것을 통칭 영주권이라 부르기 때문에 여기서는 영주권이라는 표현을 쓸게요. 가끔 영주권을 받으면 일본국적을 취득하는 것으로 잘못 알고 계신 분들이 있는데 귀화랑 영주권 취득은 전혀 다르답니다. 귀화는 국적이 일본으로 바뀌는 것이고, 영주권은 국적은 한국인데 일본에서 살 수 있는 영주비자를 받는 것입니다. 일본의 영주권은 일본에서 10년 이상 살면서 5년 이상 就労ビザ 취로비자, 취업비자로 직장생활을 하면 신청할 수 있어요. 단, 성실히 税金 세금을 내야 하고 범죄경력이 없어야 받을 수 있어요. 음주운전이나 과속 같은 수위가 높은 도로교통법을 위반했거나 세금체납이 있을 경우 비자가 안 나오는 경우도 많으니 조심하셔야 해요.

国籍 콕세키 국적

帰化 키카 귀화

能力 노료크 능력

才能 사이노 재능

なるほどね 나루호도네 역시 그렇군요

永住権 에쥬켄 영주권

永住ビザ 에쥬비자 영주비자

就労ビザ 슈로비자 취로비자

税金 제-킨 세금

　그러니까 영주권을 받으려면 취업비자를 받는 것이 먼저겠네요. 그럼 취업비자는 받기 쉬울까요? 제가 아는 사람 중에 일본에서 전문학교를 나와 꽤 큰 베이커리 회사에 취직이 되어 유학비자를 취업비자로 바꾸려고 했어요. 그렇지만 결과는 굳이 한국인이 아니더라도 할 수 있는 일이라는 이유로 취업비자가 나오지 않았데요. 일본에서는 취업비자를 내줄 때 일본인을 고용해도 되는데 굳이 한국인을 고용해야 하는 특별한 이유가 있는지를 중요하게 본다고 합니다. 그러니까 일본 유학 후 취업까지 생각하시는 분들은 철저한 준비를 하지 않으면 ひどい目にあう 큰코다칩니다. 취직하면 취업비자 나오는 것은 当たり前 당연하다라는 안일한 생각을 하시면 절대 안 돼요!

当たり前 아따리마에 당연하다

338

　취업비자의 최소조건은 일본의 전문학교 포함 2년제 이상 대학졸업자입니다. 高卒고졸인 경우 해당 분야의 다년간의 실무경력을 증명할 수 있어야 하는데 현실적으로 비자 받기는 참 어렵다고 합니다. 그리고 취직한 회사의 재무구조가 튼튼하지 못하거나 자신의 專攻전공과 관련이 없을 때도 취업비자 받기가 어려워요. 예컨대 대학에서 전자공학을 전공했는데 무역회사에 일자리를 얻었을 경우 비자전환이 안 될 확률이 높아요. 무역학과를 나왔으면 국제무역 관련회사에 들어가야 비자 받기가 쉽겠지요. 일반적으로 IT 관련분야는 비교적 비자가 잘 나오지만, 미용, 요리, 제과 제빵, 애견 쪽은 비자 받기가 상당히 어렵다고 해요.

　휴우~ 일본에서 영주권이나 취업비자 받기가 그렇게 간단하지만은 않네요. 가장 확실한 방법이 있기는 한데, 그건 바로…… 일본인과 사랑에 빠지면 돼요. 하하하! 취업비자보다 配偶者ビザ배우자비자 취득이 간단해서 그런지 지금 일본에서는 僞造結婚위장결혼으로 인한 불법 비자 취득이 극성이래요. 위장결혼은 처음 계약금 기본이 80만 엔, 그 이후 한 달에 5만 엔씩이라던가…… 1년에 얼마 이렇게 액수를 정해 지급한다고 합니다. 위장결혼이 사회적으로 문제가 되자 入管입관 즉 입국관리국에서 갑자기 전화를 건다거나 집을 방문하거나 해서 함께 사는 기색이 없으면 비자를 취소시키고 強制送還강제송환하는 등 철저한 관리를 한다고 합니다. 이런 비정상적인 결혼이 아닌 정상적인 결혼은 별 무리 없이 배우자비자가 나오고 3년 이상이면 영주비자를 신청할 수 있어요. 일단 영주비자가 나오면 離婚이혼을 해도 영주권은 박탈되지 않아요. 그러니까 オーバーステイ불법체류를 위한 이런 음성적인 결혼이 만연하나 봐요.

高卒 코소쯔 고졸
専攻 센코 전공
配偶者ビザ 하이구샤비자 배우자비자
偽造結婚 기조겟콘 위장결혼

入管 뉴칸 입국관리국
強制送還 쿄세소칸 강제송환
離婚 리콘 이혼
オーバーステイ 오바스테이 불법체류

　그럼 일본인과 한국인 사이에서 태어난 아기는 어느 나라 국적을 가지는 걸까요? 일본에서는 20세가 되기 전에는 한국과 일본 두 가지 국적으로 있다가 20세가 되면 한쪽 국적을 선택해야 합니다. 과연 부모는 자녀가 어느 쪽의 국적을 선택하길 바랄까요? 팔은 안으로 굽는다고 아무래도 배우자보다는 자신의 고국을 선택해주길 바라지 않을까요? 본인의 의지가 가장 중요하겠지만 이런 것도 은근히 고민될 것 같아요. 그리고 일본은 미국처럼 그 나라에서 태어나면 그 나라의 국적을 주는 속지주의가 아니에요. 무조건 혈통주의지요! 만약 속지주의였다면 일본으로 원정 출산 급증 뭐 이런 뉴스를 우리가 자주 들었을 텐데 말이죠. 웃을 일은 아닌데……하하하.

胸が痛い 마음이 아프다

일본어로 가슴은 胸! 속어로는 おっぱい라고 합니다. 보통 가슴이 크다고 말할 땐 おっぱいが大きい라고 해도 되지만 마음이 아플 때는 꼭 胸が痛い라고 해야 해요.

A 彼のことを想うと、胸がいたいわ・・・。
그 사람 생각을 하면 가슴이 아파…….

B え、そんなに好きなんだ。
아～ 그렇게나 좋아해.

●●● 想う 생각하다 │ 好きだ 좋아하다

当たり前 당연하다

우리가 흔히 '당근이지! 당연하지!'라고 할 때 쓰는 표현이에요. 이 책 읽으면 일본에 대해 혹은 일본어에 대해 많을 걸 배울 수 있나요? 그럼 当たり前 당연하지!

A 私ってかわいいと思う？
나 귀여워?

B 当たり前だろ。だって俺の彼女だもん。
당연하지. 내 여자친구니까.

●●● かわいい 귀엽다, 예쁘다 │ 俺 나(남자)

ひどい目にあう 큰코다치다

～目にあう는 '～일을 당하다'는 표현이에요. ひどい目にあう는 '큰코다치다, 곤욕을 치르다', 痛い目にあう는 '따끔한 맛을 보다, 혼나다', 怖い目にあう는 '무서운 일을 당하다'입니다.

A 彼女が泣いて、わめいて、ひどい目にあったよ。
여자친구가 울고불고해서 혼쭐났어.

B あんたまた浮気したんでしょ。
너 또 바람피웠지?

●●● 泣く 울다 │ わめく 큰소리로 떠들다 │ 浮気する 바람피우다

□ 外交 외교

□ 公用 공용(대사관, 영사관 직원)

□ 教授 교수

□ 芸術 예술

□ 宗教 종교

□ 報道 보도

□ 投資, 経営 투자, 경영

□ 法律, 会計業務 법률, 회계업무

□ 医療 의료

□ 研究 연구

□ 教育 교육

□ 技術 기술

□ 人文知識, 国際業務 인문지식, 국제업무

□ 企業内転勤 기업 내 전근

□ 興行 흥행

□ 技能 기능

□ 文化活動 문화활동

□ 短期滞在 단기체재

□ 留学 유학

□ 就学 취학

□ 研修 연수

□ 家族滞在 가족체재

□ 特定活動 특정활동

□ 永住者 영주자

□ 日本人の配偶者 일본인의 배우자

□ 永住者の配偶者 영주자의 배우자

□ 定住者 정주자(일본인의 친족, 일본계 자녀)

본문에 나왔던 다음 단어의 발음을 써보세요.

1 국적 国籍　　　　　（　　　　　　）　　5 전공 専攻　　　　　（　　　　　　）

2 능력 能力　　　　　（　　　　　　）　　6 강제송환 強制送還（　　　　　）

3 재능 才能　　　　　（　　　　　　）　　7 이혼 離婚　　　　　（　　　　　　）

4 영주권 永住権　　　（　　　　　　）

빈칸에 적당한 일본어를 넣어보세요.

1 자기 나라의 국적을 버리고 다른 나라의 국적을 취득하는 것을 ＿＿＿＿＿＿＿라
  고 합니다. 일본에서는 한국국적을 포기하는 재일교포의 수가 매년 점점 늘어나
  는 추세라고 하네요.

2 일본에서는 영주비자를 받으려고 불법으로 ＿＿＿＿＿＿＿을 하는 가짜커플들이
  많다고 해요. 가짜커플인 것이 입국관리국에 발각되면 비자는 취소되고 자기 나
  라로 강제송환 된다고 합니다.

3 비자가 만료되었는데도 비자를 갱신하거나 귀국하지 않고 불법으로 체류하는
  것을 ＿＿＿＿＿＿＿라고 해요. 이것이 원인으로 일본에서 강제 추방 됐을 경우 5년,
  자진신고 후 귀국했을 경우 1년 이후에나 재입국이 가능합니다. 하지만 어디까
  지나 법적으로 그렇다는 이야기고 시간이 지나도 입국이 거부되는 사례가 많답
  니다.

총리와 대통령은 뭐가 달라?

일본의 젊은이들이 술자리에서 절대 하지 않는 이야기가 있으니 그건 바로 정치이야기! 20대의 정치적 무관심은 보통 60대의 절반밖에 안 되는 낮은 선거 投票率투표율을 봐도 알 수 있어요. 무려 54년 동안 장기집권을 한 자민당에서 민주당으로 정권교체가 이루어진 역사적인 選擧선거에서도 여전히 20대 투표율은 미미했다고 하더라고요. 하긴 뭐 그런 현상이 비단 이웃나라의 일만은 아닌 듯해요. 투표일에 우리의 아버지 어머니들이 새벽같이 일어나 투표하고 오시는 것과는 대조적으로 빨간날이라 놀러 갈 궁리만 하는 젊은이들이 많은 것도 사실이니까. ^^; 젊은층의 이런 정치적 무관심은 일본이나 우리나라나 반성해 봐야 할 문제인 것 같아요. 하지만 혹시 모르죠! 영화 '굿모닝 프레지던트'의 장동건처럼 조각 같은 외모를 가

投票率 토효리쯔 투표율
選擧 센쿄 선거

진 大統領대통령이나 일본드라마 '체인지'의 기무라 타쿠야 같은 매력이 철철 넘치는 핸섬가이 총리가 나온다면 변할지도요. ㅋㅋ

그런데 왜 장동건은 대통령이고 기무라 타쿠야는 총리냐고요? 우리나라의 최고 정치지도자는 대통령이지만 일본은 内閣総理大臣내각총리대신 줄여서 総理大臣총리대신, 더 간단히 말하면 総理총리입니다. 흔히 首相수상이라고 부르기도 해요. 우리나라와 미국 같은 경우는 대통령제이지만 일본은 의원내각제잖아요. 보통 왕실이 존재하는 나라들은 의원내각제를 채택하는 경우가 많은 것 같아요. 대표적인 국가가 바로 영국과 일본이지요. 의원내각제는 대통령제처럼 삼권이 분리되어 있는 것이 아니라 입법권과 행정권이 융합되어 있고 국회 다수당의 당수가 내각의 수반 즉 총리가 됩니다. 정치이야기를 하니까 골치가 지끈지끈!! 그래도 常識상식 공부다 생각하시고! 후훗 ^^

大統領 다이토료 대통령
内閣総理大臣 나이카크 소리다이징 내각총리대신
首相 슈쇼 수상
常識 죠시키 상식

총리와 대통령의 가장 큰 차이는 선출방법이에요. 우리나라 대통령선거는 국민의 손으로 직접 대통령을 뽑지만, 일본은 앞에서도 말했지만 선거에서 過半数과반수를 차지한 정당의 당수가 총리로 지명되는 방식이에요. 그러면 국민이 원하지 않는 사람이 총리가 될 수도 있겠네요? 그럴 수도 있겠지요. 하지만 방법이 없네요. 총리를 뽑는 국회의원을 국민의 손으로 뽑았으니까.

국민이 직접 뽑지 않아서 그런지는 모르겠지만 일본의 총리는 우리나라 대통령보다는 정치적 파워가 약한 것 같아요. 어떤 정책을 혼자 결정할 수 있는 막강한 정치적 리더십이 足りない부족하다고 할까요. 자기 당의 국회의원들이 세운 정책을 수행하는 수행자역할이라는 느낌이 들었어요. 혹자는 당의 얼굴마담이라는 이야기도 하더군요. ^-^ 그리고 정치뉴스를 유심히 보신 분들이라면 한 번쯤 의구심이 드셨을 만도 한데요. 혹시 일본 총리가 자주 바뀐다고 못 느끼셨어요? 몇 년씩 총리직을 맡는 사람도 있지만 1년을 못 채우고 몇 달 만에 사퇴하는 총리도 많습니다. 우리나라 대통령의 임기가 5년인데 반해 일본 총리는 임기가 없어요. 총리의 任期임기가 곧 다수당의 총재의 임기라고 말할 수도 있지만 실정을 하거나 정책이 국민의 사랑을 못 받아 支持率지지율이 50% 이하로 떨어지면 자리에서 끌어내려 지지요. 뭐 형식상으로는 모든 책임을 지고 스스로 사퇴의 길을 선택하는 것이지만, 거의 압력에 못 이겨 어쩔 수 없이 그만두는 게 아닌가 싶어요.

過半数 카한수 과반수
足りない 타리나이 부족하다
任期 닌키 임기
支持率 시지리쯔 지지율
きれる 키래루 열받다

그리고 일본드라마 체인지에서 기무라 타쿠야가 자신은 시골학교 선생님이었지만 아버지가 국회의원이어서 자신도 국회의원이 되고 결국 최연소 총리까지 되잖아요. 이처럼 일본은 지역구를 물려주는 등 의원직이 세습되는 경우가 많아요. 기억나시지요! 잠잠할 만하면 독도 망언과 신사참배 문제로 늘 우리나라 사람들을 きれる [뚜껑 열리게] 만들던 고이즈미(小泉) 전총리! 고이즈미 전총리의 둘째 아들 역시 아버지 지역구를 이어받아 최근에 자민당 국회의원에 당선되었다고 하네요. 영화배우처럼 잘생긴 외모로 여성들의 인기를 톡톡히 얻고 있는 이 젊은 정치인은 부디 자기 아버지처럼 우리나라 국민들 속을 뒤집는 일이 없어야 할 텐데 말이죠.

　최근 일본에서는 자민당에서 민주당으로 정권이 교체되면서 새로운 총리에 대한 기대감도 상당히 커졌다고 해요. 한마디로 서민을 위한 깨끗한 정치와 장기불황에 허덕이는 일본경제를 구원해 주기를 바라는 것이지요. 민주당 하토야마(鳩山 총리! 사진을 보셨을지 모르겠으나 탤런트 최주봉 아저씨랑 そっくり 꼭 빼닮았어요! 독특한 외모와 특이한 발상으로 별명이 宇宙人우주인이라고 하네요. 자기 자신도 우주인이라고 입버릇처럼 말하고 다닌다고 하고. 풋하하! 상당히 독특한 총리인 것 같아요. 서민들이 가는 술집에 가서 술을 마시고 부인의 손을 꼭 잡고 쇼핑하러 다니는 등 서민적이고 자상한 이미지로 국민들에게 사랑을 듬뿍 받고 있다고 합니다. 그리고 총리와 총리부인 둘 다 대단한 한류 팬이라는 이야기를 들었어요. 전 연극배우 출신의 총리부인인 미유키 여사는 욘사마 출간파티에 참석하기도 하고 하토야마 총리의 어머니 또한 대단한 한류팬으로 고령의 나이에도 한국어를 열공한다는 일화를 들었어요. 오호! 멋진걸요. 한류를 좋아하는 만큼 우리나라 사람들의 정서도 잘 이해하는 총리가 되어서 한일 정치관계가 좋은 방향으로 발전했으면 합니다.

そっくり 솟크리 꼭 빼닮다
宇宙人 우쮸징 우주인

足りない 부족하다

足りる는 '충분하다, 족하다'라는 의미의 동사에요. 그러니까 부정형인 足りない는 '부족하다, 모자라다'는 뜻이 되겠지요. 지금 여러분께 제일 부족한 것은 뭐? 時間시간? お金돈? 저는 쉬어도 쉬어도 休み휴식이 모자라요! ^^

A 最近、私にあきたの？ 愛情が足りないよ！！
요즘 나한테 질렸어? 애정이 부족해!

B そんなわけないだろ！ 愛してるよ！！
안 그래! 사랑해!!

●●● 最近 최근 ｜ あきる 질리다 ｜ 愛情 애정 ｜ 愛する 사랑하다

そっくり 꼭 닮았다

そっくり는 무언가와 꼭 빼닮은 모양을 말합니다. 예를 들면 내 남자친구는 ビョン様にそっくり본사마랑 꼭 닮았다라든가 나는 엄마보다는 父にそっくり아버지랑 판박이다와 같이 사용하시면 됩니다.

A この前、彼と一緒に歩いてたら、兄弟ですか？ だって！
요전에 남자친구랑 같이 걸어갔더니 남매예요? 라고 묻는 거야!

B しょうがないよ、だって2人そっくりだもん。
어쩔 수 없어. 너희 둘이 완전 닮았는데 뭘.

●●● この前 요전에 ｜ 歩く 걷다 ｜ 兄弟 형제 ｜ しょうがない 어쩔 수 없다

きれる 뚜껑 열리다

정말 화가 났을 때 우리도 머리에 스팀 받았다, 뚜껑이 확 열렸다! 이런 살짝 과격한 표현을 쓰잖아요. 이 정도의 뉘앙스로 쓸 수 있는 표현이 바로 きれる입니다.

A 昨日きれて、彼の携帯二つに折ってやった。
어제 완전 뚜껑 열려서 남자친구 휴대전화를 두 동강 냈어.

B いい気味だよ！ 浮気した罰だね！！
고소해! 바람피운 벌이야!!

●●● 携帯 휴대전화 ｜ 折る 부러뜨리다 ｜ いい気味だ 고소하다 ｜ 罰 벌

□ 政治 정치

□ 行政 행정

□ 政権 정권

□ 政府 정부

□ 国会 국회

□ 国会議員 국회의원

□ 党員 당원

□ 政党 정당

□ 新党結成 신당결성

□ 政治資金 정치자금

□ 内閣 내각

□ 派閥 파벌

□ 幹事長 간사장

□ 立法 입법

□ 法案 법안

□ 法律 법률

□ 制定 제정

□ 公務員 공무원

□ 議決 의결

□ 憲法 헌법

본문에 나왔던 다음 단어의 발음을 써보세요.

1 투표율 投票率　　（　　　　　）　　5 임기 任期　　（　　　　　）

2 수상 首相　　（　　　　　）　　6 과반수 過半数　　（　　　　　）

3 대통령 大統領　　（　　　　　）　　7 지지율 支持率　　（　　　　　）

4 상식 常識　　（　　　　　）

일본 상식 퀴즈

빈칸에 적당한 일본어를 넣어보세요.

1 일본에서는 최고 정치지도자가 대통령이 아니라 ________ 입니다. 흔히 수상 이라고도 부르지요.

2 일본은 ________를 통해 총리를 뽑는 것이 아니라 다수당의 당수가 내각의 수반으로 지명되는 시스템입니다.

3 93대 일본총리인 민주당 하토야마(鳩山) 총리의 별명은 ________ 이라고 해요. 살짝 튀어나온 눈이며 얼굴 인상이 외계인과 비슷한 것 같기도 해요. 풋하하!

공산당과 함께하는 일본의 정당

　가끔 우리도 정치뉴스를 보다가 눈살이 찌푸려지는 장면이 있지요. 悪口^{욕설}과
もみあい^{몸싸움}이 난무하는 마치 집단 패싸움을 방불케 하는 국회의원들의 모습을
볼 때 정말 씁쓸하지요. 저런 사람들에게 과연 정치를 맡겨도 될 것인가 살짝 회의
가 들기도 하고. 뭐 일본도 사정은 마찬가지인가 봅니다. 유난히 공식석상에서 한
자를 자주 틀렸던 아소(麻生) 전총리! 툭 하면 한자를 잘못 읽어 국민의 노여움을
샀는데요, 예를 들면 傷跡^{흉터}를 しょうせき라고 읽어서 망신을 당한다거나. ㅋㅋ
한 나라의 총리가 한자를 틀리는 것도 문제지만 국회에서 굳이 '총리 이 한자 어떻
게 읽습니까? 총리 어서 대답하시오!'라고 묻는 정치인도 있었으니, 그걸 지켜보는
일본 국민은 어쩜 저리도 국회가 유치할 수가 있나, 한자 읽는 법이 문제가 아니라

■
悪口 와르쿠치 욕설
もみあい 모미아이 몸싸움
傷跡 키즈아토 흉터
だんだん 단단 점점

이 나라 경제를 어떻게든 해봐! 라고 생각하지 않았을까요?

　비록 한자를 잘 못 읽는 총리를 배출했다고 하더라도 54년 동안 장기집권을 했으니 참 대단한 것 같아요. 54년이나 장기집권이라고? 공산당 이야기냐고요? 아니요! 일본 자민당말이에요. 1955년 창당 이후 1956부터 2009년까지 무려 54년 동안이나 여당으로 일본정치를 쥐락펴락했었지요. 하지만 최근 몇 년 경기는 だんだん점점 더 나빠지고 총리들은 국회에서나 TV에서나 늘 納得できない납득할 수 없는 이상한 발언만 늘어놓거나 무책임한 행동으로 자민당은 더욱더 국민의 신임을 잃어갔다고 해요. 그러다 결국 민주당에 정권을 내주고 말았지요. 자민당이 54년 동안 움켜쥐고 있었던 정권을 내준 가장 큰 이유는 정치비리 및 부정부패 같은 문제도 있었겠지만 역시 일본경제를 이 지경까지 몰고 간 것에 대한 국민의 냉정한 심판이 아니었나 싶어요.

현재 일본에는 8개의 정당이 왕성히 활동하고 있어요. 우선 民主党^{민주당}! 국민의 지지를 가장 많이 받는 당이에요. 오랫동안 자민당에 밀려 제1야당으로 지내다가 드디어 2009년 8월 정권교체를 이루어 여당이 되었지요. 그다음으로 자민당(自民党), 공명당(公明党), 공산당(共産党), 사민당(社民党), 국민신당(国民新党), 모두의 당(みんなの党), 신당일본(新党日本)과 같은 당들이 있어요. 물론 군소정당들도 있고요. 각 정당마다 당 색깔을 나타내는 キャッチコピー^{캐치카피}도 다른데요, 민주당의 경우 国民の生活が第一^{국민의 생활이 제일}이에요. 그래서 그런지 복지나 의료에 예산을 많이 쓰려고 하고, 국공립학교의 수업료를 면제해 준다거나 해서 저출산 문제를 해결하려는 노력도 보이고 있다고 해요. 自民党^{자민당}의 캐치카피는 明るい太陽のもとで、自由にのびのびと暮らす人々^{밝은 태양 아래 자유롭게 생활하는 사람들}이에요. 우리나라의 한나라당이나 미국의 공화당처럼 급격한 개혁보다는 안정을 추구하며 점진적 개혁과 질서유지를 선호하는 保守主義^{보수주의} 성향을 띤 보수정당이에요. 共産党^{공산당}은 1922년도에 생긴 아주 오래된 정당으로 특이한 점은 공산당 간부들은 도쿄대 출신들이 유독 많다는 특징이 있어요. 자민당의 경제정책 실패로 빈부격차가 심해지고 실업난이 심각해지면서 기존 주요 정당에 대해 반감을 품은 젊은이들이 최근 몇 년 사이 공산당에 입당하는 수가 부쩍 늘어나고 있다고 해요.

民主党 민슈토 민주당

キャッチコピー 카치코피 캐치카피, 선전 문구

自民党 지민토 자민당

保守主義 호슈슈기 보수주의

共産党 쿄산토 공산당

社民党사민당은 노동자를 대표하는 당으로서 예전에는 給料を上げろ월급을 올려라! 를 주장하면서 노동자들의 지지를 얻어왔으나 경제가 안정기에 접어들면서 지지율이 하락하기 시작하자 그다음 대안으로 자민당과 손을 잡았어요. 그러자 자민당과의 연립에 불만을 품은 당내 세력들이 떨어져 나가 1996년도 새로운 당을 만들었었는데 그게 바로 민주당이에요.

그리고 公明党공명당은 創価学会창가학회라는 종교단체가 만든 정당이에요. 혹시 '남묘호렌게쿄'라고 들어보셨어요? 네. 바로 그 종교입니다. 우리나라에도 이 종교를 믿는 사람들이 꽤 있는 것 같더라고요. 유심히 살펴보면 여러분이 사는 동네에서도 국제창가학회 즉 SGI센터 건물을 보실 수 있을 거예요. 아무튼 이 종교단체에서 만든 정당이 일본의 공명당입니다.

社民党 샤민토 사민당
公明党 코메토 공명당
創価学会 소카갓카이 창가학회

위에서 이야기한 비교적 규모가 큰 정당 말고도 수없이 많은 군소정당이 생겨 났다가 사라지곤 했었지요. 특이한 정당으로는 1980년대 중반부터 1990년대 중반 까지 존립했던 외계인과의 교류를 추구하던 ufo党ufo당도 있었고요. '빵빵똥똥따라 라라' 죄송해요. 갑자기 빵상아줌마가 생각나서…… 우주인과 교류하는 당도 충분 히 있을 수 있겠어요. 우리나라엔 축지법에 공중부양을 하는 당총재도 있는걸요 뭐! 하하하! 그리고 레즈비언, 게이, SM새디스트*메조히스트들이 사회적으로 차별받고 있다 며 이에 반기를 들고 만든 雜民党잡민당이라는 당도 있었답니다. 당대표가 게이임을 밝혀 화제가 되기도 했었고요. 최근엔 북핵미사일로부터 일본의 안전을 지키겠다 며 나온 幸福実現党행복실현당이라는 당도 있다네요.

저는 정치에 대해서는 잘 모르지만 한국이나 일본 모두 정당의 색깔이나 성향 이 조금씩 다르긴 해도 결국 궁극적으로 추구하는 것은 국가의 발전과 국민의 행 복 아닐까요? 흔히 화장실 들어갈 때 마음과 나올 때 마음이 달라진다고들 하지만 정당을 이끌고 한나라의 정치를 맡은 윗사람들은 나라를 위한 일꾼이 되겠노라고 굳게 약속하던 선거전에서의 그 초심을 잃지 않았으면 해요. 그렇게만 된다면 우 리나라나 일본이나 일반 국민의 삶은 조금 더 행복해지지 않을까 하는 순진한 생 각을 해봅니다.

■
ufo党 유호토 ufo당
雜民党 자쯔민토 잡민당
幸福実現党 코후크 지쯔겐토 행복실현당

納得できない 납득할 수 없다

말 그대로 '납득할 수 없다, 납득이 안 된다'라는 표현입니다. 納得いかない라고 써도 됩니다.

A 私よりあの子がかわいいなんて納得できない。
나보다 저 애가 예쁘다니 납득이 안 돼.

B はは。しかたないよ。真実だから！！
하하. 어쩔 수 없어. 진실이니까!!

●●● **より** ~보다 | **かわいい** 귀엽다, 예쁘다 | **仕方ない** 어쩔 수 없다 | **真実** 진실

だんだん 점점

일본어는 처음엔 쉽지만 공부하면 할수록 だんだん^{점점} 어려워진다고들 하지요. 하지만 꾸준히 하다 보면 だんだん^{점점} 실력이 늘 거예요. 중요한 것은 포기하지 않는 마음이에요. 아셨지요! ファイト！^^

A あの子、だんだんかっこよくなってきたよね。
저 애 점점 멋있어진다.

B そうだね。はじめはダサかったのに。
맞아. 처음에는 촌스러웠는데.

●●● **かっこいい** 잘 생기다 | **はじめ** 처음 | **ださい** 촌스럽다

のびのび 자유롭고 느긋하게

のびのび는 '무럭무럭, 쑥쑥' 이라는 뜻도 있고 '구애됨 없이 자유롭고 느긋하게' 라는 뜻으로도 쓰입니다.

A 今日から親が旅行だから、のびのびできるよ。
오늘부터 부모님이 여행 가시니까 자유롭게 보낼 수 있어.

B じゃ、みんなで集まって、一杯やろうか。
그럼, 다들 모여서 한잔 할까?

●●● **親** 부모 | **旅行** 여행 | **集まる** 모이다 | **一杯** 한잔

□ 選挙 선거 　　　　　　□ 落選 낙선

□ 当選 당선 　　　　　　□ 有権者 유권자

□ マニフェスト 매니페스토, 선거공약 　　□ 選挙運動 선거운동

□ 与党 여당 　　　　　　□ 在外投票 재외투표

□ 野党 야당 　　　　　　□ 再選挙 재선거

□ 総選挙 총선거 　　　　　□ 事前運動 사전운동

□ 選挙区 선거구 　　　　　□ 絶対安定多数 절대안정다수

□ 投票日 투표일 　　　　　□ 投票率 투표율

□ 出馬 출마 　　　　　　□ 比例代表制 비례대표제

□ 立候補 입후보 　　　　　□ 公約 공약

1 욕설 悪口　　（　　　　）　　5 태양 太陽　　（　　　　）

2 흉터 傷跡　　（　　　　）　　6 자유 自由　　（　　　　）

3 국민 国民　　（　　　　）　　7 급료 給料　　（　　　　）

4 생활 生活　　（　　　　）

일본 상식 퀴즈

빈칸에 적당한 일본어를 넣어보세요.

1 ＿＿＿＿＿는 오랜 기간 일본 정치를 주무르던 대표적인 일본의 보수정당입니다. 하지만 최근에는 일본 경제를 침몰 직전까지 몰고 갔다는 낙인이 찍혀 국민의 지지를 많이 받지 못하고 있다고 해요.

2 흔히 ＿＿＿＿＿하면 중국이나 북한이 먼저 떠오르실 텐데요, 일본이나 프랑스처럼 자유민주주의 체제에서 합법정당으로 활동하는 곳도 있습니다.

3 창가학회는 일본 전통의 니치렌 정종(日蓮正宗)에서 유래한 종교로 요즘에는 SGI라는 이름으로 활동하는 일본의 대표적 종교단체에요. 우리나라에서는 '남묘호렌게쿄'로 알려지기 시작해 지금은 150만 명 정도의 신자가 있다고 합니다. 이 종교단체에서 만든 일본의 정당이 바로 ＿＿＿＿＿이에요.

일본인들의 ♡ 천황 사랑

매년 1월 2일 천황이 사는 황궁의 문이 열리면 수만 명의 사람이 天皇_{천황}과 皇后_{황후}에게 새해 인사를 하려고 황궁으로 모여들어요. 일본인들에게 인기 아이돌 못지않은 애정과 사랑을 한몸에 받는 천황! 일본사람들에게 천황이란 과연 어떤 존재일까요. 왕이 있었던 조선시대라면 그들의 마음을 조금은 이해했을지도 모를 일이지만 지금의 저로서는 도무지 ぴんとこない_{감이 잡히지 않네요}. 하지만 아무튼 엄청 중요한 존재라는 것만은 사실! 천황은 일본의 象徴_{상징}이며 일본인들의 영원한 정신적 지주이자 일본 통합의 상징이니까요.

일본사람들에게 천황이 정말 중요한 존재구나 하고 가장 먼저 느끼게 되는 것은 바로 年号_{연호}! 일본사람들은 서기(西紀)도 쓰지만 문서에 기록할 때는 주로 일본 연호를 많이 써요. 한번은 아파서 병원에 가 신상기록카드를 적는데 生年月日_{생년월일}

天皇 텐노 천황
皇后 코고 황후
ぴんとこない 핀또코나이 감이 잡히지 않는다
象徴 쇼쵸 상징
年号 넨고 연호
生年月日 세넨갓피 생년월일

생년월일 적는 곳 昭和쇼와로 기재하게 돼 있는 거예요. 아놔~ 이게 뭐냐고? 그래서 한참 동안 간호사 언니에게 설명을 들은 후 쇼와가 지난번 일본 천황의 호라는 걸 알게 되었어요. 우리나라로 치면 세종 25년 뭐 이런 식인 거죠. 병원뿐만 아니라 은행이나 관공서에 서류를 적어 낼 때도 일본 연호를 모르면 곤란하겠더라고요. 그래서 일본친구의 나이에 더하기 빼기를 열심히 한 후 겨우 제 생년월일이 쇼와 몇 년이고 지금 천황의 호가 平成헤세니까 올해가 헤세 몇 년인지를 기억하고 다녔답니다. 예를 들면 한일월드컵이 2002년이었잖아요. 그러면 일본 연호로는 平成14年헤세14년이 되는 겁니다. 그리고 일본 달력을 보면 12월 23일이 공휴일로 되어 있어요. 크리스마스가 앞당겨진 거냐고요? 꺄우뚱~ 그게 아니라 지금 천황의 생일이 12월 23일이라 국경일로 쉬는 거예요. 일본사람들에게는 예수의 탄생일보다 천황의 탄생일이 더욱 의미 있는 날이라는 이야기겠지요!

흔히 일본 천황일가를 만세일계(万世一系)라고 하는데 거의 만년 동안 하나의 혈통을 이어온 왕조라는 뜻이거든요. 오호호~ 만 년 동안이나…… 그 진실 여부는 확실히 모르겠지만. 1대 진무천황(神武天皇)에서 시작된 왕통은 현재 125대 아키히토천황(明仁天皇)에게로 이어져 있어요. 보통 대를 잇는 것은 長男장남이지만 역사상 여성천황도 8명이나 나왔다고 하네요. 하지만 지금은 현행법상 여성의 왕위를 인정하고 있지 않아 법령이 바뀌지 않는 한 일본에서 여성천황을 보기는 어려울 것 같아요.

長男 쵸-난 장남
皇太子 코타이시 황태자
皇居 코쿄 황궁

　일본사람들에게 천황은 아주 고귀하고 높은 존재라 어느 정도 신비주의에 휩싸여 있는 것 같아요. 사실 일본사람 중에서도 황실 안에서 어떤 일이 벌어지며 황족들은 어떤 음식을 먹고 어떤 TV프로그램을 볼까? 이런 소박한 질문이 가진 사람들이 많지 않을까 싶어요. 하지만 천황은 일본인들에게는 신과 같은 존재! 일반인들에게 속속들이 알려지면 천황과 황실의 품위가 떨어지니까 나름 황실 내에서도 신비주의 컨셉을 지키려고 조심하는 것 같아요. 그래도 가끔은 인간적이고 친근한 이미지를 보여주기도 하는데요, 지금의 皇太子황태자가 젊었을 때 볼륨 있는 몸매로 유명했던 섹시 여가수 카시와바라 요시에(柏原芳江)의 대단한 팬이었대요. 그래서 콘서트에 직접 가서 꽃다발을 전해준 사건이 세간의 話題になる화제가 된 적도 있었어요. 신의 자손이라고 불리는 사람도 역시 글래머를 사랑하는군요. 후훗 ^^

　보통 천황가의 가족들과 귀족들은 学習院가쿠슈인 출신이에요. 가쿠슈인은 유치원부터 초·중·고교는 물론 대학까지 있는 명문 사립교육기관이에요. 혹시 지금 일본 가쿠슈인 대학으로 유학을 가면 말로만 듣던 왕족 친구가 생길지도 모르겠네요. 황실일가는 도쿄역에서 걸어서 그리 멀지 않은 皇居황궁에 살아요. 황궁의 동쪽 정원인 고쿄히가시교엔(皇居東御苑)은 일반인들에게 공개되어 관광객들도 많이 찾는 관광지지만 궁의 건물과 내부 정원은 1월 2일(새해 인사)과 12월 23일(천황 생일)에만 공개된답니다. 그래도 꼭 보고 싶은 분들은 궁내청 홈페이지에 인터넷으로 관광예약을 하면 볼 수 있다고 하니 참고하세요. 황실의 모든 살림은 보통 궁내청이라는 관청에서 맡고 있으며 재산은 모두 국고에 귀속됩니다. 그리고 생활비는 매년 국회에서 예산을 짤 때 결정된다고 하네요.

천황은 정치적으로 내각의 수반인 총리임명권과 최고재판소의 재판장임명권과 같은 주요 인사의 任命權임명권 등의 제한된 정치적 권한을 가지고 있어요. 하지만 이것도 어디까지나 상징적이며 일본 국정운영에는 아무런 영향력을 미치지 못한다고 합니다. 뭐 정치적으로 국정운영에 영향력을 발휘하지 못한들 어떻습니까? 지금이라도 天皇陛下万歳천황폐하 만세!를 외치며 목숨을 버릴 준비가 되어 있는 우익청년들도 많고 천황은 전 국민의 사랑을 한몸에 받는 절대우상인걸요! 일본인들의 천황에 대한 무한애정은 일본이라는 나라가 있는 한 영원히 さめない식지 않을듯합니다. 아마도.

任命権 닌메켄 임명권
天皇陛下万歳 텐노헤카 반자이 천황폐하 만세
さめない 사메나이 식지 않는다

ぴんとこない 얼른 감이 안 잡히다

ぴんと는 직감적으로 무언가를 느끼는 모양이에요. 보통 ぴんとくる라는 형태로 많이 쓰이는데 '직감적으로 뭔가가 퍼뜩 느껴지다'라는 뜻이에요. 반대로 ピンとこない는 뭔가가 감이 잘 잡히지 않을 때, 금방 어떤 느낌인지 와 닿지 않을 때 자주 사용합니다.

A 説明聞いてもぴんとこない。
설명을 들어도 감이 안 잡혀.

B 興味がないからなんだよ。
관심이 없어서 그래.

●●● 説明 설명 | 聞く 듣다 | 興味 흥미

話題になる 화제가 되다

보통 '~이 되다'라는 문형을 만들 때 ~がなる로 쓰기 쉬운데 실제로는 ~になる 입니다. 그러니까 '친구가 되다'는 友達になる, '여름방학이 되다'는 夏休みになる가 된답니다.

A 最近朝バナナダイエットが話題になってるよ。
요즘 아침 바나나다이어트가 화제가 되고 있어.

B マジ？ 私もやってみようかな。
정말? 나도 해 볼까…….

●●● 最近 최근 | 朝 아침 | マジ 정말 | やってみる 해보다

さめる 식다

불같이 타오르던 사랑도 언젠가는 식기 마련. 보통 음식물 같은 것이 식는다고 할 때도 さめる를 쓰고 애정이 식었을 때도 이 동사를 씁니다.

A 愛情が冷めると情だけだよね。
애정이 식으면 남는 것은 정뿐이야.

B 急にどうしたの？ 別れたいの？
갑자기 왜 그래? 헤어지고 싶니?

●●● 愛情 애정 | 情 정 | 急に 갑자기 | 別れる 헤어지다

롯폰기힐즈 모리타워 (六本木ヒルズ森タワー)

모리타워 전망대에 올라 도쿄의 황홀한 야경을 360도로 즐겨보세요. 크리스마스 시즌에는 반짝반짝 아름다운 루미나리에가 더욱더 로맨틱한 도쿄의 야경을 선물할 거예요. 53층 꼭대기에 위치한 '하늘 아래 미술관'이라고 불리는 모리미술관도 꼭 들러보기!

야마다덴키 LABI 1 이케부쿠로점 (ヤマダ電機「LABI 1」池袋店)

2009년 10월에 오픈한 7층 건물의 전자제품가게. 전자제품이라면 없는 게 없다고 할 만큼 큰 규모와 싼 가격을 자랑하죠. 전자제품을 싸게 사고 싶다면 한 번쯤 방문해 보는 것도 좋을 듯!

오모테산도힐즈 (表参道ヒルズ)

하라주쿠에 위치한 지상 6층, 지하 6층, 전체길이 250m로 주상 복합 건물. 유행을 선도하는 세련된 패션몰과 레스토랑들이 모여 있어요. 멋쟁이라면 필히 방문해보시길!

쯔키시마 몬자야키 (月島もんじゃ焼き)

오사카에 오코노미야키가 있다면 도쿄엔 몬자야키가 있어요. 생긴 건 별로 안 예뻐도 맛은 있죠. 쯔키시마에는 70여 개의 몬자가게가 있으니 둘러봐서 제일 맛있어 보이는 곳에 들어가 먹어보세요.

스위트 파라다이스 이케부쿠로점 & 긴자점

(SWEET PARADISE 池袋店 OR 銀座店)

1,480엔만 내면 달콤한 케이크며 디저트를 90분 동안 무제한으로 먹을 수 있어요. 여성들에게 최고의 인기를 누리고 있는 디저트 카페. 여러 지점이 있지만 이케부쿠로와 긴자를 추천함!

신주쿠 중앙공원 (新宿中央公園)

주말에 중앙공원을 가면 아크로바틱이나 댄스연습을 하는 젊은이들로 인해 활기찬 분위기를 느낄 수 있어요. 프리마켓(벼룩시장)도 열리니까 운이 좋으면 값싸고 진귀한 물건을 손에 넣을지도.

쯔키치 시장 (築地市場)

일본 최대규모의 어시장. 생동감 넘치는 참치경매도 직접 구경하고 맛있는 회와 신선한 초밥도 먹어보세요. 오후가 되면 문을 닫는 가게도 많으니 되도록 일찍 가는 편이 좋아요.

일본어 한자 읽기

본문에 나왔던 다음 단어의 발음을 써보세요.

1 상징 象徵 　　（　　　　　）　　　**5** 황태자 皇太子 　（　　　　　）

2 연호 年号 　　　（　　　　　）　　　**6** 임명권 任命権 　（　　　　　）

3 생년월일 生年月日 （　　　　　）　　　**7** 만세 万歳 　　　（　　　　　）

4 장남 長男 　　　（　　　　　）

일본 상식 퀴즈

빈칸에 적당한 일본어를 넣어보세요.

1 우리나라는 예수탄신일인 크리스마스도 빨간날이고, 부처님 오신 날인 석가탄신일도 빨간날이지만 일본은 국민의 정신적 지주인 ＿＿＿＿＿＿ 생일이 국가 공휴일이랍니다.

2 도쿄역에서 십여 분쯤 걷다 보면 일본천황이 사는 ＿＿＿＿＿＿가 나옵니다. 정문에는 2개의 아치로 이루어진 돌다리인 일명 메가네바시(안경다리)가 있고 궁은 넓은 잔디가 펼쳐진 공원과 연못으로 둘러싸여 있어요.

3 ＿＿＿＿＿＿대학은 왕족과 귀족들이 많이 다니는 귀족학교로 유명하답니다. 그럼 귀족들만 다녀야 하냐고요? 아니요. 일반인도 다닐 수 있어요. 그러나 사립 명문대학이니까 들어가려면 공부를 좀 잘해야겠지요.

참의원은 뭐고 ✳ ✳ 중의원은 뭐야?

국회의원들은 정무를 보느라 피곤해 늘 졸린 건가요. 그렇다면 다행이지만 골프를 너무 많이 쳐서 피곤한 거면 좀 곤란한데……. 뜬금없이 무슨 이야기? 예전에 무릎이 닿기도 전에 모든 것을 꿰뚫어 본다는 토크쇼에서 한때 국회의원을 지낸 작가분이 나오셔서 그렇게 말을 하더라고요. 솔직히 정말 졸린다며! ㅋㅋ 밥 먹고 나서는 특히나 더. 하지만 책상 탕탕 치고 큰소리가 오가는 중요한 상황에서는 다들 눈을 부릅뜨고 있으니 걱정하지 말라며! 풋하하. 그렇다면 일본 국회에서도 의원들이 졸까요? 예전에 재밌게 본 記事^{기사}가 하나 떠오르네요. 일본의 어느 지방의회를 방청하러 온 시민이 너무나 한심하게 꾸벅꾸벅 조는 의원들의 사진을 찍어 자신의 블로그에 올렸다고 해요. 나중에 인터넷을 통해 이 일이 세상에 알려지자 당황한 지방의회는 회의장의 安全^{안전}을 확보한다는 명목으로 보도관계자 등이 아닌 일반인의 국회 내 사진촬영을 금지했다고 해요. おなら^{방귀} 뀐 놈이 성낸다는 말은 바로 이럴 때 쓰는 말이군요! 호호호!

오늘은 국회의원 이야기를 해볼까 해요. 일본의 국회의원은 우리나라와는 달리 参議院^{참의원}과 衆議院^{중의원}으로 나뉘어 있어요. 에잇, 참의원은 뭐고? 중의원은 뭐야? 워~워 落ち着いてください^{진정하세요}! 공부하기 싫어하는 여러분의 마음은 제가 더 잘 알죠! 아주 간단하게 중학교 다니는 조카가 물어보면 대답해 줄 정도의 상식만 갖추자고요! 우리나라는 국회가 하나잖아요. 이렇게 1개의 합의체로 의회를 구성하는 제도를 단원제라고 해요. 반면에 일본은 2개의 합의체로 의회를 구성하는 양원제를 채택하고 있어요. 그래서 법안과 예산을 심의·의결할 때 국회에서 2번의 심의를 거쳐 결정해요. 허걱! 벌써 복잡한가요? 끙…… 그럼 더 쉽게 이야기

記事 키지 기사
安全 안젠 안전

おなら 오나라 방귀
参議院 산기잉 참의원
衆議院 슈기잉 중의원

하자면 미국에 상원과 하원이 있잖아요. 그게 바로 양원제입니다. 上院상원에 해당하는 것이 일본의 참의원이고 下院하원에 해당하는 것이 중의원이에요. 아하! 진작 그렇게 설명하지. 하지만 미국과 다른 점은 의원들의 파워인데요, 미국은 상원이 하원보다 정치적 파워가 세지만 일본은 중의원이 참의원보다 하는 일도 많고 정치적 권한도 셉니다. 다시 말하면 미국에서는 상원이 일본에서는 중의원이 실세라는 이야기지요! 단편적인 예긴 하지만 버락오바마를 비롯한 미국의 역대 대통령들은 상원의원 출신이 많지만 일본의 총리나 주요각료들은 거의 다 중의원 출신이에요. 그럼 하나하나 차이를 비교해볼까요. 먼저 임기부터 비교하자면 중의원은 4년이고 참의원은 6년이에요. 중의원은 임기가 4년이긴 하지만 중간에 解散해산될 수도 있어요. 그게 바로 여러분이 뉴스에서 많이 듣던 일본의 '중의원 해산'입니다. 총리는 의회 해산권을 가지고 있어서 국회를 해산시킬 수가 있어요. 그렇게 국회가 해산되면 다시 중의원 総選挙총선거가 이루어져요. 그럼 총리가 국회가 마음에 안 든다고 무조건 막 해산시키면 어떡하지요? まさか설마 한 나라의 국정을 책임진 총리가 아무 생각 없이 국회를 해산시키기야 하겠습니까? 하지만 뭐 괜찮아요, 이에 맞서 중의원도 내각불신임안을 통해 내각을 해산시킬 수 있는 권한이 있으니까요. 음…… 이렇게 해서 내각과 의회가 힘의 균형을 이루는 것이군요! 이에 반해 참의원은 법률상으로 내각불신임안을 제출할 수도 없고 해산이 되지도 않습니다. 쉽게 생각하면 안 주고 안 받는 거지요! 후훗^^

上院 죠잉 상원
下院 카잉 하원
解散 카이산 해산
総選挙 소센쿄 총선거
まさか 마사카 설마

그렇다면 참의원이 더 영향력이 센 것 아닌가요? 재임기간도 길고 해산도 안 되고. 얼핏 그렇게 보일지도 모르지만 사실은 아니에요. 일본의 중의원은 予算예산을 심의한다거나 総理총리를 지명하는 등 거의 모든 중요한 결정을 하고 참의원은 그냥 중의원의 결정에 손만 들어주는 식이라고 할까요. 그리고 일본 의회는 원칙적으로 중의원의 의견을 우선시합니다! 예를 들면 만약 중의원에서 통과된 법안이 참의원에서 否決부결되었다고 칩시다. 그래도 중의원에서 반드시 이 법안을 통과시키고 싶으면 다시 안건을 가져와서 출석의원 2/3 이상의 다수로 可決가결시키면 법률로 성립된다고 합니다. 정말 막강한 파워가 아닐 수 없지요. 그럼 뭐야! 참의원

予算 요산 예산
総理 소리 총리
否決 히케츠 부결
可決 카케츠 가결

은 별로 하는 일도 없잖아. 그냥 이름만 빌려주는 바지사장 같잖아! 네, 그래서 일본 내에서도 참의원 무용론이 많이 제기되고 있다고 해요. 하지만 중의원에서 권력을 휘둘러 이상한 법안을 상정하거나 예산을 함부로 쓰지 못하게 2중으로 심의함으로써 좀 더 신중을 기하고자 하는 취지라고 이해하시면 될 것 같아요! 참의원은 한 번 더 신중하게 최종결정을 내려야 하는 입장이니까 의원들의 경륜이나 식견이 높아야겠지요. 그래서 입후보자들의 나이대도 중의원보다 높아요. 중의원은 25세 참의원은 30세 이상이 되어야만 출마할 수 있답니다. 그리고 참고로 일본의 참의원은 242명, 중의원은 480명이에요.

　보통 중의원과 참의원 이 둘을 합쳐서 国会議員국회의원이라고 불러요. 그럼 과연 국회의원들의 연봉은 얼마나 될까요? 각료가 아닌 일반 의원은 보너스를 포함해 연봉이 약 2,400만 엔 정도라고 해요. 그리고 별도로 교통비가 100만 엔에다가 전철승차권이나 항공권은 전부 ただ공짜! 일반 샐러리맨들의 평균 연봉이 500만 엔 정도인 데 비하면 開いた口がふさがらない입이 안 다물어질 만큼 어마어마한 급료네요. 이 급료가 국민들이 허리 휘게 벌어서 낸 혈세인 것을 안다면 아무리 재미없는 회의라도 결코 졸아서는 안 될 것 같아요! 또 조는 이야기를 하다니 뒤끝 작렬~ ㅋㅋ 그래도 그렇잖아요! 국민이 낸 税金세금을 받아 일하는 만큼 국민을 위해 최선을 다하는 분들이 되었으면 좋겠어요. 한국이나 일본이나!

国会議員 콧카이기잉 국회의원

ただ 타다 공짜

税金 제킨 세금

おならする 방귀를 뀌다

보통 생리적인 현상을 나타내는 표현은 する동사를 많이 씁니다. '방귀를 뀌다'는 おならをする, '트림을 하다'는 げっぷをする, '하품을 하다'는 あくびをする, '딸꾹질을 하다'는 しゃっくりをする! 그리고 조금 지저분한 이야기지만 공부니까 ㅋㅋ '소변을 보다'는 おしっこをする, '대변을 보다'는 うんこをする입니다.

A ね、なんか臭くない？
있잖아, 이상한 냄새 나지 않니?

B そんなこといって。自分でおならしたんでしょ？
그렇게 말하고 네가 방귀 뀐 거 아니야?

●●● 臭い 구리다, 역한 냄새가 나다 | 自分で 자기 스스로

落ち着いてください 진정하세요

落ち着く는 '일이나 마음 등이 안정되다, 진정되다'라는 동사에요. 보통 누군가 막 흥분을 하거나 불안해하면 '진정하세요!'라고 하잖아요, 그럴 때 쓰는 표현이 바로 落ち着いてください!

A どうしよう、どうしよう・・・。馬券があたった。
어떡하지. 어떡하지. 마권이 당첨됐어!

B 落ち着いてください。これ番号違いますよ！！
진정하세요. 번호가 달라요!!

●●● 馬券 마권 | あたる 당첨되다 | 番号 번호 | 違う 다르다, 아니다

開いた口がふさがらない 벌어진 입이 안 다물어지다

너무 놀라거나 어처구니가 없을 때 '벌어진 입이 다물어지지 않는다'고 하잖아요. 일본어에도 똑같은 표현이 있었네요.

A 木村さんの家行ってみた? めっちゃ金持ちだよね。
가무라씨 집에 가봤어? 완전 부자지?

B うん、開いた口がふさがらないほどびっくりした！
응. 입이 안 다물어질 만큼 놀랐어!

●●● めっちゃ 아주 | 金持ち 부자 | ほど 만큼 | びっくりする 깜짝 놀라다

□辞職 사직

□任期 임기

□解散 해산

□否決 부결

□内閣総理大臣 내각총리대신

□首相 수상

□国政 국정

□過半数 과반수

□賛成 찬성

□予算 예산

□臨時国会 임시국회

□所属 소속

□衆議院 중의원

□参議院 참의원

□議院内閣制 의원내각제

□大統領 대통령

□天下り 낙하산인사

□総理官邸 총리관저

□外交 외교

□政策決定 정책결정

본문에 나왔던 다음 단어의 발음을 써보세요.

1 기사 記事　　　(　　　　　)　　**5** 예산 予算　　　(　　　　　)

2 안전 安全　　　(　　　　　)　　**6** 부결 否決　　　(　　　　　)

3 해산 解散　　　(　　　　　)　　**7** 가결 可決　　　(　　　　　)

4 총선거 総選挙　　(　　　　　)

빈칸에 적당한 일본어를 넣어보세요.

1 우리나라는 국회의원의 종류가 하나지만, 일본은 국회의원이 __________과 참의원, 즉 양원제로 구성되어 있어요.

2 일본의 물가 중에 비싼 것이 교통비와 __________인데요, 한국이나 일본이나 국회의원들이 이 돈을 받아 일하는 만큼 더 분발해 줬으면 하고 바랍니다.

3 역대 미국 대통령들의 출신을 살펴보자면 부시나 클린턴 전 대통령처럼 주지사 출신이거나 오바마 대통령처럼 연방 __________의원 출신들이 대부분이에요.